ポリネシア
海道記

不思議をめぐる人類学の旅

片山一道 著

臨川書店

目　次

第1章　南太平洋の島嶼世界をゆく

――ポリネシアの不思議な島々と人々――

マルケサス諸島ヌクヒワ島の祭祀遺跡
パンヤの樹の下にある岩絵（ペトログリフ

写真１　筆者がポリネシア人研究の根城とした、NZ南島ダニーデン市にあるオタゴ大学。

吾が身修めの旅、心の旅、そして記憶の旅

南太平洋の中枢をなすポリネシアの島々、そこらに住むポリネシアの人々と、筆者との関わりは、とうの昔に三〇年を超えました。もうじき四〇年にならんとしています。

でも、ここ一〇年ほどは調査で出かけたりすることもなくなりましたので、現実的な距離意識も心の距離感も遠ざかりゆく一方の気分を味わっております。年々、記憶の隙間も広がっていくかのようです。

一方で、ずいぶん濁流で喘ぎ苦しむ思いにあふれる歳月だったのでは、との感慨を覚えます。その一方で案外、しずしずと予定調和的に流れ去りし歳月だったようであるものの、往々、遅遅として進まずの感のする半生だったのではないか、との感懐も覚えます。そんな相克する感情が交差する今日この頃であります。

そんな心模様のなか、かつて、筆者が滞在したポリネシアの島々のこと、そこでの生活、日常的および非日常的な出来事、研究調査活動のこと、ポリネシアの人たちとのつきあいごと、などの記憶を呼び戻してみようか。そしてなによりも、そこの島々のこと、主人公たるポリネシア人たちのこと、などなどについて、すこしの省察を加えながら物書きをしておこうか。そんなことを思いついた次第です。まあ、半生の総括のようなものかもしれません。あるいは、いわゆる終活の真似事なのかもしれません。

筆者は一九八〇年から二〇〇〇年の頃、年年歳歳、さながら渡り鳥のごとくポリネシアへ往復する旅をくりかえしてきました。たいていは日本の夏（つまり大学の夏休みの時期）、向こうは逆の冬場の季節に、ポリネシアの島々に飛び、一月とか二月とか、あるときは半年近く、現地での調査活動を継続しながら過ごしました。ともかく身も心も擦りきれるような厳しき歳月だったように思います。

メモリー・エッセイのように

本書は、その昔、ポリネシアの島々で過ごした頃の年代ものの記憶や記録を小分けにして、ラップでくるんで、ひと山、ふた山、三山……と小山盛りにして、まとめてみたようなものです。いわば本書は、過去の記憶や記録や思考などを呼び起こし、掘り起こしながらまとめたエッセイであります。すこし格好をつけて言うなら、メモリー・エッセイなのです。あるいは、忘れ物探しのエッセイです。

すなわち、吾が脳裏に〈ほた火〉のように残る記憶。かつてのフィールドノートのなかで手垢に汚れ色あせて残る記録類。セピア色に変った白黒写真類。こんなこともあった、あんなこともあったと、ボンヤリと残る思考の痕跡みたいなもの。さらには、歳月のなかで書き散らしてきた論考や著作でのテーマなど。そんなガラクタもどきを思い出し、掘り起こし、反芻しながら、エッセイ風に文字化し、どちらかと言うと、とりとめもなく、しまりもなくまとめたのが本書です。

いわば四〇年もの、三〇年もの、二〇年ものなどの年代ものの記憶を反芻してやろうとするわけですから、ときに虫食いのよう、霞草のよう、スポンジが朽ちたようになった部分に悩まされました。同じ年代のヴィンテージものの記録類を探し出そうとするわけだから、まるで家捜しのようなものです。神経衰弱という名のカード遊びのようなものです。イライラ・ブツブツ、胃に穴が開くような気分になることも、しばしばあったが、さいわい、それは免れることができました。

過去に試みた思考のこととなると、もっと始末が悪いのです。そもそも、はっきりと覚えていることのほうが圧倒的に少ないのです。無理矢理、思い出したとしても、前段後段をなす事柄やら、その後先のつながりやら、結末やらのこととなると、支離滅裂になっているか、とりとめがないのです。調子よく思い出したとしても、多くは、歩行の途中か、寝る直前の寝床のなかか、夢の中か。だから、後の祭りというやつ。本書をまとめていた頃は、せっかく脳裏に蘇りつつも、すぐに忘れてしまい、臍《ほぞ》をかむことばかり多かりし日々でした。心身ともに調子が良いわけがない。そんな日々ではありました。

ともかく、南太平洋のポリネシアの島嶼に行き来しながら、ポリネシアの人々について人類学の調査をしている頃、ふとした合間に物した小さな発見、ちょっとした中発見、あるいは、どうでもよいような発見、おもわず自分でも笑ってしまうような発見などにつき、散漫になりがちな項目か否かを問わず、寄せ集めてみました。脈絡がなさそうなものが多そうですが、案外、ジグソーパズルがつながるかもしれないわけです。

もしも、そんなこんな偶然が生じれば、ひとつでもパズルが解けるようなことがあれば、なによりも嬉しい。吾が人生のひとときを共にした人々についての心のよすがとなろう。ポリネシアの島々における人間活動の原点、あるいは〈詩と真実〉のようなものが、断片でもよいから炙りだせるならば、というのが、ひそかな願いなのです。

なお、コラム以外の本体部分は、メモリー・エッセイの気分を味わうために、あるいは、自分の物した昔のフィールドノートの内容との会話を楽しむ、というか、古い記述や思いなどについて、断定めいた記述をさし控えるためもあって、原則として「ですます」調で統一しました。

十人十色、千差万別、ポリネシア感覚

南太平洋。その中枢をなすポリネシアの広大な海洋世界。そこに散らばる星の数ほどの島々からなる島嶼世界。そこは、われらが日常からは、とても遠いところにあります。もちろん宇宙の彼方ほどには遠くないのですが、天空の彼方ほどには遠いわけなのです。

だから、宇宙のほんの少しだけ手前の異空間。そう申してもよいほどに遠きにあります。また、海の彼方に五〇〇〇海里ほども離れた遙かなる異空間。そんな錯覚を覚えたりもします。むろん、数字が云々かんぬん、あれやこれやの話などではなく、頭のなか、意識のなか、ときには心のなかでの話です。

実際に著者は昔、瀬戸内海の小島で小さな海を眺めながら、地図で見るポリネシアの世界に思いをはせながら、そんなふうに妄想したりしておりました。たとえれば、まさに地球から宇宙の彼方を空想するようなものだったのではないでしょうか。

ときどき思うのです。著者も含めて、人間という動物（著者流に言えば、ホモ・モビリタス）[*1]には、そうした〈頭のなかの距離感覚〉においては、ひとり一人の個性の違いやら、齢を重ねることによる経年的変化やら、そのときどきの不安定な揺らぎのようなものやらが、多々あるようです。

個人的体験とか、読書などを通じての目蘊蓄《うんちく》とか、身内や知己からの耳蘊蓄とか、もっと大きいところで一人ひとりが意識する帰属意識とか……そんなこんな、が絡んでのことでしょうが、たしかに〈頭のなかの距離感覚〉は成熟します。というか、自然科学関係のリテラシーがアップするとともに現実感が確かなものになっていきます。みなが画一的な感覚をもつようになると、退屈にはなりましょうが。

この点でも、ポリネシアの島々は良き教材かもしれません。遠きに思う人、近きに感じる人、ひどく現実的に思う人、ロマンを感じる人、などなど、さまざまです。本書では押し売りのようなことはしません。ともかく、あれもこれもと、節操なく紹介していくことにします。

そもそもは、ひとり一人の地球観も、かならずしも、まん丸西瓜のようなばかりではないのではないでしょうか。楕円西瓜か、かぼちゃか、瓢箪か、はては平面紙か、のごとく。あるいは、積み木のようか。立体お化けのようか。サボテン構造のようか。そんな個性豊かな地球観もあり、かもしれません。

その変奏部分、あるいは個性の大きな地域こそ、まさに南太平洋の部分であり、ポリネシアの島嶼世界ではないでしょうか。その世界、そこの島々、さらには、そこの人々に対する遠近感のありようは千差万別、十人十色なのです。

近い人たちには、ひどく近い地域だが、遠い人には、比較できないほどに遠い。近い島々はひどく近くに想うのだが、遠い島はひどく遠くに感じるのです。日本とは同じく太平洋の島国同士だというのに、などと、お節介焼きの思いが昂じたりもするようなわけです。

ハワイイ諸島[*2]やニュージーランド[*3]以外の島々は、たいしてご存知ない方が、ときにおられます。もちろんフィジー諸島とか、タヒチ諸島とか、あるいは日本の旧南洋庁のあったミクロネシアの島々とか、イースター島[*4]のあたりのことなら、ご存知の方も少なくありません。ときたま話題にもなりますから。

そんなこんなで、本書では、星の数ほどもあるポリネシアの島々のなかから厳選して、いくつかの諸島を紹介してゆきます。

まずは、もっとも地球ばなれ、あるいは、ほかのポリネシアの島々からも、ひどく離れた孤島がゆえ

＊1　直立二足歩行という独特の移動スタイルで、すばやく遠く広く、好奇心のおもむくままに移動し、やがては、地球のどこにでも住み着き、地球の暴君のごとき存在となった人間という動物のことを称して、著者は「ホモ・モビリタス（移動するヒト）」と呼ぶことを提唱している。

＊2　本書では基本的に、現地語か、所属国の公用語による地名を用いるよう心がける。もちろん浅学凡庸な吾が筆者のこと、ときに、その道を踏み外すこともありうるが、そのときは、お許し願いたい。ちなみに、ハワイは日本語。ポリネシア語ではハワイイ、もしくはハワイキ。〈ハワイキ〉とは黄泉の国のこと。あるいは、人間が生まれ来る、そして死して還るあの世のことを意味する。

写真2 「ハカ・プアカ（ブタ踊り）」を演じるマルケサス諸島ヌクヒワ島の皆さん

に、ポリネシアの島ばなれの感がしないでもないラパヌイ島（日本語では、イースター島）のこと。次に、まるで、おとぎの島のごとき不思議な風情が漂うが、かといって、のんべんだらりとしているようでも緊張感が希薄なわけではない島嶼国、トンガ王国のこと。そして最後に、ポリネシアの最果ての島々、つまりは世界の最果ての島々の風貌（島貌）を放つチャタム諸島のことに焦点を当ててみました。

もちろん、ここ何年か前になってようやく、日本国が独立国として認めることになったクック諸島のこととか、タヒチ諸島やツアモツ諸島のこと、それに、もっとも隠れ里的な雰囲気があふれるマルケサス諸島のことも取り上げたいところなのですが、心の余裕も頁のスペースもありません。また次の機会に、ということにしましょうか。

ないものだらけ、ないものねだりの離島暮らし

帰国後、日本の友人知人どもに「またポリネシア？」と、よく聞かれたものです。「そうやねん」と答えると、必ず「よろしいなあ」と返されます。「そんなこと、あらへん、あらへんわ」と申してみても、「けどポリネシアいうたら、タヒチやらハワイやらのようなところやろ」と、さらに、追い討ちをかけてきます。もちろん、そんなことはありえないのです。実は寂しい場所でもあるのです。

そもそも、タヒチ諸島やハワイイ（英語、ハワイは日本語）諸島などの観光名所では、吾々はおよびでありません。吾らが流儀たるストイックな人類学（自然人類学、もうしくは形質人類学）に関係する仕事など想像すらもできません。そんな場所で、たとえば、昔々の遺跡を調べる。昔ながらの生粋のポリネ

＊3　ニュージーランド（ＮＺ）は、英語とポリネシア語（またはマオリ語）の二言語を公用語とする国であり、英語とポリネシア語の二つの公式な国名がある。すなわち、ニュージーランドと〈アオ・テア・ロア（大きな白い雲）〉。また公共施設では、かならず二国語で表記されているはず。本書では、このあと、おおむねＮＺと省略して表記する。また、本書では、ポリネシア人とラグビーとの親和性についての話が頻出するが、ＮＺがポリネシアで最大の国であり、世界最強のラグビー国の一つであることは誰もが認めるところ。ＮＺはポリネシア系の人口が二〇％あまりを占め、もちろん、世界最大のポリネシア系の人口を誇る。

＊4　イースター島（ラパヌイ）は、南米のチリ国一つの州。だから本来ならば、スペイン語のイスラ・デ・パスクアを用いるべきであろうが、日本語版の本書では、いかにも、まだるっこいので、この場合は掟を破り、ポリネシア語の〈ラパヌイ〉か、ときに英語由来の日本語であるイースター島を使うであろう。

シア人に多く出会う。そんなことは、できない相談だからです。

それに筆者には、たとえなんらかの調査がタヒチやハワイイやNZなどでできたとしても、そんな調査は、正月に食うかき氷みたいなもの、食べてみたいとも思いません。もちろん、そこいらの観光地にも立ち寄ることはあります。だが、行きか帰りの飛行機の乗り替えのためなのです。

それにポリネシアには、星の数ほどもの島々があり、たいていは天涯万里の果てに散らばります。行くも戻るもままならぬような世界の果てのようなところにあることが多いわけです。

実際、一九八〇年代の頃まではまだ、多くの島で、外世界との電話連絡など、いっさいできませんでした。たいていの場合、これが世界との別れか、今生のお別れかと、家族身内や知己のことを、ただ想うだけ。そんな思いで貨物船に乗るか、小さな飛行機に乗ったものです。

それら離島でも時間は流れます。でも当然のこと、千年一日のごとし、まるでストップしているのと変わらないようなペースでしか時間はめぐりません。それはそうでしょう、あわてることに、急ぐことに、足早になることに、なにも意味がない世界なのですから。

のどかではありますが、まるで現代の物質文明とは無縁な「ない物だらけ」、あるいは「ないものねだり」をするだけの世界なのです。

ポリネシア人、彼らは何者なのか、どこから来たのか

ポリネシアの人たちは、なんとも摩訶不思議な人々なのです。

彼らの身体も気質も心情も、社会や文化などもそうですが、そもそも存在そのものが謎のかたまりのようです。なにしろ、大陸世界から何千キロも離れた、たくさんの絶海の孤島に、千年も二千年も、それ以上も前の昔から暮らしてきた人々なのです。

ともかくかつては、彼らが絶海の孤島に存在することについて、彼らの出自と由来については、謎、謎、謎……、そのまた謎でした。謎だ、謎だ、謎だと口にし、騒ぎたてるほかなかったのです。宇宙人の末裔ではないか、ムー大陸人の生き残りではないか、アンデス文明の地からの漂流者たちではないか、などなど。つい五〇年ほど前までは、たくさんの怪説、愚説、珍説、椿説、憶説などの類が、登場しては退場し、浮かんでは、消えていきました。歴史学や民族学や人類学などの埒や枠を超えて、まるで場外乱闘のような見境のない論争が繰りひろげられてきました。ン十年か前、そんなリングに吾が著者も参加したわけなのです。

次のごとき問いを投げかけ、それに沿う研究テーマを掲げました。

ポリネシアの島びとたち、〈お主たちは何者なのか、お主たちの祖先は、いったい、いつ頃、どこから、どうやって、どのようなルートを経て、南太平洋の島々にやって来たのか〉。

そのために、くり返し、くり返しては、彼らのホーム・グラウンドたる島々へ現地調査に出かけたような次第です。而して、この研究テーマを深めていくなかで、人類学の永遠のテーマたるべき〈人間とは何者か、人間はどこから来たのか、人間とはどこへ行くのか〉という哲学的命題にも自分なりの答えを求めてきました。自分自身の骨をけずり、肉と身をそぎ、それなりにカタストロフを味わい、それを意識するような歳月だったと思います。

おかげさまで、我流〈考える足〉の思考法、つまりは調査旅行を続けながら、旅をしながら歩きながら、あれやこれやと物事を考える思考法が身についたのかなあ、と思う今日この頃です。でも気がつくと、すでに、歳月人を待たずの年頃になりました。自分の外殻のなかに、ゆっくりゆっくりと坂道を転がっていく自分の核心があることに気づきます。

今でも、フィールド調査をしていた頃に、ポリネシアの島々で邂逅した人々のことを、しばしば回想したりします。多くの島で出会った懐かしい人たちの歳の頃。顔立ちや背丈。体形や体格。さらに、手や足の大きさとか、鼻や耳の形などまでをも覚えていることは、吾が専門する〈身体の人類学流〉の面目躍如ということでしょうか。つまり、餅は餅屋。昔取った杵柄のようなものなのでしょうか。

彼らの仕草・表情、彼らの美徳、笑みをたやさぬ気配り、人品骨柄、気心骨心、品芸得意芸のようなものなどを、時々、思い出したりすることがあります。今でも、寝つきの悪いとき、散歩の途中、乗り物の合間に、一人でいるときなど、彼らの語り口に耳を傾け、目を傾けることがあります。

どの島のポリネシア人も、女も男も、老いも若きも、たいていは、まるで哲学者のごとき風貌で無口、あまりあけすけに感情を表面に出さない人が多かったのは確かです。大柄で恰幅が良く筋骨隆々、大きめの強面の顔立ちの人が多いので、はじめは恐い印象を受けるのですが、なれてくると、印象は一変したものです。

けっこうきつい冗談を言います。平然と、口からでまかせのようなこと（ポリネシア語でアモ）や嘘八百（ポリネシア語でカガ）を言います。さながら、一日二四時間、一月三一日、一年三六五日が、エイプリルフールのごとくです。

大声で何ごとかを奇矯に叫んでは、自分で大笑いしたりもします。たわいない事なのですが、突然、そんな振る舞いをされると、身がひけます。まあ日本のＴＶでの、若手のギャグ漫才のような調子なのですが、なにしろ、普通は小声で低音ですから、ともかく驚きます。

そんな話も紹介したかったのですが、文章にしたら面白くないかもしれません。そのままの意味を含ませて表現するのは、筆者ごとき不器用な書き手は難儀します。

写真３　H. メルヴィルの処女作『タイピー』の舞台となったマルケサス諸島ヌクヒワ島のタイピ渓谷にて。

さいわい、その手のポリネシア話を小説にした人がいます。ほかならぬ『白鯨』のＨ・メルヴィルです。アメリカの大文豪ですね。彼の処女小説『タイピー――ポリネシアの奇譚』がまさに、それなのです。マルケサス諸島のポリネシア人の様子が生き生きと活写されています。小さな小説ですので、是非ともご覧になってみてください。

ポリネシア人のユニークな身体

ごくごく簡単に、できるだけカジュアルな調子で、しかも連想ゲーム風に、ポリネシアの人たちのことを紹介しておきます。

1. とにかく巨人たち。ヘラクレス型体形の身体が特徴。男も女も巨人だらけ。ポリネシア人の最大の特徴は、とても大柄で頑強な巨人体形、筋骨隆々、かつ太めの体格を誇示する筋金入りの巨漢が多いことです。ギリシャ彫刻のヘラクレス像などを彷彿とさせるような身体なので、「ヘラクレス型体形」と形容されるわけです。

2. お相撲さん体型。年輩の人なら、ポリネシア人と聞き、まず連想されるのは「お相撲さん」ではないでしょうか。実際、ひと昔前、モンゴル人力士たちが席巻するようになる以前は、日本の相撲界を盛り上げていたのはポリネシア系力士たちでした。

小錦関（サモア人）や武蔵丸関（トンガ人）などを筆頭に大勢いました。もう随分と歳月は流れましたが、昭和から平成にかけて、そんな時代がありました。でも日本社会は、おそらくは今よりも、外国人力士に対して寛容ではありませんでした。一九九二年頃だったでしょうか、小錦さんの横綱昇進問題が起こったとき、ことに年配の有識者たちの意見は保守的なものでした。そのころ、彼に関する記事を某大新聞の文化欄に大きく書かせていただいたことがあります。そのとき、ポリネシアの人たちとの心の距離感が、ずいぶん縮まった思いがして、とても嬉しかったのを覚えています。

3．ラガーマン体型。いよいよ、ラグビーのW杯日本大会が近づいて来ましたが、実はポリネシア系の人たちこそ、ラグビーの申し子とも言うべき存在なのです。ともかく名選手が多く輩出します。日本をはじめ、たいていの国の代表にもポリネシア系の選手が名を連ねています。おおらかであり、国籍による出場規制が幾分か緩やかなラグビーのこと、多くの国の代表で活躍しているのです。

陸上のスプリント走や長距離走でのアフリカ系選手とのマッチング例が話題にあがりますが、その現象と似ているのかもしれません。あるいは、ポリネシア人とラグビーの親和性は、それ以上かもしれません。だが、たんにフィジカル面（身体）がどうのこうの、の問題だけではなく、歴史とか文化、さらにメンタルな側面も関係するようです。もちろん、男性も女性もそうなのです。

4．さらには、「美声の美唱」型音声。これは耳鼻咽喉科に関連する気道、音量、音声の話なのですが、美声の持ち主が多いこともポリネシア人の大きな特徴なのです。世界屈指の歌姫と称されるキリ・テ・カナワ（NZ系ポリネシア人出身）をはじめ、抜群の歌唱力と美声を誇る歌い手が非常に多いのです。ここでは詳細を割愛しますが、吾が師にして畏友でもあるP・ホートン教授（オタゴ大学・解剖学）らの研究（P. Hougton and M. R. Kean, 1987）によれば、上記1．の身体特徴とのからみで、下顎部と咽喉頭部の構造と関係して気道が非常に大きく発達しているため、呼気力と吸気力とが優れるゆえの特徴だそうです。世界中の人たちが、あのキリ・テ・カナワの歌唱を聴き、奇跡ではないか、と思うのではないでしょうか。実は筆者も、そのうちの一人です。

ともかく身体特徴の面からだけでも、とても味わい深い人々なのです。なにしろ、南太平洋の大海洋世界に散らばる島々を発見、植民、開拓するという偉業を成し遂げた人々でもあるわけです。ここに挙げた特徴を彼らが誇る理由について、あえて今、説明していくことは控えます。本書を読み進むとともに、あるいは他の拙著で関係部分を参照していただければ、幸甚に存じます。

「中枢」と「辺境」——やつがれ人類学者の辺境論

地球のどの地域でも、かたや、その地域の中枢をなす十字路のような場所あり、こなた、いわば〈どん詰まり、行き止まり〉の辺境と呼べるような場所があります。それは人間社会が織りなされる歴史舞台のことわりなのです。

日当たりの良い場所と日陰の場所という対比の仕方とは、ニュアンスが違うと思います。先進地と後進地などという言い方もあるようですが、こちらのほうはもっと違うのではないでしょうか。これらはいずれも近代以降の人間が、〈文明〉とか〈文化〉とかの類の〈あか抜け感〉というか、民度というか、そんな便利が良さ過ぎそうなコンセプトにこだわりすぎた物言いのようであり、また、いかにも分かった気になりやすい教科書的、教条的なレトリックではないでしょうか。

そうではなく、人間の進化の流れ、人間の拡散の流れ、人間の歴史の流れなどにかかわる方向性だけが話のポイントとなるわけです。なぜならば、中枢だから満腹感や幸福感や安逸感などがあり、辺境だから、それらがないということではないからです。

それともう一つ。いささか漠然としますが、河の流れと同じように、人間の存在も流れ流れゆき、人間の歴史も流れ流れゆくものです。ときに拡大しながら流れ、ときに分流に枝分かれしながら流れゆくのです。中枢部では人も物も四方八方に流れ易く、交差しながら、行き交います。ところが辺境部では人も物も滞ります。吹きだまりのような現象が起こります。くりかえしますが、中枢があり、辺境があるのが、人間の歴史舞台のことわりなのです。

どのレベルの人間社会でも、かたや、中枢があり、こなた、辺境があります。ことのほか辺境にロマンをいだき、幻想をいだき、想いこがれるのが、人類学という業界に身を置く者の性（さが）か、あるいは癖なのです。だから多くの人類学者が、どこかの辺境にあこがれ、そこでフィールドワークをすることになるのです。それが人類学徒のさだめなり、なのです。

たしかに、筆者自身も例外ではありませんでした。地球の辺境たるポリネシアの島々へ、それも、タヒチ諸島やフィジー諸島やマルケサス諸島などのような中枢ではなく、尻尾や爪先や盲腸とかに当たるような辺境の島々に、怖いもの知らずの興味をいだきました。たいていは、ただ抱いただけです。吾が中心的な調査地に選んだわけではないことを申しておきます。

でも、本書の主要なテーマ地は、ラパヌイ、ハアパイ島（トンガ）、チャタム諸島など、としました。ポリネシアの島々の〈詩と真実〉をより描写できるだろうと思ったからです。

もう今は昔のことばかりです。あえて過去形で語ります。寄り来る波、寄り来る風、寄り来る雨に抗する十分な体力も気力も知力も衰退はなはだしく、それに、聴力、視力、会話力、外国語力など、フィールド調査に欠かせないツールの衰えは、ただごとならず。ひとり身で辺境へ旅するなどは、まさに小舟で山に登るがごとき愚行でしょう。そんなこんなで、空間の旅ではなく、地図の旅でもなく、自分の個人史をさかのぼり、ときどき、過去のフィールドノートなどを開きながら、過去に遠出することで、昔訪ねし辺境を再訪してみたいと願ったようなわけです。

ポリネシアの人々は「南太平洋のアジア人」

もうだいぶ前のことになりますが、南太平洋の小さな島々にすむ非常に大柄な体格の人たち、つまりはポリネシア人と呼ばれる人たちの多くの知己がいました。

その多くは、まるでガリバー旅行記の巨人国の住人のごとき体格をしていました。その印象は、今でも目の前に見ているように鮮明に覚えています。彼らは大女で大男。太男で太女、男女を問わず、おしなべて身体は超大柄、高身長、筋骨隆々、顔や腕や脚や手足のパーツが特別に大きい傾向にありました。とにかく、タテ・サイズだけでなく、ヨコ・サイズも大きい。俗に言う肥満タイプの人たちでした。

と言っても、そうした巨人国の住人のような体格は、成人の特徴なのであり、オトナになるまでは普通に少年少女らしく、青年らしく、つつましく、たいてい日本人などの子供と大きさも太さも変わらない（靴を履く部分の足は格別に大きいのだが）のです。思春期の開始頃に生じる〈いわゆる思春期の生育スパート〉から、成人前夜にかけての〈壮年体形の始まり〉の頃の骨格や筋肉の増加を伴う成長が一人一人の身体変化の画期をなします。

順番が逆になるかもしれませんが、ポリネシアの島々に出かけ続けては、そうした人々のユニークな身体特性のこと、成長パターンのこと、肥満体質のことなどに関わる研究テーマでポリネシア人のことを調査・研究してきました。要するに、かつて何千年か前に彼らの大祖先たちが、南太平洋に散らばる島々を発見し、植民していったプロセス、つつましき生活資源しかない島々を開拓していったノウハウとその適応戦略、わずかずつも人口を増やしながらも島々に住み続けてきた歴史、つまりは、ポリネシア人という人々の民族としての歴史を研究してみようと試行してきたわけです。

写真4　P. ゴーギャンの墓。彼は、マルケサス諸島ヒワオア島の終のすみか「悦楽の館」で1903年に永眠した。

　そのために独得の研究方法を編み出しました。というか、ニュージーランドの研究者たちと協同で進めてきました。その方法のことは〈身体史観〉と呼ぶことにしています。

　その名の通り、ポリネシア人の人たちの身体を調べ尽くすことで、彼らの過去の歴史、特異な身体特徴、さらには行く末についても考えてみようとしてきました。P・ゴーギャン流に格好よく言えば、〈ポリネシア人とは何者なのか、彼らはどこから来たのか、彼らはどこにいくのか〉ということです。さすがに未来のことは難しく、占い師ではないので、彼らの体質がゆえに罹患しやすい〈新世界症候群〉と呼ばれる健康問題について触れる程度でした。

この身体史観を展開するには、なにはともあれ、まずは、彼らの身体特徴を詳細に記載しなければなりません。現代のポリネシアの人たちの協力を仰ぎ、身体測定をさせてもらいました。身長や顔形や体形や体重など、さらには足や手の大きさまでも測らせてもらいました。歯の大きさや形、歯並びの特徴、目や耳や顎などの顔立ち、血液型や耳垢型（乾型と湿型）、赤ん坊のお尻（児斑、青斑、あるいはモーコ斑）なども調べさせてもらいました。もちろん、子供の生育過程は具に調査しました。成長パターンは、彼らの特徴的な体形の成り立ちを解釈するのに重要なヒントを提供してくれます。

彼らの祖先のことは、考古学の遺跡で発掘された古人骨（古い骨）に聴くほかないわけです。ことに、彼らの身体特徴のことを知るべく、唯一無二の証拠資料となります。

それが〈骨考古学〉です。むかしのポリネシア人の顔立ちや体形が推定できます。生きかたや死にざまについても推量できます。さまざまな生業活動につき、あるいは病気や健康白書のようなことにつき知ることができます。〈平均寿命〉〈年齢別死亡率〉などの人口学的パラメーターについて推定できます。あるいは〈死生観〉〈他界観念〉など、彼らの心のひだにかかわる問題も探れます（片山、二〇一五）。

ちなみに骨考古学は、先史時代の人々の顔立ちや体形・体格を復原するための、ただ唯一の手段となります。それはそうでしょう。肖像写真も、人物画も、人物記載など、なにもない時代のことですから、当時の人々の顔立ちや体形に関する実像を等身大の姿で知るには、ほかに手段はないのです。オセアニアの先史時代とは、大略、西欧人が出没するようになる一六世紀以前のことです。それまでは、言語はあれども文字はなし。いささかでも記録が残る歴史時代と区別して、先史時代と呼ぶのが学問の習わしです。

ポリネシア語では、昔のことは、どの諸島でも、直喩表現で「暗い夜（の時代）」などと称します。たとえば、クック諸島の「ポ・ケレケレ（黒い夜）」とか、ニュージーランドの愛唱歌「ポ・カレカレ・アナ（暗い穴のごとき夜）」などで目にします。

ポリネシア人も当然、言語（ポリネシア語）はもっていましたが、文字はなく、いわゆる無文字社会でした。つい最近まで無文字社会だったところは、世界では珍しくなく、いわゆる古代文明圏以外の場所では、みなそうでした。奈良時代までの日本のようだったわけです。

イースター島（ラパヌイ）では、「ロンゴロンゴ文字」なるもの（第2章を参照）が見つかっておりますが、これは文字板ではなく、絵文字板か、ストーリー・ボード（絵話の板）かの類であろうというのが、ほぼ定説となっているようです。

ポリネシア人とラグビーW杯

ところで、なぜに今、ポリネシアであり、ポリネシア人なのか、なにがゆえに、まさに今のこのときに、ポリネシアをテーマにした本書を物したのか。

それは、まさに今、今だからこそ、なのです。今年こそが、日本語で書いたポリネシア本を上梓する絶好の機会なのです。なぜならば、今年の九月と一〇月、日本の各地で、ラグビー・ワールド杯が開催され、熱戦が展開されるからです。

ラグビーと言えば、ポリネシア人が主役です。テストマッチ（各国代表の対抗戦）では、ポリネシア国の場合は云うまでもなく。日本などの代表チームでもポリネシア人選手が欠かせません。ともかく、ポリネシア人にとって、ラグビーは、切っても切り離せない関係にあるのです。ラグビーとポリネシア人、ことに西ポリネシアのポリネシア人との関係は、マグロのトロと山葵の関係のようなものかもしれません。ポリネシア人のいないラグビー・シーンなど、想像しにくいものです。まるで山葵抜きの刺身、ということになります。

ポリネシア人はラグビーの申し子のごとき人たちです（コラム④を参照）。また、ポリネシア人にとって、ラグビーは神の思し召しがごときスポーツなのです。そのヒントをいくつか、挙げておきます。

まずは、NZがラグビーの最強国であるのは、なぜか。これは簡単。NZがポリネシアの国であり、代表の過半数をポリネシア系選手が押さえうることが大きな理由でしょう。

また今年のW杯の出場権は二〇カ国に与えられていますが、このうち四カ国がポリネシア圏の国です（NZ、フィジー、トンガ、サモア）。それ以外のチームでも、たとえば日本やオーストラリアやアメリカなどで、ポリネシア系の有力選手が出場します（ことに、馬力を要するフォワード陣で）。これらのことには、あえて詳しく言及する必要がないでしょう。

非常にアバウトですが、二〇カ国の代表メンバーに、すくなくとも一人は選ばれるでしょうから、今

写真５　ポリネシアの冬景色、ラグビーのある風景。子供も青年もラグビー。

年のラグビーW杯では大略、全出場選手の五分の一から三分の一くらいがポリネシア系の人たち（もちろん、ぽとんどはパートポリネシア人）ということになるはずです。

ポリネシア人が、いかにラグビーに相性がよく、いかに適性があり、どれほど親和性をもつか、よくわかろうというものです。

コラム① 地球の海の半球、あるいはオセアニアの半球

地球という惑星は、赤道によって北半球と南半球とに分けられる。それに加えて、西欧人が西半球（西洋）と東半球（東洋）とに分けることを考え出した。さらに実のところ、「海の半球」と「陸の半球」とに分けることもできよう。本書の舞台となるポリネシアの島々は、最初と次の分けかたでは、いわゆる股裂き状態となる。北半球にも南半球にもまたがり、西半球と東半球にもまたがる。最後の分けかたで初めて、「海の半球」のなかにまとまるのだ。

たとえば太平洋の真上から遠く地球を眺めると、図1のように見えることだろう。これもまた、もう一つの地球の姿である。ほとんどが海ばかりしか見えないので、「海の半球」とでも呼ぶことができよう。こうして人間の世界は「海の半球」と「陸の半球」とに分かれる。われわれは、「陸の半球」から世界を思考することが多いが、ときには、「海の半球」から発想し、構想し、空想するのも一興ではなかろうか。オセアニアや南太平洋、あるいはポリネシアの島嶼世界における地理や気候や風土などのこと、人間の歴史のことなどを語るには、この「海の半球」から考える視点が必要となるのだ。

ところで「海の半球」はまた、「アジア系の人々の半球」、あるいは「モンゴロイドの半球」でもある。すくなくとも人類学からは、そういうレトリックが許されるだろう。この奇妙な地球は、コロンブス以前の昔は、そっくりそのままモンゴロイド（アジア系の人々）の領域だったからである。アジアはもちろんのこと、南太平洋の島々、アメリカ大陸、そしてオーストラリア大陸もまた、アジアから拡がった人々のグループが先住した。

ともかく、この半球はかつて、モンゴロイドだけが居住する世界であった。この半球の中心部をなすのがオセアニアである。

今はオセアニアにも、西欧系の人々（コーカソイド）が多く、アフリカ系の人々（ニグロイド）さえ住むが、それらの人々が進出したのは、たかだか最

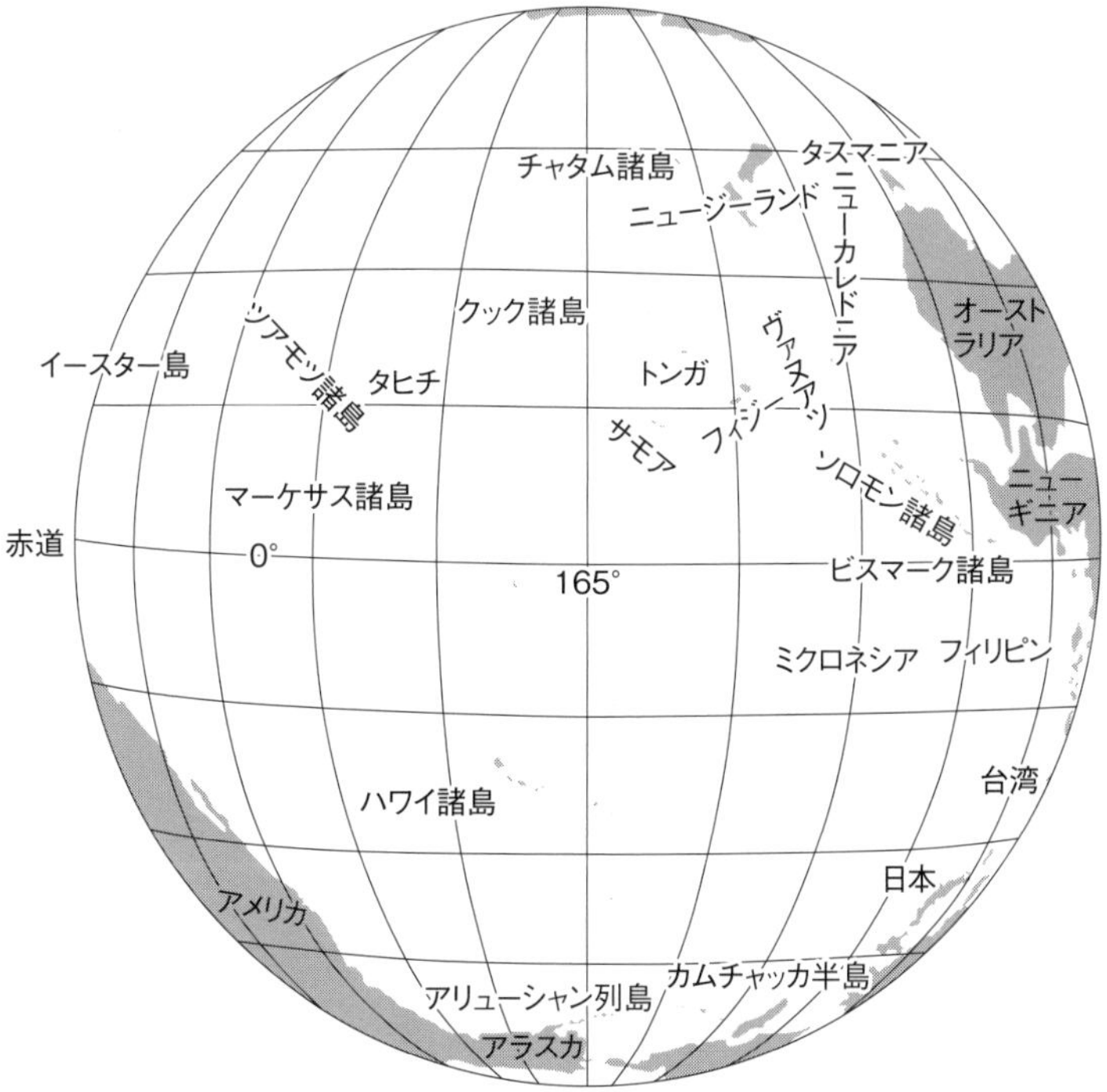

図1　もう一つの地球の姿。海の半球、あるいはオセアニアの半球。（片山、2010より）

近の五百年たらずのこと、つまり「西欧人の航海時代」以降のことである。オセアニアの本来の歴史は、アジアに由来するモンゴロイドが担ってきた。ときに「西欧人のオセアニア発見」などの記述が歴史書などに現れるが、これは大間違いもいいところ。オセアニアの陸地は、あるいは太平洋の島々は、それよりも遙かに昔、すでにアジア由来の人々により「発見」、「植民」、「開拓」されていたことを、ただしく認識していただきたいものだ。

まずは、オセアニアを舞台に展開された古代人による拡散のドラマを要約しておこう。人類学、考古学、比較言語学など、先史学の領域に関わる分野で、これまでに得られた知見を総合し、それをシナリオ風にまとめてみたい。そのまえに舞台装置を整理しておくのがよいだろう。

オセアニアとは、南太平洋の島嶼世界とオーストラリア大陸とを合わせた地域を呼ぶのが普通である。とはいえ地球の全表面積の三分の一に及ぶわけであるから、なにぶんにも広すぎる。気候や地形条件などの自然環境も複雑にすぎるから、なんらかの区分を設ける必要があろう。

地理学では、南太平洋の島嶼世界をメラネシア、ミクロネシア、ポリネシアに区分することが多い（図2）。メラネシアは「黒い島々の世界」を意味し、ニューギニア島、ビスマーク諸島、ソロモン諸島、バヌアツ、フィジー諸島、ニューカレドニアなどの島々を含む。「黒い」島々と呼ばれるのは、これらの島々の多くが環太平洋造山帯の活動によってできた陸島であり、遠くから眺めると黒々と見えるからとする説と、この地域の住民の肌の色からきているという説とがあるが、前者の方が有力とされる。ミクロネシアは、その名のとおり、「小さな島々の世界」の意である。おおむね、赤道の北にあり、日付変更線の西側に位置する島々が含まれる。

ポリネシアは「多数の島々の世界」を意味する。ハワイイを北の頂点、ラパヌイを東の頂点、NZを西の頂点とすることでできる大三角形が「ポリネシアの三角圏」である（図3）。これこそがポリネシアなのであり、実に世界の全表面積の六分の一弱に当たる。それこそ星の数ほどもの島々が散らばる。

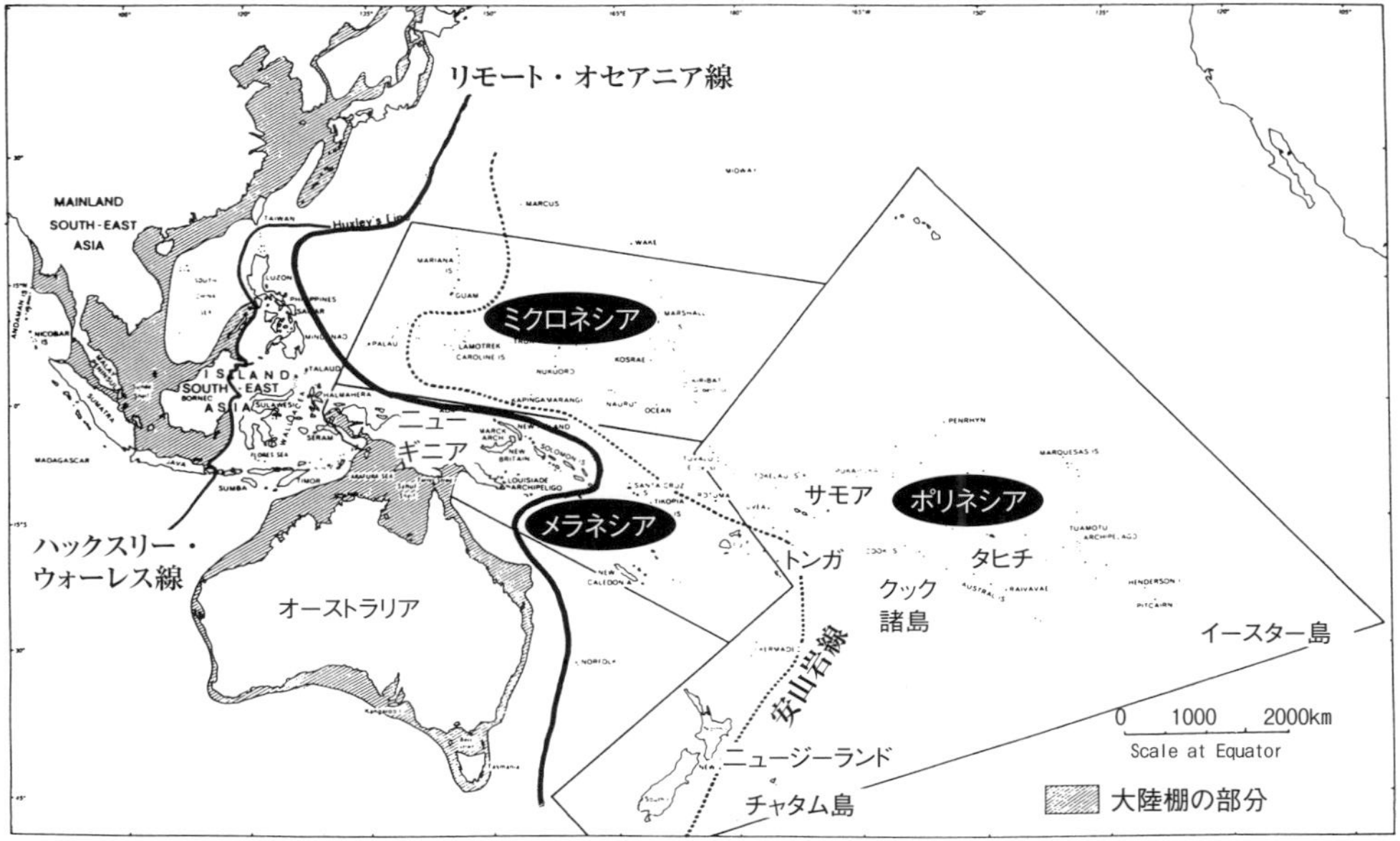

図２　オセアニアの地理的境界線。ハックスリー・ウォーレス線と、リモート（遠）・オセアニア線に注目。
（片山、1991より）

メラネシアとミクロネシアに比べると、人間についても、文化や言語についても、はるかに均質性が強いのが特徴である。

しかるに、この区分は、この地方の人間史と文化史を語るうえでは、かならずしも適切ではない。そこで、オセアニアにおける人間の歴史を効果的に記述しようとする目的のもと、新たなる区分設定を試みたのが、グリーン（R. Green, 1991）である。彼は生物地理学や海面変動に関する知見を援用して、オセアニアの地図の上に三本の境界線を考えることにした（図2）。そして、ハックスリー線（あるいはウォーレス線）の東側にあるインドネシアの島嶼部をオセアニアに含めることにした。

ハックスリー線については、多くの説明はいるまい。動物地理学で、東洋区とオーストラリア区を隔てるのが、この線である。今から七万〜一万年前の頃、くりかえし訪れた海退期（寒冷期、あるいは氷河期）には、この線の西はスンダ大陸、東はウォーレシア多島海を挟んで、サフル大陸（現在のオーストラリア大陸とニューギニア島が陸続きとなっていた大オーストラリア大陸）が広がっていた。

リモート・オセアニア線とは、その頃の海進海退現象とともに浮き沈みしたサフル大陸とその外縁の島々を、その東側に広がる大海洋世界から隔てる。この線の西側は、隣の島が遠望できる。そして安山岩線とは、そのさき大陸性の岩塊がない世界を画する。すなわち、小さな島々が広がるだけの正真正銘の海洋世界を画する境界となる。

リモート・オセアニア線の外側がリモート・オセアニア（遠オセアニア）。この線とハックスリー線との間が、世界第二の巨島ニューギニアと近隣の島々からなるニア・オセアニア（近オセアニア）である。その南がオーストラリアである。だからポリネシアとミクロネシアとは、まるごとリモート・オセアニアに区分される。メラネシアについては、ソロモン諸島南部のサンタ・アナ島とサンタ・カタリナ島の間で、ニア・オセアニア（近オセアニア）とリモート・オセアニア（遠オセアニア）とに分かれる。

オセアニアでの人間史を語るとき、この区分は、

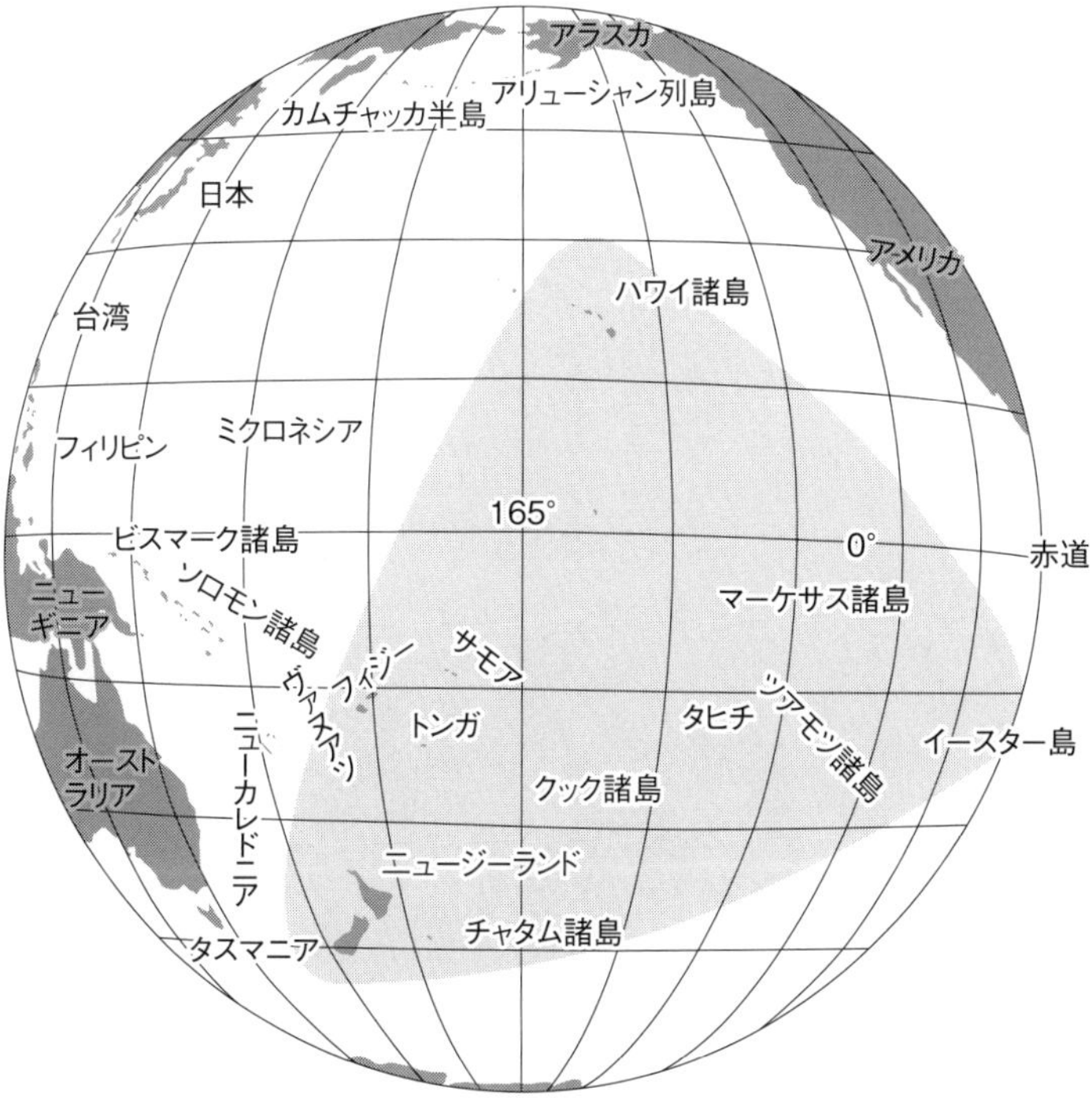

図3 ポリネシアの三角圏（片山、2010より）

たいへん分かりやすい。便利でもある。それを頭にインプットすれば、いつの頃に初めて人間が住み着いた地域か、すぐに凡そのイメージができる。

すなわち、ハックスリー線の西側の東南アジアでは、百万年も前のジャワ原人の頃まで人類史がさかのぼる。しかるに、その東側、つまりオセアニアに人間という哺乳動物が登場したのは、古くても五万年ほど前、更新世の終わり頃であった。それでもオーストラリアとニア・オセアニアは更新世のうちに人間の歴史が始まったが、リモート・オセアニアに人間が達したのは、完新世のなかばを過ぎ、三千年を超えるほど以前のことでしかなかった。さらに人間が安山岩線を越境したのは、さらに千年以上も待たねばならなかった。

写真6　はるばる来たぜ、レアオ環礁。アフの上に並ぶモアイもどきと記念撮影

コラム② 人間のオセアニアへの拡散

オセアニアへの拡散——第一幕

アジア方面からオセアニア方向に向けて、人間が拡散した歴史を解説するには、三幕もののシナリオで事足りる。こと近オセアニア地方の場合、民族相が錯綜しているため、人間の移住の波が何回も押し寄せたと考えられがちだが、実はそうではない。この地方の地理的・地形的条件が多様を極めるため、人間の集団が適応放散しすぎて、過剰に多様化、構造化しているせいである。

まずは第一幕。更新世の終わり頃、およそ五万年前の頃の寒冷期、つまりは海退期、人類史上で最初にハックスリー線を越えた人々がいた。彼らは当時、インドネシアの東部にあったスンダ大陸からニューギニアとオーストラリアにかけて存在したサフル大陸（大オーストラリア大陸）に拡がった。

オセアニアに人間の第一歩が刻まれたのは、まさにこのときのことであり。ハックスリー線がルビコン河の役割を果たした。これはまた、人間が初めて海を乗り越える出来事でもあった。当時は海岸線が遠ざかる海退期であったため、ウォーレス多島海にある島々の距離は小さくなっていたが、ハックスリー線の西側のスンダ大陸から東側のサフル大陸に移住するには、最大で一〇五キロほども離れた飛び石状の島々を渡海しなければならなかった。

それでもウォーレス多島海を越えると、最初のオーストラリア人やニューギニア人となった人々は、あっと言う間に旧サフル大陸一円に拡散した。かくて人間の足跡は、オーストラリアで五万年、タスマニアで三万年近く、ニューギニアで四万年程度、ビスマーク諸島で三万年ほど、そしてソロモン諸島でも三万年近く前までさかのぼる。一般に生物は同種の個体群が分布しない処女地に拡がるときは素早いのだが、それにしても早い。ハックスリー線の手前で百万年近く足踏みしていた人類の歴史を考えると、この拡散現象がいかに飛躍的だったかが想像できようというもの。陸上の哺乳類としても画期となった。

こうして近オセアニアとオーストラリアは、今から五万年前～三万年前、人間の居住する場所となった。このとき、ウォーレス多島海を渡るとき、あるいはソロモン諸島に拡がるとき、樹皮舟など、なんらかの原始的な渡海装置が用いられたはずだが、基本的には陸伝いに拡散していったのである。

オセアニアへの拡散――第二幕

その後、何万年かの時間が経過した頃、今から三〇〇〇年あまり前、ニューギニア北東のビスマーク諸島一帯の島々に忽然と出現した人々がいた。それがラピタ人である。彼らこそが人類史上で最初に遠オセアニアの海洋島嶼世界に進出した人々なのだ。南太平洋の西隅にある諸島に登場するやいなや、またたまく間に遠オセアニア線を越境、フィジーやトンガやサモアの西ポリネシアにまで拡散した。すぐれた航海能力を駆使したことは想像に難くない。とにかく彼らは、世界最古の遠洋航海民と呼ばれるにふさわしい人々だった。遠オセアニアの島々に定着したラピタ人は、それぞれの諸島の生活環境に適応し、自らの生活、文化、社会、身体を変容させ、西ポリ

写真７　石器時代の遠洋航海民たちが島々を発見するのに使ったであろうポリネシア式ダブル・カヌー

ネシアではポリネシア人、フィジーのビチレブ島などではフィジー人、そしてニューカレドニアではカナク人などに変身していったようだ。

その後、最も東に進んだトンガやサモアのラピタ人から生まれたポリネシア人は、その先の安山岩線の向こう側に広く拡散し、ポリネシアの三角圏の広くに散らばる島々を次つぎと発見、植民、開拓していった。マルケサス諸島やタヒチ諸島などの東ポリネシアの島々は西暦が始まる頃、ハワイイ諸島は一五〇〇年前の頃、ラパヌイ（イースター島）は紀元千年紀の後半、そしてニュージーランド（NZ）は約一〇〇〇年前の頃に植民したようだ。さらにさらに、五〇〇年前の頃には、〈吠える四〇度線〉の洋上を漂うがごとき、チャタム諸島にまで到達し、そこに住み着いたポリネシア人がいたわけである。

おそらく今から千年前の頃は、さながら〈ポリネシア人の大航海時代〉とでも言えるような活況を呈し、あちこちとポリネシアの島々を自在に行き来していたのではなかろうか。ハワイイやラパヌイなどに到達した人々のなかには、さらなる東進を試み、南北アメリカ大陸の西岸にまで到達した人たちがいた可能性すらもある（片山、二〇〇二）[*1]。

かくして遠オセアニアの全域が人間の居住空間に組みこまれた。ポリネシアじゅうの島々に住みついた古代ポリネシア人の植民活動は、まさしく人間の地球開拓史の棹尾《ちょうび》を飾るにふさわしい偉業であった。まさに彼らこそ、「南太平洋のバイキング」、あるいは「石器時代の遠洋航海民」と呼ばれるに値する人々なのである。

海の世界に乗り出し、「海の半球」を開拓しつくした人々こそ、オセアニアのユニークな人間社会を創りあげた人たちである。また、人間の汎地球性分布を完成させた人たちである。ことにラピタ人やポリネシア人による長大な開拓の船旅は圧巻である。はるかなる東アジアの原郷を離れ、海上の道をたどり、陸上の哺乳類で初めて遠オセアニアに進出したラピタ人[*2]。さらに自らの航海活動に磨きをかけ、地球の半周にもおよぶ距離もなんのその、オセアニアの最果てにあり、それゆえ人間世界の最果てをなすハワイイ諸島、ラパヌイ、NZ、チャタム諸島などを次つぎと植民していったポリネシア人たち。彼らの開拓精神が発露したポリネシアの島々の植民は、人間が果たした偉業のなかでも特筆ものの一つに挙げてよいのではないだろうか。

＊1　著者自身は、ポリネシア人の大航海時代といわれている頃、今から一五〇〇〜一〇〇〇年前の頃、ポリネシアのどこかの島、あるいはハワイイ諸島から、あるいはマルケサス諸島から、あるいはタヒチ諸島あたりから東に向かい、太平洋横断航海を果たしたポリネシア式カヌーか、カヌーの船団があり、再びポリネシアに帰還したことが、何度か、あるいはしばしば、あったと信じている。でないと、ポリネシアの島々に広くサツマイモやアメリカ綿などの栽培植物が存在すること、アメリカ大陸の太平洋岸の遺跡で東南アジア原産の鶏の古骨やポリネシア式手斧石器が見つかることなどの理由が説明できないからである。筆者自身も、あるとき、太平洋をはさんで南よりにラパヌイと向かい合うチリのチロエ島に調査に出かけたことがある。その島にある遺跡でポリネシア人のものと思われる下顎骨が見つかった、との知らせを聞いたからである。しかし残念ながら、下顎骨はポリネシア人の特徴を非

写真８　そこのけそこのけ、豚家族が通る。アジアからラピタ人とともに来たブタ。「あなたは豚のように美しい」という成句もある。

常に強く有するものの、全身の骨、ことに下肢や上肢の各骨とか頭骨については、ポリネシア人的特徴は、ほとんど認められないことが判明した。

まあ実際、チロエ島はラパヌイと四〇〇〇キロ以上も離れており、その間を南極方面からフンボルト海流が大寒河のように北上するため、たとえ大型のポリネシア型カヌーであろうと、横断できるような場所ではない。だから、すくなくともラパヌイからは、アメリカ大陸に行き来するのは難しかったろう。ハワイイ諸島やマルケサス諸島あたりからなら、北米や中米、あるいはガラパゴス諸島やペルーあたりに横断するカヌーは存在したかもしれない。

＊2 ラピタ人などのオーストロネシア（南島）語族オセアニア諸語グループが、そもそもは台湾に出自したという「出台湾」(Out of Taiwan) 仮説 (Crowley, 2006)、あるいは「ポリネシア行き特急」（ＥＴＰ）仮説 (Diamond, 1988) は、言語学や考古学などの先史学の分野で有力視されている。筆者たちは、フィジーで発見されたラピタ人の古人骨と台湾の古人骨を比較し、両者の類似性を指摘することで、「出台湾」仮説を検証したことがある（片山・土肥、二〇〇八）。五〇〇〇年くらい前から三五〇〇年前ほど前のころ、台湾（先住民系グループの祖先）が、フィリピン、豪亜地中海周辺の島々を経由して、ラピタ人としてニューギニアの西部縁海周辺の島々に登場したとの仮説は有力であり、なおいっそうの検証がまたれる。また、ポリネシア行きの Express が特急でノン・ストップに近いスピードだったのか (Diamond, 1988)、急行程度の途中停車はしたのか、準急か鈍行のようなものだったか、あるいはポリネシア行きの二つの列車があった (Oppenheimer, 1999) のか、ここでも議論は分かれる。筆者自身は「出台湾」仮説と「ＥＴＰ」仮説を有力と考えるが、豪亜地中海やニューギニア縁海などで積みこまれたＤＮＡ成分が一五％ほどと推定されることから、前者はともかく、後者については、あるいは、中間駅があったのかもしれない、としておく。

オセアニアへの拡散――第三幕

より完璧を求めるならば、オセアニアへの人間の拡散シナリオには、さらにもう一幕、補遺を加えたほうがよいのだろう。このように、オセアニアに拡散した人々の流れには、時を隔てた二つの本流があったわけである。それぞれの流れの主役となった両グループは、近オセアニアにある大きな島々の沿岸域や、その周辺の小さな島々で邂逅を果たし、やがて合流する局面も生まれただろう。そして、両者がさまざまに入り混じった結果、そのあたりの民族相は複雑さを増した。その混合グループの一部は、その後、ミクロネシアやメラネシアの島々にも拡がったのかもしれない。

また今から六〇〇〇年くらい前には、ひきつづき海進が進んだ結果、オーストラリア大陸とニューギニアとはトーレス海峡で切り離されてしまい、両地の先住者たちは別々の道を歩むことになった。そして、たがいに異貌の人々、言語、文化が育まれていった。さらには、ことに言語などの面での多様化がいちじるしく、何百もそこらの独立の言語を話す語族が入り乱れる民族模様となったのである。

蛇足となるが、アジア大陸で歴史時代が始まった頃、新たなる金属文化をもったグループが南シナ海からインドネシア方面に拡がり、そのあたりの民族模様に大きく影響をおよぼした。ラピタ人の原郷と考えられる台湾はもとより、フィリピン諸島、マレーシア、インドネシアのあたりの島々も様がわりした。オセアニアの西部、ニューギニアの最西部やミクロネシアの西端の島々にも、その影響は確実に波及したことであろう。

かくて、東南アジアとオセアニアとの境界地域や、ニューギニア周辺、オセアニアの西端域も、もはや昔のままではない。だからオセアニアの最初の居住者たち、開拓者たちの起源を辿るのは容易でない。

第2章　世界のヘソか、あるいは海のコブか
――イースター島（ラパヌイ）の不思議――

モアイの巨人像は、なにを思うのか？

イースター島――我流「世界の七不思議」のひとつ

イースター島（ラパヌイ）は、かつては多く国の人々にとって、地球上で〈もっとも遠い島〉の一つであったことは、まちがいないでしょう。

ことに日本などからみると、ほぼ太平洋の反対側、つまりは地球の反対側、世界の反対側、ということなのです。もちろん日本だけでなく、地球上ならどこでも、どこから行くにも遠いし、どこからも行く機会はないし（今や観光化が超絶的に進行したために、別の話ですが）、どこから行くのも難しい、というわけでした（これも同様に、世界遺産になった後の今は別ですが）。

こんな三要件を満たしていたがために、星雲の志を抱いていた頃、筆者らには、世界で〈もっとも遠い場所〉、あるいは〈もっとも遠い島〉のトップかトップ・ツーくらいにランクできました。幸か不幸か、今は、その二番目か三番目くらいにランク落ちしたようです。おそらくは今は、本書の第5章に登場するチャタム諸島あたりが、ラパヌイを追い抜いて、地球で、あるいはポリネシアの島々のなかで〈もっとも遠い島〉の栄誉をになうことになったようです。

同時に、ラパヌイは、実に不思議な島でもあります。筆者の選ぶ我流の「世界の七不思議」では、まちがいなく、この点でも世界で最上位にランクインされるでしょう。これは、今も昔も変わらず、です。日本では老若男女を問わず、たいていの人が「イースター島」のことを知っているようですが、ただ名前を知っているだけの場合が多いようです。くわしいことはもちろん、よく知られているとは言えません。ずいぶん、あやふやな知識が蔓延しているのです。どこにあるのか。どこをどうやって行くのか。そもそも、なぜかくも有名なのか、なぜ多くが知るのか。なぜ皆が口にするのか。ともかく要領をえないこと、このうえない話です。テレビ番組などで知った、と、答える人が多いのですが、英語だか国語だかの学校の教材で読んだから、と、答える人に出会ったこともあります。

実は、この島の世界共通の名称「Easter Island」、あるいは、その日本での通称「イースター島」からして奇妙なのです。

写真９　イケメンのモアイとツーショット

「イースター（Easter）」は、キリスト教の復活祭（イースター祭）の名前に由来します。一七二二年のその日（移動祝祭日なので、日にちは年により違う）、オランダ人航海者のヤコブ・ロヘフェーン（J. Roggeveen）たちが来航、その名前で西欧世界に知らしめた、というか、撒き散らしたからだ、と言われております。世界スタンダードのように使われるのは、この名前ですが、他の呼び名が多くあります。

たとえば、正式名称である①Isla de Pascua（スペイン語——イスラ・デ・パスクア。意味は「イースター島」）、②Easter Island（英語——イースター島）、③Rapa Nui（ポリネシア語ラパヌイ方言?——ラパヌイ。意味は「大きな巌」とか「大きな斧」）、④Te Pito O Te Henua（ポリネシア語タヒチ方言?——テ・ピト・オ・テ・ヘヌア。意味は「大地のヘソ」か「地球のヘソ」）、⑤Mata Kite Rangi（ポリネシア語タヒチ方言?——マタ・キテ・ラギ。意味は「天空を見る眼」）などです。

ちなみに筆者は、その昔「④がベスト」と、ポリネシア人類学の大御所から聞いたことがあります。「そもそもの現地名だったのだ」ということでした。でも筆者自身は、正直なところ、各方面のラパヌイ研究者の例に漏れず、③のラパヌイの愛好者です。

もっとも嫌いなのが「イースター島」です。ともかく腹が立ち、脳の中が煮えくり返るほどです。オランダのロヘフェーンが「発見した」というイメージを、ゾンビのごとく呼び戻すのは、なんとしてでも阻止したいのが正直な願いです。

大きな巌か斧か——ラパヌイ

だが、いまは世界で、現地主義での呼び方が慣用になりつつあります。ならば、ポリネシア語の名前で呼ばれる必要があります。

なぜならば、南太平洋のポリネシア三角圏の東端（コラム①を参照）にあり、この島を発見し、住み着き、先住してきたのは、まちがいなく、ポリネシア人の一派だからです。つまりは、オーストロネシア語族オセアニア語系のポリネシア語を使用する先史時代人だったからです。「西欧人が発見した」などという言説は、ありえないことを無邪気に語る話、邪説の類なのです。ともかく「イースター島」などと呼ぶのは間違いなのであり、地名語のルール違反のようなもの、なのです。

実際には、ポリネシア語での呼び方じたい、三通りも、あるいは四通りもあるようなのですが、このことこそ、ラパヌイがたどった数奇な運命を如実に物語るわけです。

まずはラパヌイ、つまりは「ラパ・ヌイ」(Rapa Nui)」。ヌイは「大きい」、ラパは「巌」とか「カヌーの櫂」とか「手斧」とかの意だそうですから、「大きな巌」、「大きな櫂」、あるいは「大きな手斧」とかを意味します。どれもが可能性ありそうです。ポリネシア語には同音異義語が多く、正鵠を射るズバリの意味を探すのが難しいことが少なくありません。

次の候補はテピトオテヘヌア。これは「テ・ピト・オ・テ・ヘヌア(Te Pito O Te Henua)」(テピトは「臍」、オは「〜の」、テ・ヘヌアは「大地または国土」、つまりは「大地のヘソ」)。さらに「マタ・キテ・ラギ(Mata Kite Rangi)」(マタは「眼」あるいは「顔」、ラギは「空」、キテは「見る」か「知る」ですから、「天空を見る眼」)。なんだか謎めいていています。

どれが古い呼び方なのか、あるいは、どれもが古いのか、どれも新しいのか。まことに残念ながら筆者の言語学的知識は貧弱にすぎます。また、寡聞にして、そのあたりの事情はわかりません。

たしかに〈地球のヘソ〉と呼ぶのがふさわしいような場所に、海のヘソのようにポッネンと浮かぶ島ですから、〈ヘソの島〉とは絶妙、言いえて妙、洒落もきき愛嬌もある名前ではあります。でも、知る

図4　イースター（ラパヌイ）島

人ぞ知る業界語（ジャゴーン）の響きがしないでもありません。

もうひとつ、スペイン語の「イスラ・デ・パスクア（Isla de Pascua）」（イースター祭の島、あるいは牧地の島?）も、よく使われます。この島はチリ国の一部（州）ですので、むしろ、こちらのほうこそが公式名称。そう考えるべきなのかもしれません。

いずれにしてもイースター島という名前は、あらためて説明するまでもなく、かつての欲ばりな物欲しげな（どこにでも出かける）、よく言えば、冒険心にあふれる西欧人たちがたずねてきて、勝手に命名したものでありますから、ここに先住してきたラパヌイ島民にとっては迷惑千万な話かもしれません。ですから、「イースター島」を使ういわれなどは、まったくないのですが、あまりにも有名になりすぎてしまい、いささか複雑な思いを抱かざるにはおられません。

当然のことながら、もともと現地語（ポリネシア語）のちゃんとした呼び方があったはずです。でも、後述するように、悲しい出来事があったがゆえに、過去の記憶を喪失しかけた島のこと、そのあたりの詳細は、まったくもって、不明なのです。

諸説あり、なかでも「ラパヌイ」説が有力です。だから、ポリネシア系の現地住民の人たちや、あちこちに住むポリネシア系の人々も、そう呼ぶ人が多いのです。実際、ポリネシアの人々や文化のことなどを研究する者の間では、ラパヌイと呼ぶのが一般的でしょう。

ちなみに、ラパヌイの何千キロか西、フランス・ポリネシア最南のオーストラル諸島には、「ラパイチ」（Rapa Iti――「小さな手斧の島」（こちらのほうが通説）、もしくは「小さな巌の島」）という名前の小島があります。ヌイは「大きい」、イチは「小さい」ですので、ラパヌイの対語をなすわけです。たしかにラパヌイの小型版のような、地図の上では豆粒のような島であります。

世界ラパヌイ会議のこと

いきなり話が飛躍します。もう一〇年以上も前の二〇〇七年のことだったでしょうか、通称「ラパヌイ学会議」なる国際学術集会に出席しました。とても不思議な島に似つかわしく、不思議な場所で開催された、不思議な会議でした。

自然科学系も人文科学系も、さらには情報科学系なども合わせると、世界のあちこちで、ゆうに五〇〇人をこえる数の研究者たちが、さまざまな分野でラパヌイ島やラパヌイ人やラパヌイ語などのことをテーマにした研究活動を進めているそうです。その人たちが集まり、五年に一回ほどのペースで、世界のどこかで開催される国際研究者会議なのです。

いわゆる珍種珍名学会の類。世界の名所にある大学で、回り持ち開催する類の学会なのです。世界中に散らばる専門研究者をたばねる集会の場合、めったに行く機会のない珍しい場所で開かれるほうが、より多くの研究者たちを引き寄せる効果が期待できるのです。

この第七回ラパヌイ学会議（正式名称は、VII International Conference：Easter Island and the Pacific：Migration, Identity, and Cultural Heritage）も、その例にもれず、なんとスウェーデンのバルト海に浮かぶ絶景の島、ゴットランド島の「バイキングの町」、ヴィスビー（旧市街は世界文化遺産）にあるゴットランド大学で開催されました。世界遺産のラパヌイに関する国際会議が、地球の反対側にある、これまた世界遺産の小さな町で開催されたのです。

歴史学、考古学、文化財科学、言語学、海洋学、航海学、地球科学、地質鉱物学、火山学、地震学、魚類学、動植物学、環境科学、環境保護学、文明科学、などなど、かくも雑多な分野の専門家たちが、おそらく世界中から二〇〇人以上は参加しました。参加者の共通点はただ一つ、ラパヌイ島に関連する研究活動に従事するか、かつて従事したか、なのです。まあ、プロの専門研究者たちの自慢話会（アピール会）か、同窓会のようなもの、そう思えばよいかもしれません。

「ロンゴロンゴ文字」は「話の板」

めずらしい分野の研究者も少なくありませんでした。たとえば暗号解読を得意とする数学者とか、ポリネシア音楽や宇宙開発などの専門家たちです。

前者はロシア人の天才のような方。ラパヌイにしかない「ロンゴロンゴ文字」あるいは「ロゴロゴ文字」と称される文字板（あるいは記号板）の〈絵文字もどき〉の解読を目論んでいます。これまでに何人もの専門家がリレーするように繋ぎ、一〇〇年以上の長きにわたり継承されてきた研究だそうです。

ちなみに、この絵文字もどきの「ロンゴロンゴ文字」の文字説を完膚なきまでに否定しておられました。ミクロネシアの「話の板」（絵板）[*1]の類とか、ポリネシアの多くの島々に残るペトログリフ（岩絵）[*1]の類なのであろう、ともかく「文字ではない」と、自信を持って言えるところまでたどり着いた、との内容の発表でした。あとで個人的にも解説してもらい、涙が出るほどに感激しました。

まこと筆者は、いたく感心し、感動さえおぼえました。まさしく基礎科学の神髄は、あるいは理想は、こうした海のものとも山のものとも判らない基礎的な研究に自分の生涯を賭すこと、一生を捧げることではないでしょうか。基礎科学は「虚学」、実用科学だけが「実学」とする風潮が強くなる今日、今一度、学問というものの営みについて考える最適例なのかもしれません。

＊1　どちらも文字を持たなかった南太平洋の人々の間で、出来事や記憶の伝達のために、あるいは世代をまたぎ、英雄譚を伝承するために役割を果たしたらしい文化装置。いわば〈文字もどき〉。

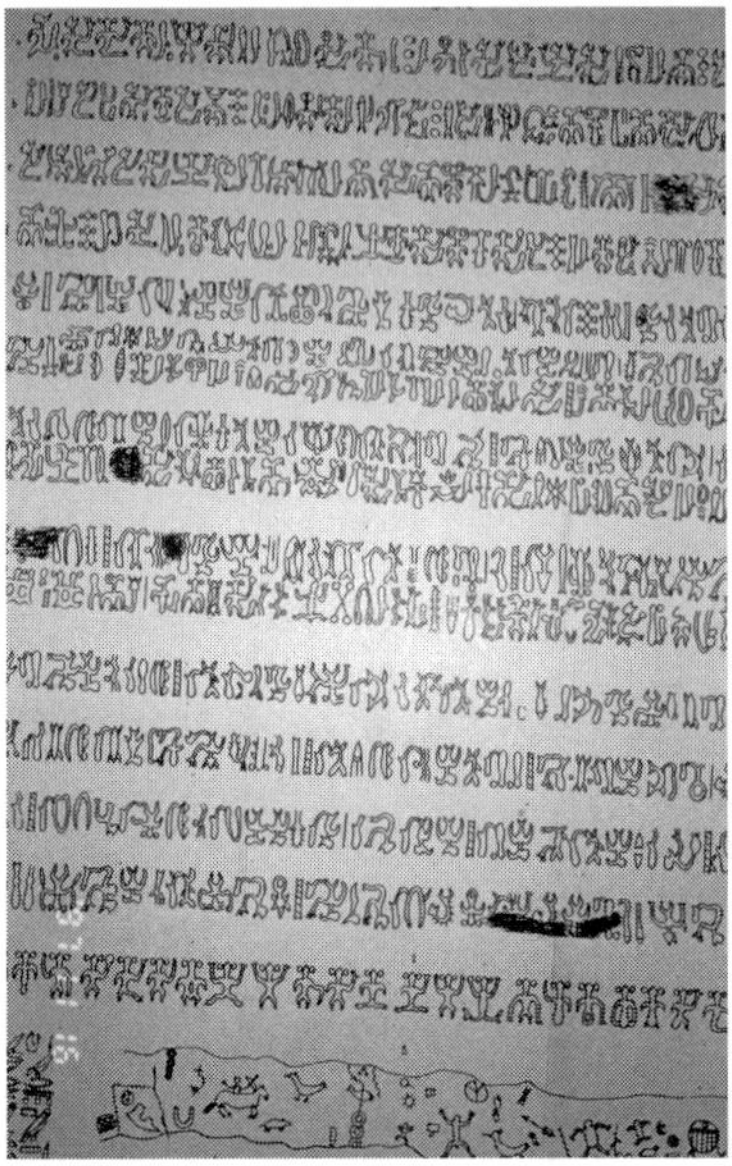

写真10 「ロンゴロンゴ（ロゴロゴ）」文字は「話の板」あるいは「記憶の板」

いずれにせよ、〈ラパヌイの不思議〉をめぐる国際学術会議が、地球の真裏にあたる場所で開催されたわけです。ラパヌイという島の磁力の強さ、世界中を引きつける磁場の広さに驚かされます。そして、ことに西欧人のいだくラパヌイへの関心の強さ、あるいはイースター島への憧れの強さに感じいります。

ヴィスビーの町から島の反対側に出かけ、バルトの島ならではの古代廃墟の石組みが残る森やバイキングの遺跡を巡る遠足ツアーの日とか、中世の頃の町祭りのような催し日を含めて、まるまる一週間、その会議は開かれました。海を眺める景観。旧市街の散策。そして、なによりも小さな大学での、のどかにすぎるような会議を大いに味わうことができました。

さらに、会議終了後のツアーがあり、大きなフェリー船でスウェーデンの本土に渡り、四日間かけて古代の遺跡巡りをしました。さすがに、スカンディナヴィア半島は八月末にはもう寒く、あわてて厚物セーターを買ったのが記憶に残ります。あれもこれも、いずれもどれも、ラパヌイとゴットランド島にまつわる生涯の思い出です。

ラパヌイはチリ国の州、南米の飛び地

閑話休題。ところでラパヌイ。正真正銘、ポリネシアの海洋世界にあるのに、現実にはチリ国の一部なのです。この国の単独の州をなします。その理由を説明するには造作ありません。ラパヌイのような世界のヘソのごとき島でも、かつては、西欧列強諸国の植民地主義による横暴からは、まぬがれえなかったからです。

はたして、この島も通わぬような不毛の島、無用のコブのようだった島でさえも、西欧の植民地となる運命を背負わされたのです。力づくで抑えられることはなくても、あるいは、島人たちの欲望がくすぐられ、手なずけられて、さらには、未体験の感染症を媒介されることで、伝統の秩序が崩れゆき、社会や文化のタガが緩み、衰退していったのです。そうしてこうして、広大な太平洋世界にある孤立した島々もまた、西欧国家の支配下、影響下におかれてしまいました。

ラパヌイの場合、一七七〇年にスペイン艦隊が来航し、この島の領有権を宣言しました。さらに一八六〇〜六二年には、ペルーの船団が来て、グアノ（燐鉱石）採掘をする奴隷労働者として使役するために、一〇〇〇人前後ものラパヌイ人を連れ出しました（誘拐するように）。その多くの人たちは死亡するに至ったそうです。帰島できた人たちも少なからずはいたようなのですが、そのなかに天然痘に罹患した人がおり、その病気が燎原の火のごとく島を包み、あっと言う間もなく猖獗をきわめ、人々はバタバタと倒れ、島の人口は激減したそうです。

ペルー船団が来た頃、三〇〇〇人ほどはいたとされる人口は、なんと、数十人かそこらの規模にまで減少した、と言われます。ほぼ壊滅に近い状態。ラパヌイの人々の歴史に悲しき断裂が生じたのです。そんな頃の一八八八年に、どさくさにまぎれて、チリが領有宣言をしたのです。人口が激減した隙を縫うように、それこそ空き巣荒らしさながらに、チリ領とされたわけです。

チリにとって今やラパヌイは、かけがいのない宝島。この火山岩だらけの不毛の島は、まさに「金のなる木」、「チリの宝石箱」、あるいは「チリの真珠」などの表現がピッタリなのです。

それこそ世界中からとぎれなく観光者たちが集まります。チリの国家予算に大いに貢献するわけです。観光客はそれこそ、観光業者のための給料を配りに、チリに税金を払いに来るようなものなのです。この島の観光資源は、まさにチリ経済の旗振り役、ラパヌイ様、さまさま、なのです。

モアイの巨人石像は沈黙したままではありますが、こうした状況を目の当たりにして、いったい、なにを思うのでしょうか。

月の沙漠もかくやあらん、かの景観

ラパヌイの景観は、一言で表するならば、摩訶不思議な孤島のマジックのネタの山。「大小の岩だらけの荒れ地、樹木とぼしき平原と丘と台地、モアイ像たちのシュールな存在、さながら賽の河原のごとき海岸」などなど。そんな不毛なイメージを安売りするかのような風景に事欠きません。まさに不毛の王国です。世界のどこよりも地球上らしくない場所かもしれません。

淡路島の三分の一ほどの面積です。だから、小さいと言えば、非常に小さいのですが、案外と言えば案外、大きくもあります。もちろん、ポリネシアの島の中では断然、大柄なほうなのです。でも、たいていの場所は、裸のままの荒れ地さながらです。

夏場（およそ一〇月から五月頃）は、高みをなす場所にはイネ科の草が覆いつくし、緑したたる草原に早変わりしますが、いずれにしても、ほとんど樹木がない「木が三本だけ」状態であるためがゆえに、冬場には緑の「み」の字も見えないほどです。まるで沙漠のように、植物は貧弱そのものです。そのかわり、どこもかしこも大小の形状がさまざま、石種もさまざまな岩塊がゴロゴロ。〈月の沙漠〉もかくやあらん、そんな景観が大いばりしています。およそ一日もあれば、すべての植物種が把握できるのではないか、そんな妙な自信がわいてきそうなほどに貧弱そのものの植生が特徴です。

もちろん夏場と冬場[*2]とでは、ずいぶんと様子が違うのですが、夏場でも「ゆたかな亜熱帯植物が色と

＊2　南回帰線の南、南緯二七度のあたりに位置するラパヌイは、冬場（六―九月頃）は緑が枯れはて、ときに寒さが身にしみる。南極のほうから吹く南風と南極のほうから北上するフンボルト海流とが力を増すと、天気はグズグズ、寒々とした空気が荒涼とした景観を包みこみ、肌寒いというよりも、寒い。

南極までは海ばかりだから、吹きよせる風は吹きつのり、ベルトコンベアのように流れよるフンボルト海流は黒々と寒々。日本の奄美地方と南北を逆にした緯度に当たるのだが、ラパヌイの冬場のほうが奄美のそれよりも大分、寒いように感じる。おそらくは、南極から吹く風のほうが「かつての毛沢東の国から吹く風」（その昔、著者は奄美に暮らした頃があり、その頃、そう呼んでいた）よりも、きつい、きびしい、気持ちが寒いからだろう。

りどり」のイメージを抱かれる方は少数派ではないでしょうか。そのイメージにはほど遠く、むしろ、冬場の「もの皆枯れて」、「南極からの木枯らし吹き荒ぶ」のイメージのほうがラパヌイらしい、のではないでしょうか。

ラパヌイにココヤシとは「ロンドンにバナナ」のごとし

ともかく植生は貧弱そのもの。地球上のどの沙漠でも、ここよりは植物相が豊富かもしれませぬ。およそ一日もあれば、島のすべての植物種を十分に把握できそうなくらい。ほんとうに貧弱そのもの。まるで「カヤツリグサの草原に木が何本か」のつつましき植生です。

ところどころに、かろうじて林の体をなすほどの場所もありますが、ユーカリ科とセンダン科とイチジク科の樹木が目立つくらい。もちろんオーストラリア大陸を原産とするユーカリ類は、ごく近年に植樹したものです。そのほかには、家まわりにグアバとかトウゴマ、センネンボクやカバカバやクロトン類、バナナやサトウキビやヤムの作物種、それに椰子類（ココヤシも少々）の草木が加わる程度です。ココヤシは最近、ハリウッド映画『ラパヌイ』のロケのために植林したのだそうです（いろいろな自然破壊があるものです）。ある場所にだけ、いじけた姿で何本か立っており、葉はぼろ切れのように強風で擦り切れ、その果実のココナッツは成熟しません。

おもしろいのがイチジクの仲間です。ときに、その場所の主のごとき愛嬌いっぱいの老木があります。モアイ石像と関係する遺跡の周辺などには大木もあります。大木といっても、空に高いわけではなく、ささくれ立つ太い幹とトゲだらけの枝とが、まるで動物の骨格が腕や脚を広げるような恰好の「骨木」、モアイのシュールな姿をいっそう際だたせます。この島の過酷な自然条件に耐えうる樹木の象徴のようです。でも、なぜ、この木がモアイとともにあるのでしょうか。誰かに教えてもらいたいものです。

トウゴマ（ヒマ）という植物は、なんとなく剽軽な赤み色の実をつけ、町はずれや空港周辺で自らの存在を主張しているようです。ひまし油を採るために植栽されていたのが逃げ出したのでしょうが、いつごろ植栽されていたのか、いまでも利用されているのかどうか、などについては、浅学寡聞、知りません。実は、ほかのポリネシアの島々でも、道端などでよく目にする植物です。おそらくは、西欧人による植民地だった時代、この東アフリカ原産のトウダイグサ科の有用植物は世界中に持ち出されていったのではないでしょうか。

ラパヌイの季節感

ことほどさように、案外、ラパヌイの景観はきびしそうに見えます。

はっきりと二季が実感できます。夏場と冬場です。夏場といっても、暑くてたまらん、ということはなく、冬場も寒くてたまらん、ということではないのです。体感気温の問題ではありません。体感気分の問題なのです。微熱のようなものを感じるか否かです。

夏場は、おおむね一〇月から五月の頃、いかにも亜熱帯地方にいるような気分になります。植物は緑がしたたり、天候が冴える日が多く、雨が少なく、たえず生暖かい風が吹いているのが特徴です。

冬場は六月から九月の頃、ともかく「ものみな枯れて」の季節。圧倒的に緑が貧弱になります。夕陽はこころもち、震えたように、凍えたように沈みます。頭のなかは透徹な気分、悪くはないのですが、こまかな小糠《こぬか》雨が降り続くことがあり、ときに重い気分になります。あまり観光の旅には、お奨めしたくない季節です。

雨の多寡については、実際には冬場と夏場で、たいした違いなどはなく、これも気分次第、感じかただけの問題かもしれません。というのは、「夏場と冬場のどちらで雨が多いか」と、住民の人たちに聞くと、あきれたような顔をされて、「そりゃあ、一年が終わってみないとわからんさ」と答えられます。うーん、非常に合理的な回答だと感心します。たしかにモンスーン地帯の国では夏場が多いと言えるのでしょうが、ポリネシアの島世界では、年変動が大きく、はっきりと断言できない現象なのです。それこそ、もしも長期予報してもらいたいならば、神さまに頼むほかないでしょう。

ことに冬場は、観光客の多くは驚きの声をあげるかもしれません。亜熱帯のイメージで訪れたものの、もの皆枯れたような趣が充満、しかも寒い。ときに、はるばる楽園めざして旅してきた自らの酔狂を嘆くのではないでしょうか。

千年もの昔のポリネシア人の開拓者たちの思いもそうだったでしょう。だから、最初に島を訪れ発見した季節は確実に夏場だったのではないでしょうか。冬場は天候がことのほか悪いので、この近場の海は、カヌーで航海するどころの話ではなかったでしょう。

でも、一月から三月あたりの夏場は別の話。南海の島らしく初夏の気分が伝わり来る甘ったるい怠惰な空気。夢見心地にさそう気持ちよい塩味の海風。カヤツリグサなどの雑草が生い茂る緑の丘陵。かがり火にモアイの石像が浮き立つ怪しげな夜陰の雰囲気、などなど。世界中から観光客を誘因する秘密があり、南海の塩味たっぷりの海風を味わう絶好の舞台となります。

火山と巌と風の土地

淡路島の三分の一ほどの大きさの、おむすび型の島。この島のアクセントか目印のような役目を果たすのが、標高が三〇〇～五〇〇ｍほどの三つの火山。すなわち、ラノ・ララク山と、ラノ・カウ山と、テレ・ワカ山です。

ちなみにテレ・ワカ山については、日本語の出版物では〈テレヴァカ〉と表記するケースが多いようだが、〈ヴァカ〉ではなく、〈ワカ〉とするほうがよいでしょう。なにも耳ざわりが悪いからではなく、ポリネシア語の正当な表記と発音の問題がゆえなのです。

〈ワカ〉はポリネシア語で「カヌー」のこと。多くの島のポリネシア語方言で「vaka」、ＮＺポリネシア語（マオリ方言）では「waka」と表記します。テレ・ワカは、西欧人にお仕着せされたアルファベット表記で tere vaka。tere（遠い）moana（海）を航海する vaka（カヌー）、「大型カヌー」であり「遠洋航海用カヌー」のことです。

そもそもの文字のなかったポリネシア語では、一七～一九世紀の西欧人宣教師たちが、キリスト教の伝道のために、自分たちのアルファベットを押しつけました。ワ音を表記するのには、va や wa。この場合のvaは、ポリネシア語の発音ではwaに近い感じです。だから、そのポリネシア語と、ほとんど同じ音韻構造の日本語ではwaと発音し、ワと表記すべきなのです。だから、ヴァカではなくワカ。tavake（極楽鳥――優雅で美しい白い大きな鳥）は、タヴァケではなく、タワケと表記すべきなのです。それが多くのポリネシア語研究者たちの意見です。ともかく、耳ざわりの問題ではありません。

島のいたるところ、どこを見ても、どちらを向いても、火山性の巌や溶岩や石ころがゴロゴロしており、月の表面もかくやありなん、そんなイメージが喚起されます。もちろん筆者は月面に立ったことなどありません。レトリックというやつです。インチキというか、フライイング気味の表現ですが、どうか御容赦ください。

ラパヌイ島の真打ち、モアイたち

そんな、まるで地獄絵図にある賽の河原のような場所がある一方、島の東、ラノ・カウ山の麓一帯には黒曜石[*3]の露頭があり、あたり一面にその砕片が顔をのぞかせています。そこを通る道路の表面には、この天然ガラスの鋭利な割れ目がキラキラと輝き、太陽の光を散乱させています。これがドライバー泣かせ。自動車のタイヤをパンクさせる原因となり、ときに観光客たちのレンタカーは難儀な事になります。こんな場所でパンクしたら、八つ当たりすることもできません。ただただ、えらい目に遭遇したと嘆くだけなのです。

海岸まわりは、荒くれ、ささくれだつ、溶岩塊や珊瑚石に一面に覆われています。大きな奇岩怪石が立ち並び、想像力をかき立てるシルエットをなし、そこに太平洋の荒波が打ち寄せています。こうした沿岸風景もまた、この島の風物詩なのです。

ラパヌイの最大の名物と言えば、なんといっても、モアイの巨大な石像につきます。その昔、先史時代の終わりにかけて造られたのが一〇〇〇基以上もある、と言われます。壊れたのや、地中に埋もれたのもありますから、実際の数は定かではありません。

その少なからずは、かつては、海岸に沿うように構築されたアフと呼ばれる石積み基壇の上に、外海に背を向け島内を見渡すように立ち並んでいたようです。だが今は、列をなして内陸に向けて倒れていたり、崩壊したりしており、なかには土に半分以上埋もれたものもあります。モアイの材料は凝灰岩、島の西にあるラノ・ララク山が唯一の産地です。そこの岩を剥ぎ取るようにして、切り出されたものが、あの巨大なモアイ像なのです。

モアイよモアイ、いったい、あなたは誰

ラパヌイの名を世界中に知らしめたのは、なんといっても、天にも届くばかりに巨大なモアイの巨人

＊3　黒色の天然ガラス石。ラパヌイでも、ナイフや手斧に整形加工され、モアイの製作用石器として重宝されたようです。ともかく石器時代にかぎらず、最近でも多くの地域で、ナイフや刃物の材料として重宝された。島のあちこちに黒曜石の大小の石器が転がっています。筆者は実際、この石の欠片で髯を剃ったことがあります。残念ながら、剃り味は今ひとつでしたが。

写真11　十像十色（十人十色）のモアイ像

石像の謎めいた存在なのです。一方で、大地に転ぶか、地面に沈むか、風化しかけたかのモアイ像は、シュール感があふれます。その一方で、かつての威厳ある立ち姿を復原され、石積み基壇（アフ）に立ち並ぶ姿は、荘厳そのもの。うかつにも目がうるうる、目がくらくらするくらい、神々しいのです。

完全に風化したもの、地中に一部が埋没したもの、ラノ・ララク山で切り出し途中の未完成なもの、家の近くに運ばれたものなどもあり、正確な数は神のみぞ知らん、というところでしょうか。一説によると千体以上、ともかく端倪《たんげい》すべからざる数のモアイがあるのは、たしかです。ともかく島中、いたるところにモアイあり。それだけに存在感はただごとでなく、なにがどうであれ、モアイこそがラパヌイのシンボル。そんな存在なのです。さりげなく大地に横たわり、なんとなく風情を誘うモアイは、さながら〈超芸術トマソン〉のようです。芸術よりも芸術らしい「超芸術」のごときです。

モアイは皆が皆（いくつかを除き）、ほぼ上半身だけ、顔が大きくデフォルメされた石の巨人。ともかく顔が長く、耳が長く、鼻が長く、唇が厚く、顎が長く大きく尖り、額がそりかえる。現実のポリネシア人の顔立ちの特徴が、さらに強調され、あるいはデフォルメされたような面構えなのです。

亡くなりし首長とか、高貴な身分の神官、部族の戦いでの英雄をモデルにした胸像だろう、と宣う専門家もいるそうですが、さあどうでしょうか。あるいは、死者の威厳を慮るために造られたのでしょうか。でも、ひどく様式化されており、ひとり一人の生身の人間の顔に比べたら、はるかに個性が乏しいのが正直なところです。

ごく希にですが丸顔や、唇がうすい顔のモアイもあります。正座の格好で全身を象《かたど》るモアイもあります。「顔の丸いものほど古い」、「小さいものほど古い」と解釈されているのですが、いずれのモアイについても、その製作年代は定かでないようです。この手の遺物、たとえば石造物などの製作年代を推定するのは、たいへん難しいのです。ともかく決め手に欠けるのです。

モアイがたどって来た道——秘境マルケサス諸島

おそらくは、西欧人が来航する何百年以上か前に製作された古いモアイがある一方、来航する直前くらいに製作された新しいものもあるのではないでしょうか。いずれにせよ、一七二二年にロへフェーンが訪れた頃までには、大半が製造されていたことでしょう。町なかに立つ小型のものとか、土産物に並ぶ小さな小さなものは、もちろん今でも造られ続けています。でも、そういうものは一般にモアイとは呼ばれないし、歴史文化財の扱いはされていないはずです。とにかく、ラノ・ララク山にある独特の凝灰岩で、モアイに独特のパターンで彫られており、独特の形象を施されておれば、大きかろうと小さかろうと、古かろうと新しかろうと、モアイに真贋を設ける必要などなく、どれもこれもモアイと呼ぶべきではないでしょうか。

私の見るかぎり、年代ものとされる丸顔のモアイなどは、顔の造りも表情も、小ぶりの大きさにしても、北西に四〇〇〇キロ以上離れたマルケサス諸島のチキと呼ばれる石像に大概よく似ています。実は、あるタイプのモアイにそっくりのチキ像もあります。チキ（Tiki）とは、ポリネシア版八百万の神のひとつの名前のことだが、モアイについては意味不詳。モアイも神の名前に由来するのかもしれません。名前はともかく、モアイ像がチキ像に由来するのは間違いないでしょう。モアイやチキを追っかけた原始美術が専門の木村重信先生の仮説もそうです（木村、一九八六）。

ちなみにチキ像は、隠れ里のごとき密林に埋もれて残る巨大神殿（トフア）の跡などに眠る大きいものから、家の石垣や垣根などに混ざる非常に小さいものまで、数えきれないほどのものが、ヌクヒワやヒワオア（日本語表記では、ヌクヒヴァやヒヴァオアが多い）などの島にひっそりと残っています。そのうち、これらチキ像を誘致の目玉にして、マルケサス諸島が世界遺産に指定される日が来るでしょう。

おそらくは、ラパヌイを発見したのはマルケサス諸島からのポリネシア人航海者たちであり、彼らが伝えた物質文化や巨石文化のレパートリーのなかのひとつ、それこそがモアイ石像の原型だった、とい

日本のイネ品種考
木簡からDNAまで

佐藤洋一郎 編（京都府立大学文学部特別専任教授）

イネの化石分析から、「ブランド米」の出現まで。イネの品種の栄枯盛衰はどのように繰り返されてきたのか。そのことは私たちの文化・社会にいかなる影響を及ぼしたのか――考古学、自然科学、料理人それぞれの視点から、イネと米の来し方、行く末を展望する。

■A5判上製・266頁　四、五〇〇円＋税

ISBN978-4-653-04414-7

藪内清著作集　全7巻

同編集委員会 編

新井晋司・川原秀城・武田時昌・橋本敬造
宮島一彦・矢野道雄・山田慶兒

6回配本

第6巻「自然科学史
数学史／医学史」

叡智を極めた科学史の碩学、その全容が明らかになる――科学史の諸領域にわたり独自の史観を打ち立て、独創的な研究を生み出すと共に科学史を一つの学問分野として確立した藪内清（一九〇六―二〇〇〇）。単行本未収録の論文、入手困難な著作を中心に多岐にわたる氏の業績を編む。各巻解題・月報付。

■第6巻　菊判上製・約528頁　予価一四、〇〇〇円＋税

6巻：ISBN978-4-653-04446-8
ISBN978-4-653-04440-6（セット）

真福寺善本叢刊〈第三期〉神道篇

名古屋大学人類文化遺産テクスト学研究センター 監修
岡田莊司・伊藤 聡・阿部泰郎・大東敬明 編

既刊

第2巻「麗 気 記」

真福寺（大須観音）は、仏教典籍と共に、鎌倉・南北朝時代に書写された数多くの中世神道資料が所蔵されており、研究上比類ない価値を持つ。先の『真福寺善本叢刊』以降に発見された写本をはじめとして構成される本叢刊は、中世神道研究のみならず、日本中世の宗教思想・信仰文化の解明にとって多大な貢献をなすものと期待される。

：ISBN978-4-653-04472-7
978-4-653-04470-3（セット）

説話の形成と周縁

古代篇・中近世篇

風土記、万葉集から日本霊異記、今昔物語集、さらには近世説話・軍記・古註釈、説話の言説・メディア論まで。物語・和歌・美術・宗教との関わりのなかで、説話はいかに生み出され定着したのか。また、時空間やジャンル、虚実の壁を越えて、説話はいかに発展してきたのか。

■四六判上製・296頁～304頁　各三、二〇〇円＋税

古代篇：ISBN978-4-653-045
中近世篇：ISBN978-4-653-04

坪井秀人 編（国際日本文化研究センター教授）

戦後日本を読みかえる

全巻完結　全6巻

1 敗戦と占領
2 運動の時代
3 高度経済成長の時代
4 ジェンダーと生政治
5 東アジアの中の戦後日本
6 バブルと失われた20年

——編者のことば——　〈戦後〉は日本の内から外から、しかもそれぞれまったく違う力学のもとでその終末を迎えようとしているのかもしれない。しかし、このような現在だからこそ、人文学の知をここに集めて、臆することなく真っ向から〈戦後〉を読みかえることに挑んでみたい。

■四六判上製・平均270頁　全6冊揃二〇、六〇〇円＋税

ISBN978-4-653-04390-4（セット）

京都大学文学部国語学国文学研究室 編

全巻完結

京都大学蔵 潁原文庫選集

近世語研究を畢生の研究とした潁原退蔵博士が生涯にわたって収集し学んだ一大史料群、京都大学蔵潁原文庫から、従来未翻刻のもので学術的意義の高い稀覯書を厳選して翻刻（一部影印、索引付）、巻末に詳細な解題を付して刊行する。

■A5判上製・平均500頁　全10冊揃一六二、〇〇〇円＋税

ISBN978-4-653-04320-1（セット）

國語國文

京都大学文学部国語学国文学研究室 編

大正十五年（一九二六）の創刊以来、実証的な研究を重んじる立場から画期的な論文を掲載しつづけ、国語国文学の分野に貢献してきた本書は、国語学国文学の最新の研究状況をリアルタイムで発信する好資料である。86巻12号で通巻1000号を迎えた。

■88巻6号・7号　A5判並製　48頁～64頁　九〇〇円＋税

88巻6号：ISBN978-4-653-04428-4
88巻7号：ISBN978-4-653-04449-9

京大人文研東方学叢書

第一期 全10巻

好評既刊

1 韓国の世界遺産 宗廟
王位の正統性をめぐる歴史
矢木 毅
3000円+税

2 赤い星は如何にして昇ったか
知られざる毛沢東の初期イメージ
石川禎浩
3000円+税

3 雲岡石窟の考古学
遊牧国家の巨石仏をさぐる
岡村秀典
3200円+税

4 漢倭奴国王から日本国天皇へ
国号「日本」と称号「天皇」の誕生
冨谷 至
3000円+税

5 術数学の思考
交叉する科学と占術
武田時昌
3000円+税

6 目録学の誕生
劉向が生んだ書物文化
古勝隆一
3000円+税

7 理論と批評
古典中国の文学思潮
永田知之
3000円+税

8 仏教の聖者
史実と願望の記録
船山 徹
3000円+税

京都大学人文科学研究所東方部は、東方学、とりわけ中国学研究に長い歴史と伝統を有し、世界に冠たる研究所として国内外に知られている。約三十名にのぼる所員は、東アジアの歴史、文学、思想に関して多くの業績を出している。その研究成果を一般にわかりやすく還元することを目して、このたび「京大人文研東方学叢書」をここに刊行する。

■四六判上製・平均250頁

ISBN978-4-653-04370-6（セット）

人文研アカデミー2019

本づくりの舞台裏

「京大人文研東方学叢書」を語る in 東京

【日時】２０１９年6月30日(日) 13時～17時
◆聴講無料、事前申し込み不要
【会場】明治大学リバティタワー3階１０３２
【講師】古勝隆一・永田知之・船山 徹

主催 京都大学人文科学研究所　共催 株式会社 臨川書店

写真12　お昼寝中のモアイ、ラノ・ララクのカルデラ湖を眺めながら

うことではないでしょうか。もしもそうならば、モアイの来た道を探る第一歩は簡単に解決できます。つまりはチキ像こそが、最初期のモアイ像のモデルになったと考えることができそうです。

マルケサス諸島の巨大神殿遺跡（トフア）にも、石積みのアフの基壇があります。そこに屹立する大型のチキもあります。ラパヌイのアフに立つモアイと同じパターンです。ラパヌイのモアイがマルケサス諸島のチキの流れをくむこと、その子孫であることを強く示唆する証拠となるわけです。秘密を解く鍵は身近にあり、のたとえどおりです。

外海に背を向けて、海辺のアフに立ち並ぶモアイ像たちは、まるでラパヌイの島全体、あるいは島の世界を睥睨《へいげい》するがごとき威厳があります。大きいのは、高さ一〇メートル以上、重さ八〇トンばかりのモアイもあると言われておりますが、たぶん誰かがモアイの大きさを推測するときに、凝灰岩の密度を考慮して、その重さを推測したのではないでしょうか。

ときに文化は暴走する――巨大さは社会の安全弁

人間の手になるものとは、にわかには信じがたいほどの巨大さです。目の前で拝顔すると、大きいことゾウのごとし、高きこと見上げるがごとし、なのです。ともかく、あきれるほどに大きい。世界じゅうに石像は数々あれども、かくも巨大な人物像は少ないのではないでしょうか。おそらく、もしも神を表現する石像だとすれば、世界で最大の石神像の一つと考えてよいのではないでしょうか。

ともかく、非常に特異な巨石文化が、南太平洋の果て、世界の果ての島、ラパヌイにあることは不思議なことです。その不思議を際だたせるものこそ、モアイの巨人石像にほかならないわけです。

なぜにモアイは巨大なのか。はたして、巨大に過ぎることに意味がありやなしや。あるとならば、それはなにゆえのことなのか。この巨大さにまつわる問題について、すこし考えてみませんか。

筆者の仮説は、以下の通りです。小さな辺境の島ラパヌイと、ばかでかい巨大なモアイ像との対照性、このことにこそ、その問題の核心があるように思います。

実は、ポリネシアの島々、広く南太平洋の島々には、石であれ、岩であれ、巌であれ、ともかく、石そのもの、石を素材とするオブジェを尊ぶ心性が人々の心のなかにあるようです。大陸や大陸島とちがい、石種、石材が極端に限定されることも関係するのでしょう。石器などの生活財として貴重なこともあるのでしょう。また、日本などと同様、八百万の神の象徴として祭るに手頃なのかもしれません。さらには、頑丈さや、形崩れしない硬さや、大きさや形状の永続性も重要なのかもしれません。

ともかく石や岩や巌こそが、人々の心を落ち着かせるなり、人間関係の絆となるなり、社会を安定して繋ぎとめるなりの役割を果たしたようなのです。だから、儀礼や儀式の場面において、住居にも、カヌー小屋にも、埋葬地にも、あるいは、漁撈用や戦闘用や航海用のカヌーの神棚にも、なくてはならないものだったようです。護符の役割を果たし、ときに交換財や親睦財などの役割を果たしたようです。

ことほどさように、ポリネシアの島々のどこにでも、普通ではない特別な形の石や岩を大切にし、ただの立石をまつり、自然石や石像のようなものを崇める習俗があります。たいていの島では、ただのつつましき石がその役割を果たします。たいていは石人像の場合も小さいか、あくまでも常識的な大きさのものが普通です。

モアイほども大きい石像は、ポリネシアの他の島には類をみません。せいぜいのところマルケサス諸島のチキ像。これには大きいものがありますが、特別に大きいのは限られております。ともかくモアイこそが、ポリネシアの石像崇拝文化の巨人なのです。断然の巨大さを誇るのです。

ラパヌイのモアイ像の巨大さは、まさに「文化の暴走」と呼ぶべき現象のせいではないか、というのが筆者が論考の末に導き出した結論です（片山、一九九七）。

それでは「文化の暴走」現象とはなにか。おそらくは、なにかを製造するときにいだく達成感と関係するメンタリティ、「大きいことは良いことだ」とか「美しいものは善いことだ」などと考える価値観のようなものの帰結なのではないでしょうか。あるいは芸術の領域とも関係するのかもしれません。

人間というもの、なんらかの閉塞状況に置かれたとき、なんの目的意識も理由もないまま、あるいは、本来の目的意識や理由が失われてしまい、ステレオタイプな行動に執着し続けるようなところがあります。ラパヌイの場合、外世界から断絶され、疎外され、自閉空間的性格が強まるとともに、モアイの製作計画に、さらには製作作業に異様なほどの執着が発揮されるようになり、だんだんとモアイが大きくなり、いっそう様式化する傾向が強まった可能性が大です。

人口が増加したことも無縁ではないでしょう。たいした合理性などなく、奇をてらう突飛な営みとしての側面が増長して、より巨大なモアイに様がわりしていった可能性が高いのではないでしょうか。それにくわえて、たまたま、巨大モアイを製作するのにピッタリの石材があったことも必要条件として欠かせないでしょう。

もしそうならば、西欧流の近代合理主義者の思考回路で考えるほどに、ラパヌイでのモアイ製作は神秘的ではないし、不思議でもないわけです。あるべきところ（ラパヌイ）に必然のようにあっただけ、ただそれだけ、かもしれません。また、それを製作するのに費消した莫大なエネルギーもバカバカしいとするには及ばないのかもしれません。なぜならば、絶海の孤島で、さほど荒廃すること退廃することなく、人間社会の安寧を維持するための生活の智恵のようなものだったのかもしれないからです。

実際、今から二〇〇〇年近く前の頃に、ポリネシア人の祖先たちが開拓していった南太平洋の島々には、モアイの原型となったとおぼしき石像や木像の類、いわば〈モアイもどき〉が少なくありません。もちろんつつましいもので、モアイほどに巨大でも派手でもない。でも、そうした石像などを製作することこそ、後世に子孫たちに残すことこそが、独立独歩の時間を歩まざるをえなくなったポリネシアの島々での生活・文化の神髄であり、絶海の孤島で生きる道を確立するための方便だったのではないでしょうか。

文明世界との不幸な出合い――昔の記憶を喪失した島

ラパヌイを発見、最初に植民、開拓を果たしたのち、かわらずに長らく先住してきたのは、まぎれもなくポリネシア人でした。当時の人々の骨も彼らが遺した石器などの文化遺物もまた、ポリネシア人とその文化が島への適応を果たしつつ、長らく歴史を続けてきたことを物語ります。その歴史の始まりについては、今から一二〇〇年ほど前までさかのぼるであろうとの仮説が有力ですが、その一方で、いや紀元一二〇〇年頃（今から八〇〇年ほど前）ほどしかさかのぼらないだろうとの異説もあります。放射性炭素年代測定による年代推定も一筋縄ではいきません。

昔の花粉を同定して定量して当時の植物相を復元する研究、いわゆる花粉分析の研究により、紀元九〇〇年頃にはすでに、ポリネシア人の祖先が来る以前に島を被っていた樹木類が減り始めていたとする証拠が提示されております。それに依拠すれば、前者の仮説のほうに説得力がありそうです。いずれにせよ、考古学の遺物から年代測定するのは、決め手に欠ける場合が多く、なんとももどかしく、なかなかに悩ましい問題なのです。

おそらくは先史ポリネシア人は、ハワイイ諸島を植民したのと同じ頃か、その少し後。そして、ニュージーランドを植民したよりは早い時期に、最初にラパヌイに住み着いたのではないでしょうか。なにぶん文字がなかったオセアニアの島々のことですから、西欧人がやって来る前のことは、たいていのことは闇の中、あるいは夢の中に眠ったまま。そんな状況なのです。こまかな出来事の脈絡をつないでいくには、ちと心細いところがあり、考古科学と各種の分析科学による地道な研究活動だけが、先史時代の闇を照らし出す手段となりうるのです。

トンガやタヒチやNZのように大きくて、メリハリのある島々ならば、まだしも。先祖代々、人の口から人の耳へと伝承されてきた言い伝えや古謡などが少しは残るのですが、それがラパヌイの場合ですと、その手の記憶が、いっさい残っていないのです。古謡や語りなどをバトンタッチするべき語り部のような人たちが、途絶えてしまったからなのです。

実はラパヌイの場合、マルケサス諸島やタヒチ諸島やハワイイ諸島の島々などよりも、もっともっと激しく、あるいは、もっともっと急速に、かつ残酷な経緯で、西欧人たちの植民地主義の欲望の毒牙に蹂躙された歴史があるのです。

先史時代のラパヌイ社会が絶頂期を迎えていた頃、あるいはモアイがドンドン製作されていた頃の人口については、諸説ふんぷん。いくつかの推定値が提案されています。

考古学者や文明論学者たちの一〇〇〇〇人以上説（たとえば、ダイアモンド、二〇〇五）。あるいは六〇〇〇〜八〇〇〇人あたりの説、さらには三〇〇〇〜四〇〇〇人程度説、一八世紀に来訪した西欧人航海者たちの二〇〇〇〜三〇〇〇人説、などなど。どの推定値が妥当なのか。にわかには申せません。どの仮説にも一長一短、強みと弱みがあるからです。ともかく、はっきりした物言いは控えるのが賢明です。あえて筆者自身のフィールド経験を踏まえて、大胆な言い方をさせてもらえば、いくぶんはアバウトですが、三〇〇〇～五〇〇〇人あたりが妥当な数字ではないのかなあ、と、そんな想定をしております。いずれにせよ何千人かそこらか。それほどもの人口規模を擁していたのです。

しかしながら、一九世紀のなかばすぎ、一八六〇年をすぎし頃、突如、人口が激減してしまったのです。たいへん不幸な出来事が原因でした。もちろん、西欧人と接触するようになり、新参の疫病が入り、それが殺人兵器のような結果を招いたこともあります。たとえばインフルエンザ・ウィルスなども、はじめて接触した人々には悪夢以外のなにものでもありませんでした。実際、ポリネシアの小島では今でもインフルエンザは悪魔の使いのようなものです。

だが、ラパヌイの場合、最大の原因はペルーの艦隊による人間狩りと、それに続く天然痘の災厄だったようです。ともかく、一九世紀のなかばをすぎた頃、いくつかのポリネシアの島々は、広くミクロネシアやメラネシアの島々は、この残酷な悪意に襲われました。

人間狩りと、それに続く社会の崩壊と、歴史の喪失と

一八六〇年のことでした。ペルー艦隊が一〇〇〇人ほどのラパヌイ人を誘拐、ペルー西岸の小島でのグアノ（鳥類の糞が堆積したリン鉱石）採掘労働に連れ去ったそうです。[*4] その多くは二年ほどでラパヌイに帰されましたが、まずいことに、そのなかに天然痘の感染者がいたようです。そして、その病厄が蔓

延。まるで燎原の火のごとく島を呑みこんだとのことです。

さながら死者たちの島のごとくとなり、人口はガタ減り。一説によると一一〇人ほどに。あるいは六〇人か五〇人ほど。さらには三〇人ほどにまでに激減したとの記述が残ります。[*5]

つまりは、ポリネシア人先住者たちの人口は、その最盛期の百分の一程度でしかない絶望的な数にまでガタ減りしたわけです。まさに、社会も部族も、人的資源がなにもかも、壊滅状態に陥ったのです。この島の伝統生活、伝承類、物質文化のほとんどを喪失、島の歴史について記憶喪失の状態になってしまったのではないでしょうか。

その後、ラパヌイには、チリ本国からの西欧人やラテン系アメリカ人〈メスチーソの人々〉の移住者、タヒチなどからのポリネシア人〈はるかなる昔、ラパヌイ人と別れ、彼らと別の道を歩んできた人々〉の移住者が増えていき、ラパヌイの人口は徐々に回復していったようです。

でも所詮は、よそ者の人たちばかり。タヒチのポリネシア人といえども、別道の文化や歴史を育んでいた人々ですから。本来のラパヌイ人にとっては、ラム酒の瓶の首よりもなお細い〈ボトルネック現象(ビンの首効果)〉が生じることになりました。一八六〇年以前の長い歴史、人々の記憶、伝承、文化。それに、そもそもの主人公たる人々たちそのものが、過去の闇の中に埋もれてしまい、それ以降の歴史と分断されたわけです。それこそ、もはやモアイに聞くほかない状態になってしまったわけです。

ラパヌイの過去の記憶をたぐり寄せるための伝承の知識なども、すっかりと失われてしまったわけです。かくて、ラパヌイの歴史は、過去のものと現代のものとの間で、分断されてしまったのです。

そんなこんなで、ラパヌイの島にしっかりと根をはってきた人々の生活感覚のようなものが、いささか薄れゆき、〈根無し草〉のごとき人のみぞ多き、方々からの寄せ集めの島となりました。ますます、不思議議感が充満するばかりの島となったわけです。

ラパヌイに現住するポリネシア系の人たちは少なくありませんが、その多くは、どこかポリネシア人

＊4　その頃、太平洋の人々を強制徴用しようとするペルー艦船による魔の手が暗躍、太平洋の広い地域に伸び、多くの島に及んだようだ。日本列島にさえも及んだとのこと。伊豆諸島や小笠原諸島あたりに出没し、島人たちを騙して連れ出そうとしたペルー艦船の海賊行為に怒り、江戸幕府は猛烈に抗議した。その結果、ペルー側は謝罪と弁償とを余儀なくされ、ほうほうのていで退散したという。もちろん人間狩りにあい、その被害を免れえなかった島々は少なくない。実際、大きな国際問題となったらしい。各国の猛抗議を受けたペルー政府は、すでにグアノの採取労働を強制していた人たちを故郷の島々に帰還させた。

＊5　中米や南米、オセアニア地方では、西欧人の植民地支配者や旅行者の来訪とともに、ひどい人口減となった所が少なくない。もちろん銃や鉄製武器による虐殺の例もある。たとえば、一八世紀のオーストラリアのタスマニア島などである。しかし実際には、西欧人らがもたらした流行病による犠牲者のほうが何万倍も獰猛だったようだ。そのことをテーマの一つにしたのが、J・ダイアモンドの『銃・病原菌・鉄』（二〇〇〇）である。私自身もポリネシア、クック諸島国のマンガイアという島で忘れがたい記憶がある。一九八八年の八月なかば冬のこと、この国の独立記念日のあと、インフルエンザの爆発的流行があった。なにしろ、人口千人余の島で半分以上が罹患。島で一つの診療所には連日、長蛇の列ができた。二〇歳代三〇歳代の大の男でさえもが四〇度ほどの高熱で、うんうん唸っていた。島に帰ってきた一人が感染源となった模様、免疫力のない島びとには、どうしようもない。次の年、島の医師に確認したところ、私の知人の二〇歳代の青年を含めて、一〇人ほどが犠牲になったらしい。もちろん日本人などは、まったく発病しなかった。

らしくなく、さまざまな混血系の人たちが多そうな理由でもあります。その多くはポリネシア語を話しますが、タヒチ方言のポリネシア語。あるいはタヒチ諸島なまりのポリネシア語ではないか、とのことです。本来の固有ラパヌイ語（ラパヌイ方言のポリネシア語）は、もはや、言語学者の語彙集のなかにとどめられるほどにしか残らず、あまり使われていないのかもしれません。

その昔のラパヌイ芸能のことを考える

なんとも広いポリネシア世界のこと、ダンスにしても、古謡にしても、あるいは流行歌にしても、伝統芸能のレパートリー、種目、中味、調子や、艶めかしさのようなものは、実は諸島により、ときには島によりけり、テンポや踊り方や曲調などが、ずいぶん違います。

筆者の印象では、いちばん激しく肉体を動かせて、猥雑に足腰をふりふり、くわえて、艶めかしい振りつけで笑みをふりまくのがタヒチ諸島やクック諸島のタヒチアン・ウラ・ダンス。ポリネシアに出かける観光客が最高に喜び悦にいたるのがこれ。できるだけ卑猥感いっぱいに踊るのが華です。

それとは対照的なのが、マルケサス諸島のハカの唄踊り。いくぶん柔らかく剽軽な仕草で唄う合唱と、大きな動きの溌剌とした団体踊りが特徴。こちらは、けたたましいドラム・ダンスはないようで、卑猥感はない。ハワイアン・フラ・ダンスは、マルケサス調に近いが、西欧人の宣教師などの影響があるのだろう、優雅にすぎるコスチュームとか、垢抜けした身体、手足、指先などの動きとか、洗練された曲調とかが、どうもポリネシアン離れしているように思えます。

NZのハカの唄踊りは、どこか湿っぽいところがあり、一般に単調にすぎる傾向があります。音楽というよりも、儀礼や儀式の歌と踊りのようです。なかには哀愁を帯びたハカもあります。トンガやサモアの唄や踊りは、ともかく単調にすぎるようなところがあり、色気に欠ける、メリハリに欠ける、迫力にかける、などなど。でも、教会から聞こえてくる美声と迫力ある賛美歌は圧巻です。

現在のラパヌイ観光に訪れる人たちが愉しむのは、実はタヒチ経由のポリネシアン芸能のようです。本来のラパヌイ系ポリネシアン芸能ではないはずです。そんなものは、もう化石の如しというところ。遠い過去の世界にしか遺されてはいないのです。賑やかで艶やかなダンスや楽曲が多いのも、むべなるかな。ラパヌイで聞く流行歌の類は、実は、たいていはタヒチやクック諸島のラロトンガで製作されたCDから流れるものなのです。

タムレ（ドラム・ダンス）とか、腰をふりふりのエロチック・ダンスとか、テンポの速いウラの唄踊り類とかは、たいていは、タヒチ周辺の島唄の影響が強いものです。ポリネシアン・ダンスと一口では言っても、実はさまざまなのです。いささか大胆な推測ですが、本来の正調ラパヌイ流芸能は、もしかしたら、マルケサス諸島流と同様、ずいぶんと静かで品のある剽軽で緩めのテンポのものではなかったか、と思います。ラパヌイを植民したポリネシア人たちが出立したのがマルケサス諸島だとする定説に依拠すると、そのような推測が可能になるわけです。

まことに残念というほかないのですが、元祖ラパヌイ芸能は、もはや手を伸ばしても届かないほどの過去のなかにしかないようです。伝統的なタヒチアン・ダンスや歌謡が、ハワイイ諸島のフラ系とも、

NZのハカ系のものと随分ちがうように、昔のラパヌイの芸能は、タヒチアンとは随分ちがっていたはずです。むしろ、マルケサス流儀のものと類似していた可能性のほうが高いでしょう。

クレオール（混質）化した島社会

実際、ラパヌイの島に一歩足を踏み入れると、なんとも奇妙な雰囲気が流れていることに驚きを禁じえません。いったいここは、どこなのでしょうか、ポリネシア世界なのでしょうか、それともラテン・アメリカ世界なのでしょうか。あるいは、タヒチあたりのフランス・ポリネシアの観光世界なのでしょうか。

ことにハンガロアの町は、たとえばラテン系の雰囲気を満載した家並みや食堂などがあるかと思うと、タヒチのマルシェ（ポリネシア風の市場）のようなものがあり、キリスト教会の墓地は、ラテン系のものに似ているようでもあり、ポリネシア各地のものにも似ているようでもあります。どこか国籍不明の観を呈しているように見えて、どうも得体が知れません。

それに島の生活は、なぜかポリネシア世界に独得な生活感の匂いが希薄です。ことに冬場は、亜熱帯ポリネシアの島々で味わうような甘酸っぱい匂いがしません。原色だらけの色彩感、ねばりつくような土着感、降りそそぐ獰猛な光に反応する皮膚感に欠けます。ラテン・アメリカ的な顔立ちの人が多いせいもあるのでしょうか。それとも、観光地化しすぎてしまったことと関係するのでしょうか。

もちろん朝早く、そして昼間、雄鶏の刻を告げる声が聞こえてきたりして、ポリネシアっぽい風情もたっぷりとあります。しかし、レストランなどで流れる歌詞だけがポリネシア語のラテン音楽のリズムは、わざとすぎます。ともかく、イギリスだけやフランスだけやアメリカだけの文化で色づけされた他のポリネシアの島々とは異質です。ポリネシアの文化が野放図に変容し、欧米の色彩がミックスして目に入り、それらの匂いをまぜこぜにしたような香りが漂ってきます。

現在のラパヌイ人の多くには、ラテン系アメリカ人の血脈が濃厚に流れているようです。黒髪で皮膚が濃い目のポリネシア風の人でも、いかにもバタくさい顔立ちが少なくありません。そして、おしなべて、おしゃべりです。トンガやサモアなどの伝統的なポリネシア社会で見る人たちとは、どうも雰囲気が違いすぎる感がします。

いまのラパヌイは、ポリネシア世界とラテン・アメリカ世界、ポリネシア系文化とラテン系文化とが融合した、世界で唯一「違和感のある醍醐味」を実感できる場所なのかもしれません。モアイだけなく、月面のごとき島の風景、特有の混合社会なども、すでにレガシーと化しているようです。げにラパヌイは、世界文化遺産であり、世界自然遺産でもあり、さらには世界社会遺産でもあるのかもしれません。

人間のしたたかさが体感できる島

いつかカタストロフィがやってくるだろう、との妄執にとりつかれ、それに対処することに思い悩む人あれば、そんな方にお勧めしたい。「ラパヌイに出かけてみられる」のはどうでしょうか、と。

不思議な安堵感を覚えることになるのは、請け合い。どんな天変地異に見舞われようが、どんなに天地が荒廃しようが、人間という存在は、なにがなんでも生き延びる術を模索するものですし、どんな逆境でもしたたかになりうるものなのです。そして、モアイ製作のごとき途方もない創造を達成しうる、との達観の境地に至るのも請け合いです。

おそらく、ラパヌイほどに、人間の生存に敵対するかのように見える場所を探すのは容易でないでしょう。たとえ北極圏であろうと、ここよりは長閑な時間と場所があるはずですし、高山地帯でも、ここよりは安定した資源があるのではないでしょうか。

そんな気分にしてくれましょう。そもそも北極圏でも高山帯でも、いざとなれば、どこかに避難することができます。だがラパヌイでは、それは叶わぬことです。たとえば月面とか、ひどい沙漠のような所だけが比較対照たりえるでしょう。そんな例えも誇張とは思えない場所、それがラパヌイなのです。

もちろん今は違います。ほとんど毎日、大きなジェット機が大勢の観光客を運んで来ます。貨物船やカーゴ機が生活物質の一切合切を積んで来ます。食べ物も衣服も建材も、そして日常雑貨のすべてが運ばれて来ます。島で自給できるのは、ある程度の魚類、ごく少々の牛馬肉、ひと抱えの野菜類、そんなところが関の山です。しかも一九九五年に世界遺産となり、なにもかもが一変しました。まるでラパヌイという地球上の島の一つが、ひとつの星になったみたいです。

南緯二七度をこえるあたりだから、わずかにだけ南回帰線の南。冬場であろうと、凍えるように寒く感じる日は珍しいし、いわゆる〈吠える四〇度線〉の外側だから、いつも海が荒れ狂うほどのことはないのです。だが、南極方面から流れ寄せるフンボルト海流のため、海水は冷たく、やまずの強風のために、ことに冬場の季節は意外なほどに冷涼な気候が続き、冷たい空気に包まれることがあります。

それに不毛のきわみの土壌、荒れ果て痩せ果てた土地は、まるで生き物の存在を拒否するかのようです。近くの島へも南米へも何千キロ、漂着物さえ届きにくいほどの距離で外世界から隔てられています。

わずかに鳥たちだけ、あるいは鯨類や魚類たちだけが、繁栄することを許されているような場所なのです。まさに〈物みな枯れて〉、そんな表現がピッタリです。こんな孤島でも、古代ポリネシア人の航海者たちは、千年以上も前に発見・植民し、独得の社会を築いてきました。人口が増え、何千人だかが暮らしていました。その間、自前で持ちこんだ巨石文化を更に発展させ、石の住居で生活し、巨大なモアイを造りました。いずれも人間という動物だからこその好奇心、創造性、したたかさ、子孫繁栄への希求などを象徴するようです。小さな不思議な島の驚異の歴史ではあります。

その昔、森林が消えていった

もっとも、ポリネシア人の祖先たちが住み着いた頃は、今よりもはるかに瑞々しい森林が島を覆い、鳥類や海獣類の資源も豊富だったようです。はるかに人間の暮らしに優しい生活条件があったようです。すこしだけ温暖な小間氷期に地球があった頃ですので、波も風も今よりは静かな穏やかな太平洋だったのではないでしょうか。絶滅種のヤシの樹なども生い茂っていたようです。

サツマイモやヤムイモなどの耕作に適した土壌が、まだ海に流れ出す前だったようですが、それでもタヒチ諸島やハワイイ諸島など亜熱帯圏のポリネシアにある豊穣さなどは所詮、ないものねだり、だったに違いありません。ちなみにサツマイモは、南米もしくは中米原産の栽培植物ですが、ポリネシアの島々には、ことにここや、ハワイイやNZなどには、西欧人が来航するよりも遥か前から存在していたのです。サツマイモが来た道をたどるのは、ある程度、可能です。

どうやら先史ポリネシア人の活発な航海活動のたまもののようなのです。すなわち、ハワイイやラパヌイやNZなどの辺境ポリネシアを植民したのと同じ頃、太平洋を横断して、アメリカ大陸への往還航海さえも達成したポリネシア人の航海者たちがいて、その連中がサツマイモなどを持ち帰ったのであろうとする仮説が有力です。

ラパヌイの環境悪化のことに話を戻しましょう。一三、一四世紀の頃に地球全体が寒冷化したことと関係するのでしょうが、その頃から、ラパヌイの森林は急速に減少していったようです。人間活動に伴う森林破壊（焼き畑耕作や、カヌー造りのためなどによる木材の伐採）が加速したこと、人口が増加したこと、土砂が海に流出したことなどが関係するのでしょう。その結果、おそらくは一七世紀の頃までに、島の森林は破壊し尽くされ、私たちが見る〈樹が三本〉しかない不毛な状態となってしまったようです。

この過程は、花粉分析という研究方法で詳しく検証されています。

人口圧も大きくなりすぎたのでしょう。それよりも大きな決定的な要因となったのが土壌風土の脆弱性でしょう。くりかえしますが、ラパヌイの土壌も風土も脆弱にすぎます。熱帯や亜熱帯の島々、あるいは日本列島やハワイイ諸島とかであれば、いったん森林を切り払っても、やがては復活が望めます。無茶ぶりをくり返さなければ、回復します。土壌が海に流れ出すのも急激には起こりません。ところが南太平洋の島でも、小さな島嶼は脆弱にすぎます。もう二度とは回復しない状態にすぐに至ります。覆水盆に戻らず、なのです。

ラパヌイの例は、〈先史時代の環境破壊〉とか〈エコサイド（人為的環境破壊）〉の実例として、人口に膾炙することが多いようです。すなわち、無計画に資源を濫用し、自らの手で自分たちの環境を破壊し、自らの文化をも崩壊させるに至った愚かな例だ、というわけです。さて、今の世界中の人たちに、このストーリーは、はたして他山の石となりうるのでしょうか。

天然の実験室（ラパヌイでのエコサイド論争）

ともかくラパヌイは、大英帝国のＪ・クック船長らが訪れた一八世紀の頃には、すでに森林らしき森林はなく、奇妙な石像が転がる不思議な島になり果てていたとのことです（ビーグルホール、一九九八）。花粉分析などで古環境や古気候のことを調べる研究者の話では、この島の生活環境は、人間が住み着いて以来、悪化の一途をたどった、とのことです。おそらくは開墾するために森林が焼きはらわれ、モアイの製作や運搬のために、あるいはカヌーの建造などのために、すこしはあった森林の樹木が切り倒されていったのでしょう。そして、森も木々も、復元することが叶わなかったのです。

鳥たちが住みかを失い、その種類も個体群も激減。さらには、植物の根が繋ぎとめていた土壌が大量に海に流出し、むき出しの巌が残されるだけの土地となったのではないでしょうか。

こんな経過で、ラパヌイの風土は、どんどん痩せ衰えていったのでしょう。まさに〈先史時代の環境破壊〉とは、正鵠を射ているのかもしれません。かくして、この島の自然環境は後戻りできぬほどに瓦解したのです。それにしてもです、もしも人間が植民することがなかったら、かくも人口が増加しなかったならば、こんなことにはならなかったのかもしれません。

それに人間という動物は獰猛にして貪欲にすぎます。どんどん自然を略奪し続け、どんどん生産性を上げていこうとしますから、人口が増え続けます。その帰結、地球の枯渇に向かうように生活資源が減少するのではないでしょうか。人間が増え続けることと、地球環境の豊かさを維持し続けることとは、完全にパラドックスの関係にあるようです。

今は地球全体、大陸でさえもが、たいていの地域で環境破壊が懸念されています。このさき二一世紀の後半になれば、あるいは二二世紀ともなったら、どうなるのでしょうか。そんな議論が喧しくなる一方ですが、ラパヌイでの人間の歴史は見事、その答えを吾らに提供してくれます。つまり森林や鳥たち、野生生物の多様性など、自然環境が壊滅に追いこまれれば、あとは岩と巌と岩塊と荒れ地が残されるのみ。〈天然の実験室〉とも呼べるような南太平洋の孤島で静かに進行していった島びとたちの歴史は、そんなことを吾々に教えてくれるように思えます。

さて、もともとあった自然環境から、まずは森林が消え、やがては土壌が流出してしまいました。その引き金を引いたのが人間の生活活動であったのは間違いなさそうです。

くりかえしますが、ポリネシアには非常に弱弱しい生態条件の島が少なくありません。森林は貧弱、土壌は脆弱、真水はちょぼちょぼ。そんな表現ができます。ともかく、ないものだらけの島々なのです。

島が小さすぎて、標高が低く、ほかの島から遠く離れているために、鳥も通いにくいだろうと気になるほどの島嶼環境なのです。環礁島（アトール）群は、そのタイプの島の宝庫と言えます。

そんなところに住み着いた先史ポリネシア人の艱難《かんなん》困苦ぶりは、いかほどだったでしょうか。ラパヌイこそ、それ相応に厳しき島、そのことを考察するのに最適な島なのかもしれません。でも実際には、上には上があります。ポリネシア人たちが島々を発見・植民・開拓していったとき、いったんは住み着いたものの、やがては捨て去るか、人間生活そのものが破綻した島も少なからずあったようです。

ミステリー・アイランド

それらはミステリー・アイランドと呼ばれます。このすぐ後に簡単に紹介しておきます。

最近、ラパヌイの森林破壊の犯人として、ポリネシアン・ラット（ナンヨウネズミ、Rattus exulans）の名前を挙げる研究者が現れました。いささか的外れな論説かもしれません。このネズミは、ポリネシア人たちの大祖先たちが、アジアから近オセアニアへ、そこから西ポリネシアへ、さらには東ポリネシアへ、辺境ポリネシアへと遠洋航海カヌーを駆使して拡散していったとき、ブタ、イヌ、ニワトリに混じりて、お邪魔虫のごとく無賃乗車（正確には無賃乗船）。ちゃっかりと植民カヌーに便乗して島々に拡がっていった哺乳類です。もちろん島々での人間の開拓活動に悪のりして、ヤシの実などを食べ尽くしたり、カヤツリグサなどが繁茂しすぎる原因となったりしたのはまちがいありません。されども、森林破壊の元凶となるほどに獰猛で貪欲な存在であったとは、ちょっと考えにくいわけです。だから筆者は、情状酌量の余地ありと考えておるような次第です。

さて、ミステリー・アイランドのことですが、たとえば、ハリウッド映画『バウンティ号の反乱』で知られるピトケアン島などの島です。ラパヌイやNZなどが先史ポリネシア人によって開拓されていった頃、彼らが一時は住み着いたのに、やがては、ふたたび放棄されてしまったか、あるいは生存できなくなったと思われる島々のことです。

ポリネシア全域にわたり、十数島もあります。いずれも湧水がないか、土壌がないか、断崖絶壁に囲まれるか、ともかく、ないない尽くしのごとき、不毛な島ばかりです。こんな島までも開拓しようと企てたのか、と思えるほどに、人間の生活には向かない極限的な状況にある島ばかりです。先史ポリネシア人の植民活動のしたたかさを具体的に物語る恰好の例を提供するような島ばかりなのです。

観光化により復活したラパヌイ

ラパヌイにあった原初の自然環境は、先史ポリネシア人の定着とともに、大幅に改変され、劣化し、ひどく貧弱化しました。一二〇〇年ほど前に島を発見し植民するという偉業を成し遂げた先史ポリネシア人たちの子孫は、一八六〇年代になって、悲劇の現実を迎えたわけです。でも、不幸中の幸い、この島の歴史が灰燼に帰すことはありませんでした。

人間による災禍のごとき環境破壊にもかかわらず、ラパヌイに先住してきたポリネシア人たちは、ほかに類を見ないような素晴らしい巨石文化やラパヌイ特有の珍奇な文化を多く遺しました。それらを綜合すると、新「世界の七不思議」の一つにも挙げられるほど風変わりなもの。非常に特異な環境条件との絡みで解き放たれる人間の営為の特別な側面を考えさせてくれます。観光資源としても貴重です。

まるで絵に描いたようなパラドックスですが、ともかく、別のタイプの島に生まれ変わったのです。「世界から取り残された島から、世界の人たちが引きも切らずに訪れる観光の天恵に浴する島」へと（片山、二〇〇二）。こうした島で伝統の復興と観光開発に多大な役割を果たしたのは、昔のラパヌイ文化を絶頂期に導いたのと同じポリネシア人、ことにタヒチ周辺出身のポリネシア人と、ラテン系アメリカ人が主体のチリ人でした。古い酒が新しい革袋に詰め替えられることとなったのです。

ことに冬場は、けっして、楽園と言える雰囲気も景観もないのですが、それはそれでよし。異国情緒あふれる風情は未知なる地の魅力をたっぷりと伝えてくれます。すっかり観光化したラパヌイも満更ではありません。ここを訪れる観光客に新鮮な驚きとユニークな興奮とを与えてくれることでしょう。もはや冬場であろうと、うすら寒い、侘びしい、物悲しい気分にはさせてくれません。

奇岩怪石を巡り歩く冒険気分、古きポリネシア文化の不思議さを謎解く探検気分、地球のほかのどこでも味わえない特別な気分、いわば「月面気分」とでも言いましょうか。それらをたっぷりと味合わせてくれましょう。万人必見の価値があります。

誰かにどこかで尋ねられたら、「一度は訪れてみたら、どうですか」と推賞するに申し分ない。もちろん何度も訪ねてみたいが、なにぶん、世界のどこからも遠すぎる。だから、せめて一度だけでも、月にでも出かけるつもりで酔狂な気分で探訪してみてはどうですか。

今日のラパヌイ

この島の古名の一つ、テ・ピト・オ・テ・ヘヌア（Te Pito O Te Henua——大地のヘソ）のごとく、世界のヘソ（pito）か、あるいは、瘤か盲腸かのごとき小さな島なのに、大きな空港があります。たいていの日に一便か二便、ときに何便ものジェット旅客機が発着陸しています。

二〇世紀の頃まで、あるいは、一九九五年に世界遺産に指定された頃あたりまでは、まださほどではなかったのが、二一世紀となりて、観光客の数が激増に激増しました。

そして百人も二百人もの観光客、あるいは、その二倍も三倍も五倍ほどもの観光客が、毎日毎日、その空からの巨大な物体から次々に吐き出されてきます。あるいは、そこに吸いこまれていきます。

ときにアメリカあたりの富豪たちの団体（モアイに願かけ、カジノででも儲けようというのだろうか）が、あるいは観光旅行社が、わざわざジェット機をチャーターして乗りつけて来ますから驚きです。それほどまでに、人間を惹きつける、まるで強い磁場に人間を引きつけるような場所なのです。さらには、世界じゅうから大きなクルーズ船が集まります。沖に停泊して、何百人、千人単位の船客を下船乗船させるのです。大きな港はないから、艀《はしけ》での乗り降りです。

しかたありませんが、団体旅行での滞在は、陸上の観光名所以上に窮屈。観光もあわただしい。立ち入り制限で行動規制もきびしい。かつて吾らが調査で訪ねしは、今は昔のこと。その頃のおおらかさなど、ひとかけらもないようです。どのモアイにも触れることはもちろん、近づくことさえもできなくなりました。いっさいの文化財指定地では、各種の研究用サンプルの収集ができなくなりました。まあ仕方がないのですが、げに隔世の感、です。

現住の人口は四〇〇〇人くらい。それに常時、まちがいなく同じ数ほどに、観光が目的の一時滞在者がいます。だとしたら、あわせると、くしくも先史時代の推定人口の上限程度か、それに近くなります。先史時代の最盛期の一万人規模の人口も、もしかしたら大袈裟な推定ではないのかもしれません。

現場感覚による即興的な想像なのですが、もしも、かつての人口が今くらいか、それに近い数でしたら、いついかなる時も、島は大騒ぎの状態だったかもしれません。とても公序良俗をしっかりと維持できるような社会ではなかったかもしれません。だからこそ、巨大なモアイたちが鋭い目で、高い目の位置から、陸地側に住む人間どもに睨みを利かせる必要があったのかもしれません。

モアイの意味論、およびラパヌイの現実

おそらくモアイたちは、たんなる置き物、飾り物、見せ物ではなかったはずです。まだラパヌイが、先史社会というか部族社会であった頃には、なんらかの現実的な意味があったはずです。もちろんのこと、はっきりとした物言いは控えねばなりませんが、いくつか蓋然性の高いモアイの社会的機能について考えることができそうです。

小さな島の社会的緊張を緩和する（エネルギーを発散させて、ガス抜きをする）ための公共事業のようにして造営された可能性。亡き実力者の威信を表す墓像として造られた可能性。あるいは社会を睨む大魔

神のモニュメントのような存在として造られた可能性。そんなことなどが考えられそうです。ラパヌイ島の大きさや、自然に潜在するキャパシティや、人口規模や、さらには島での生活の実情などにつき、臨地体験に基づいて考察を試みた著者なりのモアイの意味論です。

いずれにせよ、十分に信頼できる人口推定ができ、その推移がたどれるようになれば、この島の人間社会の興隆と衰退の歴史とか、モアイの謎に関する重要なヒントが得られるかもしれません。ともかく地道に積みあげる自然科学的先史学の方法、それこそが、モアイが見続けてきた島の歴史の謎解きをして、しいては、エコサイド論争の問題にも決着をつけることになるのではないでしょうか。

現実的には、いまやラパヌイは、チリ国にとって、たいへん重宝な収入源です。まるで打ち出の小槌みたいなものです。定期便旅客機の運航は、チリ航空の独占にちかい状態ですから。当然のこと、航空運賃は割高なのです。こんなところにも、浮世離れしかけた現実があります。

チリの首都サンチャゴからラパヌイを経由して、フランス・ポリネシアのタヒチを往復する便と、サンチャゴとラパヌイとを往復する便とがありましたが、ときどき、USAとラパヌイを往復するデルタ航空や、NZからタヒチ経由でラパヌイを往復するニュージーランド航空の臨時便も運行されていました。もう一〇年以上も前のことですが。はたして、今はどうなっているのでしょうか。

ラパヌイは「津波の巣」のような側面もあります。環太平洋圏の津波（ポリネシア語で「スナミ」）までもが集結します。まるで世界中から観光客が集まるように。ちなみに、海岸近くに内陸を向き、背くらべするように立ち並んでいたモアイが、同じ格好でいっせいに内陸側に倒れた原因は、一九六〇年のチリ大地震などによる津波だろう、との仮説が有力です。それを見てきたような証言もあります。でも津波による人的被害は、いっさいなかったようですから、心配は御無用。案外、島の外回りが高くなっているから、断崖などで防御されているのと同じ理屈なのでしょう。

航空機が集まり、大型クルーズ船が集まります。それだけでなく、困ったものも集まります。世界中の海を経由して、プラスチック・ゴミなど、お邪魔虫のごとき招かれざる漂流物も大量に押し寄せてくるのです。世界の海流に乗り、ベルトコンベアに乗るようにして流れ着いてくるわけなのです。

ハンガロアの町

ラパヌイでの町機能はハンガロア（あるいはハガロア）に集中します。政府関係の役所あり、多くのホテルやレストランあり、キリスト教の教会あり、季節の花々が咲き乱れる教会墓地あり、博物館あり、市場あり、車の修理工場あり、ショップがある。港あり、近接して、島の玄関口たる飛行場（マタベリ国際空港）がある。つつましくはあるが、たいていの都市的装置が備わっているように見えます。

ちなみにハンガロアの名は、おそらくは、ある畏れ多き男神の名前に由来します。ポリネシア流の八百万の神のなかの大魔神こと、タガロア（あるいはタンガロア）です。

ポリネシアの神々（たくさんの女神もおります）は一般に、それぞれの役割分担がはっきりしています。でも島により地域により、名前や役割が微妙に違います。各島で独自に流れた時間とともに、名前も、呼び方も、役目も、特徴も微妙に変化してきたのです。人間どもの心は移り気、ときとともに、社会の仕組みも文化現象も変化していきます。

海神とか火山神とか、太陽神とか風神とか暴風神などなど、なにせ八百万の神々の世界ですから、さまざま、なんでもありですが、タンガロアは普通、神の大元締め、大御所、万能神とされています。

クック諸島のあたりのタガロア像では、「三本脚」の最高神として、大小の木像がカヌーなどに飾られています。二本脚と、もう一本の脚。つまりは人間の本来の二本脚と、例の一物です。これが大きすぎて、まるで三本の脚があるようです。ポリネシア語でも英語でも「三本脚」と呼ぶのです。

まだ二〇世紀の頃は、ハンガロアの町は、ほかのポリネシアの国の首都で見る賑やかさには到底、およびませんでした。でも最後に訪れた一〇年ほど前には、小さくはあるが一州の主都、そんな変貌を遂げておりました。町の端にあるモアイの彼方の水平線に煌々と沈む夕陽を眺める観覧席ができ、高速道路や舗装道路が町まわりに伸び、町も大きく拡がり、その変貌ぶりに大いに驚いたものです。

町はずれの空港の発展にも驚きました。大型か中型のジェット機が発着陸すると、モアイの沈黙や、周囲の静寂と不釣り合いな騒音が空気を震わせます。ラパヌイにいることを忘れるほどの賑わいでした。

そんなこんなで、島の唯一の町にして、大魔神の名がつくハンガロアの町は、けっこう活気づきました。大小のホテルなどの宿泊施設が整い、各種レストランや食べ物店にも事欠かない。はたして、ここは昔のハンガロアと同じなのか。筆者の超個人的趣味を申すならば、島祭りのおりに馬競べをする競馬場でもできれば、もっと良いのだが、と願うことしきりなのですが。島に馬は少なくないのですから。

欠点の最たるは、とにかく物価が高いこと。なにしろ、食べ物、建材、衣料、などなど、あらゆるものが外世界から入るわけですから、当然と言えば当然のことなのです。航空運賃は、おそらく世界最高水準でしょう。チリ航空の独占状況にあり、チリ国のドル箱のごとき現況ですから、いたしかたないのでしょうか。

ハワイキ（黄泉の国）のイメージが似合うラパヌイ

ラパヌイは現代のハワイキ（ハワイの語源）、あるいはハワイイのようです。ラパヌイに赴く旅人は、その多くはたぶん、一生に一度来るだけ。冥土への道すがら、とばかり、立ち寄る旅人もいるのではないでしょうか。冥土への土産をケチる者はいないでしょうから、物価が恐ろしく高かろうが、たいした問題ではないのかもしれません。

ちなみに冥土（黄泉《よみ》の国）は、ポリネシア語の多くの方言では〈ハワイキ〉、あるいは、その音韻変化した言葉。そのハワイイ諸島方言が〈ハワイイ〉。つまりハワイイ諸島やハワイイ島の名前と同じです。ポリネシアには、あちこちに〈ハワイキ〉あり。この語が方言変化した名前の島が少なくありません。後出するトンガのハアパイ諸島のハアパイ、あるいはサモアのサワイ島のサワイなどもそうですが、ラパヌイのほうが、冥土のもつイメージに似つかわしそうです。

日本から見ると、ラパヌイは地球の裏側、むしろ真裏に近いところにあります。最短（大圏コース）で動いても一五〇〇〇キロあるので、地球を半周するのに近いのです。飛行機ならば、タヒチのパペエテ経由か（南回り）、南北アメリカを経てチリのサンチャゴ経由か（東回り）で飛びます。前者では、赤道と日付変更線とを一またぎするために、時差ぼけで難儀します。後者では、いったい何日機上にいたのか混乱するほど。げっそりとした疲れに苛まれます。ともかく個人的には、南回り、東回りともに、二度と味わいたくないと思うほどの疲労感を覚えたものです。もしも今の今、誰かに「ちょっと行かないか」などと誘われたならば、しばし躊躇するとともに、微妙なとまどいを感じるやもしれません。

ラパヌイは、日本でも、世界のどこで聞いても、遙かなる遠き山の呼び声がごとき非日常感あふれる響きがします。でも余裕があれば、是非、お出かけください。地球のどこでも経験できない類の興奮があり、物珍しさがあります。ラパヌイでモアイに挨拶しながら、人間としての生きかた死にざまについて、あるいは、人間の可能性と限界について、まったりと考えてみるのも一興ではありますまいか。

ラパヌイの不思議をめぐる謎ときの幾つか

最後に、「ラパヌイのモアイ像問題」の謎ときのいくつかにつき、著者なりの仮説をQ and A方式で提案しておきます。

何回か現地視察をしましたが、いずれも二週間ほどの短いもの。むしろ、ポリネシアの他の島々で進める調査研究にむけてのアイデアつくり、インスピレーション増幅、発想転換をはかるがための臨地調査でした。それだけ、ポリネシアらしさの辺境感、ポリネシアの孤島感、ポリネシアの不思議感覚などにつき、いっそう強く味わえる島だということなのかもしれません。

「なんでも見てやろう」とばかりに、〈ラパヌイ現象なるもの〉をくりかえし見て歩き、ポリネシア世界の普遍性と個別性について考えようとしたわけです。まだ「はっきりした物言いは慎まねばならない」段階の仮説が多いことは申すまでもありませんが、頭の体操のようなもの、と思っていただければ、幸甚です。

Q１　海岸沿いで見る将棋倒し状に横たわるモアイ像は、なにが原因でそのように倒れたのか？

海を背に内陸を見渡すようにアフの基壇に並び立つモアイの晴れ姿は壮観です。だが、海岸沿い、ことに南東海岸で多く見られるのですが、アフの上から一列に、ずっこけたような格好で前のめりに倒れたモアイ像もまた、趣があります。みな頭を内陸側に向け、顔と腹を隠して尻側を上にして倒れる姿は滑稽です。思わず「おねんね？」と、尋ねたくなるような倒れ方、あるいは寝方なのです。

人口が増え、島社会に緊張が増し、部族間で軋轢で昂じ、抗争が起こり、敵の部族のシンボルとなるモアイを倒しあう「モアイ倒し戦争」（つまりは〈棒倒し競争〉のようなもの）の結果であると、実にもっともらしく、物の本などには説明されています。現地のガイドさんたちも、そのようにのたまいます。そうかもしれない、が、そうでないかもしれません。すでに申したかもしれませんが、その根拠はありません。「できすぎた話にはこじつけ、わかりやすい話には落とし穴」があるものです。いくつかの可能性を検討することが必要です。

海岸ぞいのモアイがアフの基壇から倒れ、どれもが俯せに寝転がっている理由を津波説で説明するのは、あまりにも現実的すぎるでしょうか。せっかく物語性を求めてラパヌイに訪れた方々には、ちと興

写真13　内陸に向けうつぶせに倒れたモアイたち

ざめ、お気の毒。でもモアイ倒し戦争の結果だと考えるには、その根拠が乏しすぎるように思えるのも、また確かなのです。それは、まさに「講釈師見てきたような嘘をつき」の類、話ができすぎているのではないでしょうか。そんな思いを、いだかざるをえないのです。

ある年、高名なる地球化学者の某M先生と島を訪れ、一列に並んで俯せに横たわるモアイたちの寝姿を、かたっぱしから詳細に調査したことがあります。某M先生が出された推論は非常に明解でした。「津波が原因でしょう」とのこと。まさに「目から鱗」の気分にさせられました。なぜならば、その筋の専門家が自分の研究調査の経験から導いた慧眼なのです。専門家とは、かならずしも、事を難しく考える性質の人間ではないのだ、という哲学を教わったようでもありました。累々と倒れているモアイを目の前にしながら、御説をうかがうと、実に説得力があったものです。なつかしい経験です。もちろん、いつも原因が一つだけ、とは思いません。だが、南東沿岸の倒れモアイには少なからず、津波を原因とするものがあるのは確かでしょう。

こんなことがあって、筆者の仮説も津波主因派となりました。実際、ラパヌイは津波の巣のようなところ。環太平洋地帯の地震による津波が増幅された勢いで押し寄せるらしいことがわかりました。現地のポリネシア系の人から筆者自身が仕入れた話では、ことに南東海岸に生々しく倒れるモアイの多くは一九六〇年のチリ大地震の津波によるとのことです。

Q2　そもそも、アフ（基壇）とはなんなのか？

次に、モアイが立てられた石積みの基壇、あるいはアフと呼ばれる祭壇のような構造物のことです。実はあちこちと、東ポリネシアの島々を訪ねると、このアフと呼ばれる構造物は、けっして珍しいものではないのです。

たとえばタヒチ諸島（正確な名前は「タヒチと彼女の風下諸島」）。マラエという祭祀場（あるいは、「お寺」または神殿）の大きな石組みの広場の一番前にある中心壇のことをアフと呼びます。その構造は、もちろんのこと、マラエの大小と関わり、大きいものあり、小さいものあり。でも、アフそのものの石壇構造は、ラパヌイのアフにそっくりです。おそらくは途中でマラエの本体が失われ、アフだけが、そっくりそのまま、ラパヌイまでも伝播したのでしょう。

タヒチ諸島の南東部の広大な海域にひろがるツアモツ諸島。ここは環礁島（アトール）ばかりであり、標高の低い真水もないような小さな島々が首飾りのように内海（ラグーン）を囲んでいます。多くのアトールがあるが、そのどこにも暑く真水がない過酷な生活しかありません。主島に一〇〇人から五〇〇人くらいの人間が住む。多くは人間のいない島であるが、たいていのアトールには多くのマラエがあります。たいていのマラエは小さいものの、全体の形はタヒチ諸島の大きなものと同じ。しかも、まったく同様に前部の中心にアフがあります。

タヒチ諸島もツアモツ諸島も、マラエは祭祀場、あるいは神殿（ときに英語でテンプルとある）。要するに、機能を同じくする宗教構造物であり、首長や神官が司る神聖な祭祀場だったようです。気味の悪いことに、これらマラエには、ことにアフの部分やそのそばには焼けた人骨が散らばっていることが少なくありません。もしかすると、儀礼の一環で、喰人を伴う儀式が行われたのかもしれません。ちなみに、喰人はポリネシア語の多くの方言で「カイ・タガタ」と言い、「カイ」は食べるで、「タガタ」は人間です。カイ・タガタと呼ばれる地名や洞窟などが、ポリネシアの各地には少なくありません。それにくわえて、他人を非常に強く侮蔑するとき、誰かを罵ったり、呪うような場面でも、「おまえはカイ・タガタだ」などと、よく使われます。喰人の風習が、たしかにあったのかも知れません（この点では、アレンズという人類学者の著作『人喰いの神話』（一九八二）の内容に反論材料を提供できます）。

ツアモツ諸島のアフには興味深い事実があります。人骨のかけらが見つかるだけでなく、板石（島の性格上、珊瑚石しかない）、もしくは立石と呼ばれるものがいくつか、あるいは一〇基以上も立てられたまま、倒れずに残っていることが少なくありません。人間の姿を形象していないことで、ラパヌイのモアイとは異なるが、はた目で見ると、まるでミニチュア・アフに粗末な小さなモアイが立ち並ぶがごとき情景です。もちろん、ツアモツ諸島のこの〈モアイもどき〉は歳月に洗われており、実際には立ったままのものは少ないですが、それらしきものが少なからず見つかります。おそらくは、まるでモアイのように立てられた状態にあったのだろうと推測できます（34頁の写真６）。

最初にラパヌイを発見し植民したポリネシア人の出発地として、人口に膾炙することの多いマルケサス諸島は、深い森のなかに眠る荒廃した巨石建築跡や、チキと呼ばれる巨人石像類で知られます。ここには、メアエと呼ばれる石造の廃墟が少なからずあります。これらは、古代寺院と翻訳され、トフアと呼ばれる石造の神殿、あるいは祭祀の跡と区別されます。メアエがマラエから転訛《てんか》したのか、その逆かであることは、言語学の専門家に確かめるまでもなく、間違いないでしょう。もちろん、メアエにもマラエと同様にアフがあります。しかも、中サイズのただの立石の並びをもつものまであります。

同じく東ポリネシア系の人々が植民したハワイイ諸島にはヘイアウという祭祀遺跡がありますが、これらもマラエと同じ性格の祭祀場であり、アフのようなものもあるそうですが、筆者には、残念ながら、ヘイアウを詳細に臨検した経験がありません。おそらくはＮＺのマラエと同じく、タヒチ周辺のマラエの流れを汲むものでしょう。実際、ＮＺのマラエには、トーテンポール様の木製の人像もどきがあり、これについても〈モアイもどき〉と想定できそうです。

Q3　モアイ像とは、そもそもなんなのか?

これこそ、考古学の問題の悩ましさの典型なのかもしれません。結局のところ、できる限りの可能性を列挙するにとどめざるをえない。そして、現在まで残る実例、近隣での比較例、モアイのある現場の状況などから、仮説を演繹的に構築するほかない。これが文字なき時代の事物を謎解きすることにより、歴史を解明せんとする先史学の定石と言えましょうか。

モアイと名のつく石造の偶像はラパヌイにだけしかないようです。だが、すでに述べてきましたが、ポリネシアの各地、広く南太平洋の各地に、巨人石像、ミニ石像、人像を模した立石、あるいは木人像などがあります。たいていは、今は実用に供されておりませんが、なにかの道祖神か英雄を模《かたど》るものかと伝えられております。八百万の神を敬い畏れるポリネシアでは、マルケサス諸島のチキの石像（大小さまざまあり）、タヒチ諸島やクック諸島のタガロア石像、さらにハワイイ諸島などでは、チキの木像が知られる。マルケサス諸島のチキ像のいくつかをのぞくと、さほど大きいものはなく、ラパヌイのモアイこそが突出して大きいようです。

いずれについても、先史ポリネシア人がアジアを出て、南太平洋に拡散していく過程で、近オセアニアから遠オセアニアへと拡がる過程で、さらに西ポリネシアから東ポリネシアへ、ハワイイ諸島やラパヌイやNZなどの辺境ポリネシアへと拡散する過程で培ってきた八百万の神々に対する信仰か、あるいは先祖代々から伝わる祖先信仰か。いずれにしても島々を開拓していった偉業を讃える信仰と関係があるかも知れません。これこそが、まさに広く人口に膾炙するモアイに関する意味論であり、たしかにそうかもしれません。

でも筆者は個人的に、きわめて密やかにですが、別の可能性も捨てておりません。それはモアイの立つアフの機能と無関係ではない。実は多くのアフは、その中に多くのコンパートメントのような個室が設えられており、そこには古い人骨が散らばっています。おそらくは、家系ごとか血縁ごとの墓所の役割を果たしていたのではないか、と思います。ならばモアイは、墓所を守る守護神か、あるいは墓碑銘のようにして立てられたのではないか、とも考えることができそうです。まさに真夏の夜の夢のような、そんなアイデアも捨てたものではありません。モアイの画一性、大きさはともかく、どのモアイも同じ様式を踏襲し、同じスタイルで造られている理由も合わせて説明できるのではないでしょうか。酔狂にすぎるでしょうか。

Q4　モアイを造る巨石文化はどこから来たのか？

そもそもモアイを製作する巨石文化は、ラパヌイの先住者たちの発明になるアイデアか、否か。これについては、まちがいなく、他所から遠いところから伝えられたのであり、ラパヌイならではの文化ではありません。近くのポリネシアの島々にも、いわば〈モアイもどき〉とでも呼べるような石像文化が広く分布していたことは明白なのです。いたるところに石像や木像の文化が残っており、唯一、違うのが巨大さや派手さなのであり、スケールの大きさや圧倒感なのです。その数も異なります。言うまでもなく、ラパヌイでは他のどこのものよりも、図抜けた大きさの派手なのが目立ち、群を抜く圧倒感があり、はるかに数が多いのです。

それに〈モアイもどき〉と、それが立つアフの基壇とは、ポリネシアの多くの島々でセットとして見られます。たしかなことは、石像文化のコンセプトは、南太平洋に広く共通して見られるが、派手さ、華やかさ、スタイル、様式などは、島によって異なります。ラパヌイのモアイは島に多くあふれ、巨大で目立ちすぎるところに、なによりもの特徴があります。となると、ラパヌイの巨石文化もまた、先史ポリネシア人の南太平洋への拡散の流れに沿って伝えられてきたことは、異論を待たないところです。では、なぜ、それまでよりも大きく派手な石像が造られるようになったのか。なにゆえなのでしょうか。

この問題につき、筆者自身が提唱する仮説が「文化の暴走」説（片山、一九九七）です。人間の文化は人間の移動とともに、広範に拡がりうる。ところが、かならずしも、どこへでも同じ調子で、同じような形で、同じコンセプトで伝わるわけではないようです。広がりゆく先々の自然条件や社会環境によりけり、ときには、相同なものとは思えないほどに派手に変容していくものです。而して、東ポリネシアのタガロア像、マルケサス諸島などのチキ像、さらにはラパヌイのモアイ像へと、まったく同じ文化が姿を変え、形を変えて、伝播していっただけのことなのです。

ラパヌイの場合、なぜゆえに、巨大な石像が造られるようになったのか、その理由は、つぎのように考察できます（片山、一九九七）。

人間の文化、ことに文化的装置、物質文化、社会組織、儀礼のシステムなどは、ときに尋常ならざる規模に発達を遂げたり、大きく変形したりするものです。当の文化要素がもつ本来の意味が誇張され、あるいは、なにかを表すシンボリズムの体系が過剰に膨らませられるのです。人間にかぎらず、多くの動物も極端な閉塞状況に置かれたとき、なんの目的も理由もないのに、ステレオタイプな行動に走ることがあります。その結果、その文化や行動が本来の意味や目的から乖離し、あるいは過激になり、あるいは暴走化するのです。

たしかにラパヌイのモアイ像は〈文化の暴走〉現象と位置づけることができるでしょう。あるいは、その恰好例となりますまいか。なぜ、石像が巨大になっていったのか、その石像文化の意味が曖昧になっていったか、あたかも、それらを海岸に立てること自体が目的化したかのようです。

写真14　マルケサス諸島の「モアイもどき」、「元祖モアイ」か「本家モアイ」か、というところ

おそらくは、ラパヌイという小さな島世界、外界から隔絶された孤島の閉塞社会、人口が大きくなりすぎて部族間の角逐が増しすぎた社会に漂う独特の緊張感こそが、そうした〈文化の暴走〉現象へ向かって、歯止めが効かなくなる原因となったのではないでしょうか。そんなこんなの自然環境、地理状況、社会的軋轢、人口の重みなどが重なり、〈文化の暴走〉への条件が

整っていったのでしょう。まさに自然の実験室となったのです。

ところで、祭祀場や神殿、要塞、ピラミッド様の石造建築、あるいは石人像などを造るポリネシアの巨石文化のコンセプトは、どこから来たのでしょうか。モアイなどのルーツはどこにたどれるのでしょうか。この問いについては、かつて一九九〇年頃までは、二つの有力な仮説がありました。

ひとつは、ポリネシア人の南太平洋への拡散に伴って、はるばるアジア方面から広がってきたのだというもの。ひとつは、南北アメリカ方面から筏《いかだ》などで漂流してきたと憶測（妄想）されるポリネシア人の祖先が、広くポリネシアに散らばる過程で伝えた文化であり、ことにラパヌイの巨石文化はアンデスあたりに起源するのだ、というものです。

それ以前の一九世紀、ことに、その世紀末にかけては、ポリネシア人を高貴な野蛮人と憧憬する風潮が広まった西欧諸国では、植民地主義の野心も手伝ってのことか、後期ロマン派思想の影響もあってのことか、ポリネシア人とポリネシア文化への関心が非常に昂じました。その結果、ラパヌイの巨石文化の源については、諸説ふんぷん。怪しげな荒唐無稽な説の類さえもが野放図に人口に膾炙しました。たとえば、イギリスのブラウンのパシフィス大陸伝説や、チャーチワードのムー大陸伝説、さらに、宇宙人の発信基地伝説、などなど、です。

今では地球科学、考古科学、歴史科学、動植物学、医科学、DNAや安定同位体の分析化学などなど、あらゆる方面から蓄積された証拠はみな、南太平洋のポリネシア人が、そもそもはアジアから出発して海洋世界に拡散したこと、彼らの文化もたいていは、その流れに沿って拡がった自前の文化だとする仮説に疑義をいだくような研究者は皆無となりました。

それでは、アジアのどこが出発点だったのでしょうか。台湾あたりから出発し、インドネシアやニューギニア東部の島々をかすめて拡散したというJ・ダイアモンドが提唱した「ポリネシア行き特急」（Express to Polynesia）仮説（または「ETP」仮説）が最有力のシナリオだと筆者は考えます。ちなみに、ラパヌイのモアイ像については、インドネシアのスマトラあたりが源郷ではないか、とする美術史の方面からの仮説もあります（木村、一九八六）。そうした仮説の可能性について、浅学菲才の筆者は、つつしみて紹介するにとどめたい。あるいはインドネシアの方面に、あるいは台湾あたりに、さては琉球列島の八重山諸島などにも、モアイの遠い親戚のようなものがあるとしても、なにも不思議はないわけです。

Q５　モアイは、なぜに巨大なのか？　このように、ラパヌイのモアイ像は、まさに「文化の暴走」の典型例と考えることができそうです。すでに述べましたが、ラパヌイでは、今から一二〇〇年ほどさかのぼる頃、マルケサス諸島あたりから植民した先史ポリネシア人の人たちが生活を始めたと想定できます。定着後しだいに人口が増加していきました。すると、生活物質が頭打ちとなります。そもそもが、つつましい植物資源しかなく、鳥類や魚類の資源も貧弱でしたから、もう一本道を転がっていくようなものです。魚類については、まわりに海がいっぱいありますので、たしかに貧弱とは言えませんが、実際には魚類相は、さほど豊富なわけではありません。それに先史時代の漁撈技術ですから、マグロなど

写真15　眼（マタ）を入れ、帽子（プカオ）をかぶり、正装したモアイ。

の大型魚をホイホイと水揚げできるわけでもありません。

　人口が増え、森林の伐採や焼き畑化などが進むと、土壌条件や水資源が貧弱な小島であるがゆえに、いったん樹木資源が枯渇すると、なかなか回復しません。

　そこで、いちばん大きな問題となるのは、大型カヌーを作れないことです。おそろしい事態が生じます。外世界の島々から完璧に隔絶されてしまうわけです。ときどき「どこからか外世界の島から訪ね人たちあり」ということがあれば、いいのですが、なにしろ周囲の島から遠く離れ、いちばん近いピトケアン島からでも二〇〇〇キロあまり離れているのです。ポリネシアの海洋島嶼世界のなかでも孤立したわけです。げに絶海の孤島のなかで、まるで時間がストップしたようになったことでしょう。

　こうした条件でも、人々は絶望してはなりません。希望のようなものを持たねばなりません。なにかへの目的を持たねばなりません。それがゆえに、集団全体で、部族で、あるいは氏族や家族で、できるだけ巨大で派手で見映えのするモアイ像を造ることになったのではないでしょうか。そう、大きいことは、確かなことなのです。良いことなのです。大きなものほど、作業が大がかり、時間がかかる。経費もかさむ。大勢の協力が欠かせない。だからこそ、でき上がったときの連帯感、達成感、高揚感、完結感などが大きいわけです。人間関係などでの安定性と秩序も維持できます。ラパヌイの人たちは、そんな理由ゆえ、巨大なモアイ像を造るようになったのではないでしょうか。

世界の多くの地域で、あるいは多くの時代に、必要以上に大きな、大きすぎるかに見える政治都市とか宮殿、墓所とかモニュメント、要塞や城、祭祀場や宗教施設などが次々と造営された例に事欠きません。エジプトやマヤのピラミッド、日本の前方後円墳をはじめとする古墳、中国の万里の長城のごとき軍事施設、西欧の大型城塞都市などです。もちろん実用的な施設も少なくないのですが、その多くの場合にむしろ、ばかでかいこと、大きいことにこそ、もっとも重要な意味があったのではないでしょうか。

コラム③　小さな島々の巨人たち

地球のへそ――ポリネシアの島嶼世界

人間の人間たるゆえん、それは数々あれども、陸地のあるところ地球上のどこにでも住み着いていることこそ、その最たるものではなかろうか。もちろん、ある種の家畜やコンパニオン動物などをのぞいての話ではあるが、このように汎地球的な分布をする唯一無二の哺乳類なのである。ともかく、人間のテリトリーは地球の隅々までおよび、オセアニアの茫洋たる海洋世界に散らばる島嶼といえども、その例外ではない。

もとより地球上の気候、自然環境、風土は一言ではくくれない。大陸により、海域により、あるいは地域により、実に多種多彩。なかでも、もっとも特異的なのがポリネシアの島嶼世界ではあるまいか。おそらく人間の生活環境としては、もっとも慎ましくあり貧弱。もっとも他の世界から孤立。だからこそ、もっとも隔絶された隠れ里でのごとき人間の歴史が営まれてきた。とにかく、そこでは主人公たる人間のみずからの身体にも、彼らの生活や言語にも、物質文化や社会形態の面でも、ことさらに異色さが目立ち、慎ましさ、柔軟な在りかたがきわだつ。それぞれの島嶼の独特の気候や風土に適うように生活スタイルを調整するほかなく、大陸世界からは遠く離れているがゆえに、それぞれの島嶼にふさわしい自前のミクロ・コスモスが編みだされた。さらには貧弱すぎる天然資源のたまもの、工夫に工夫を凝らして、ピンからキリまでの資源を最大限にまるまる活用する道しかなかった。したたかな生活手段を開発していくよりほかなかったのである。

これまでに筆者は、ポリネシアの島々で身体人類学や先史人類学関係の調査活動を続けてきた。ポリネシア人の体形や体格にみられる特異性を明らかにし、そこから彼らの来歴を解読するべく身体史観[*1]を展開してきた。さらには、その副産物というべきだろうが、彼らの社会や生活や文化の異色性についても考えを開陳できた。ここでは、ポリネシア人のこと、ポリネシア文化の特色などについて、私なりの見方を紹介するとともに、いささかの独断を交えながら考察を加えてみたい。

＊1　人間の生活活動が変化すれば、かならずや当の人々の身体にも、それに応じた変化が生じる。その原理に基づき、ある地域、ある地方の人々、あるいはあるグループの人々の間で生じた、過去から現在に至る身体の変化、つまりは時期差、地域差、身分差などの身体現象を詳らかにすることで、人々の時代の流れや社会の変化の本質を見極めんとする先史人類学の研究方法のこと。

写真16　ポリネシアの島々で普通に見るおじさん（身長180cm）。台湾や日本などで見かけても不思議に思わない顔立ちです。

ポリネシア人の源流

ポリネシア人の遠い祖先は、台湾あたりから南方に拡散したオーストロネシア語族グループの一派であったようだ。なかでも、東南アジアの島々に定着したインドネシア語系の主流派から分かれて南下し、西太平洋の小さな島々に広く足跡を刻んだオセアニア語系の根幹たるラピタ人こそが、彼らの直接の祖先に当たる。ラピタ人のことを語らず、またオーストロネシア語族グループのことを語らずして、ポリネシア人の前史は語れないわけだ。

ハワイイ諸島、ラパヌイ（イースター島）、ニュージーランド（アオ・テア・ロア、NZ）を頂点とするポリネシアの三角圏の西側に位置するフィジーやトンガやサモアの島々をラピタ人が開拓したのは、今から三〇〇〇年ほども前のこと。日本列島はまだ、縄文時代のさなかであった。縄文人と同様、ラピタ人もまた、石器時代、無文字社会、漁撈・採集・園芸文化のなかで生きた。すでに海洋環境を自家薬籠中の物としており、近くや遠き島々を往還する航海活動に長じていたことは疑うべくもない。

トンガやサモアの諸島に定着したラピタ人は、やがてポリネシア人となった。といっても、その人々が変身変貌を遂げたわけではない。ラピタ人を特徴づけていた独特の土器文化を失くしたために、便宜的に両者を区分するまでのことである。人々の身体特徴、言語、生活、ほかの文化のいずれについても、あれなるがラピタ人、これなるがポリネシア人などと分けることなどはできない。両者は一枚の紙の裏表、あるいは玄関の表扉と裏扉のような関係にあったわけだ。

今から二〇〇〇年前の頃（あるいは一五〇〇年ほど前）、ポリネシア人は突如、トンガやサモアの島々から東漸し始めた。おそらくは、それまでに使われていたシングル・アウトリガー・カヌーが改良されて、フィジーでのドルア型、トンガでのカリア型などと呼ばれる遠洋航海が可能な大型ダブル・カヌーが開発されたのが契機となったのであろう。

そして遠洋航海につぐ遠洋航海のはて、マルケサス諸島やタヒチ諸島（正確には、タヒチと彼女の風下の諸島）などの東ポリネシア、さらにはハワイイ諸島やラパヌイやNZなどの辺境の島々さえをも発見、植民、開拓しつくしてしまった。それらの島々で、それぞれの生活条件に合うよう色彩豊かな個性的なポリネシア文化が花開いたのは申すまでもない。バロック音楽のバリエーション演奏のよう。基盤をなす文化は姿や貌を少しは変えたが、通奏低音のようなものは変わらずに続いたようだ。

でもなにぶん、どの大陸からも遠すぎる。二〇〇〇年もそこらもの間、いわゆる大陸文明世界からは

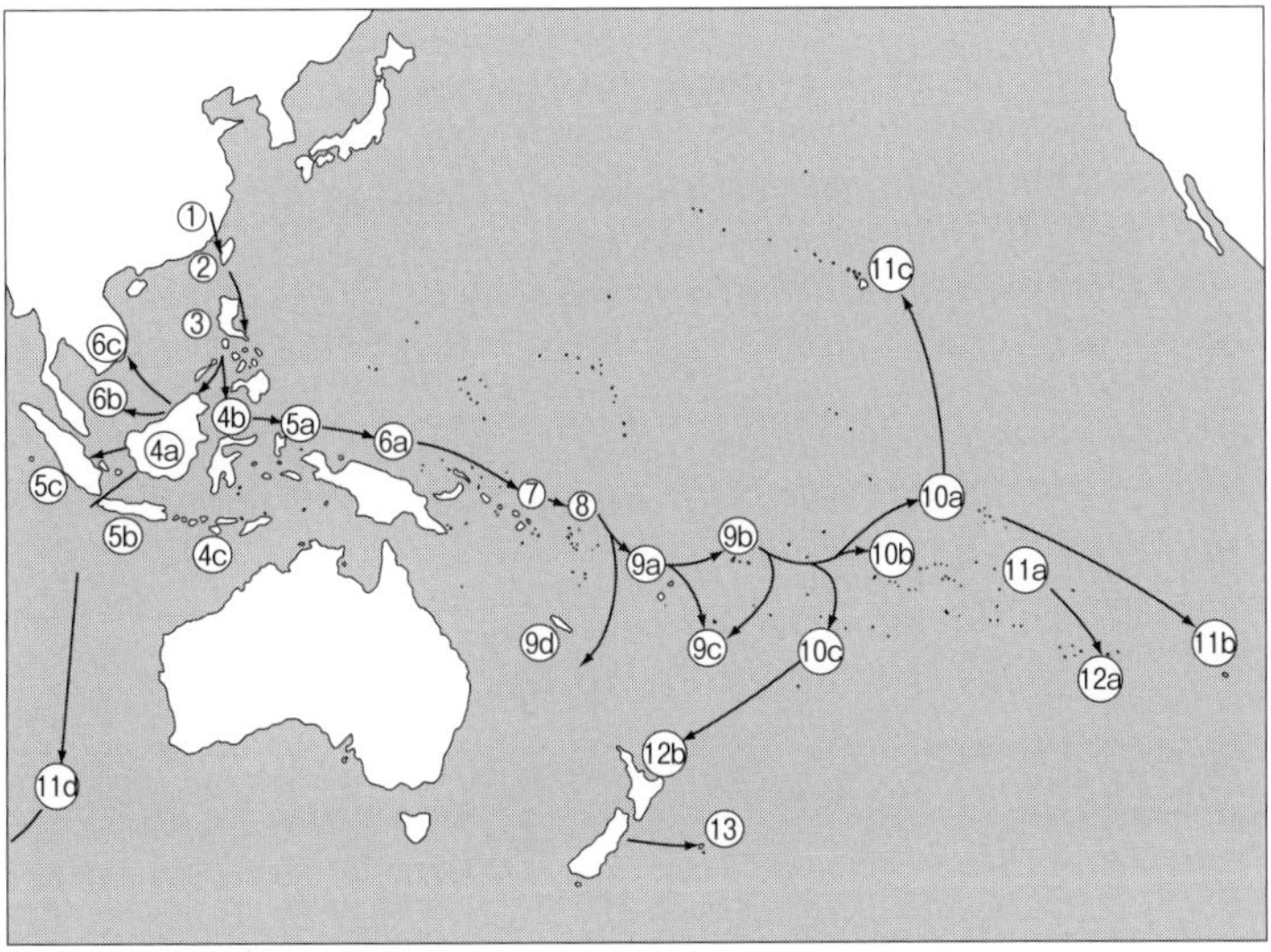

図5　「ポリネシア行き特急」仮説（J. Diamond, 1988）と、「出台湾」仮説（T. Crowley, 2006）にもとづく古代ポリネシア人の拡散を表す模式図。（ダイアモンド『銃・病原菌・鉄』、2000 から引用）

宇宙の彼方のごとく遠くに離れていたがゆえに、ほかの地方の人間と交流する局面などなかった。まさに忘却の淵に沈んでしまったかのように人間社会が続いた。それでも確実に時が刻まれていき、歴史は流れた。なにが変わり、なにが変わらなかったのか、それを具体的に物語るのは容易でない。なにしろ、文字がなく、無名の人たちだけが世代をくりかえしていたのだから。沈黙のモアイ像や巨大石造神殿などの証言を待つしかないのだろう。

そんな静寂が長く続いたが、ついに破られるときが訪れた。およそ五〇〇年前に始まるヨーロッパ人航海者たちの来航とともに歴史が動いた。いわゆる西欧文明社会との、あるいは、ときに欺瞞に満ちたキリスト教伝道者たちとの出会いが始まったわけだ。地球のへそのようなポリネシアの島々で、西欧人航海者たちが目撃したのは、いったい、どんな人たちであり、いかなる光景だったのだろうか。

ポリネシア人はアジア人なり

かつてクック船長は、一八世紀の頃すでに、ポリネシアの大三角圏に散らばる諸島に先住してきたポリネシアの人々のことについて、われわれ今の人類学者と同じような結論に達していた。彼の慧眼たるや、おそるべし。いわく「言語や肌の色や習慣は、すべての島の人々が類似性を示す」、あるいは「背は高く、均整が取れており、頑健で、顔立ちがよい」などの記述が、南太平洋を巡航中に記した航海日誌の随所にみられる。肥満になりやすいことも、既に知っていた。

その頃すでに、NZ、イースター島、タヒチ、ハワイイ、トンガあたりに住む人々が同じ民族であることを喝破していた。地球表面積の六分の一ほどに及ぶ広大な海洋世界の先住者たるポリネシア人について、彼らの偉丈夫な体形のことを賞賛しつつも、彼らの風変わりな生活文化が、どの島でも基調を同じくすることに驚嘆していたのである。

ことほどさように、おしなべてポリネシア人は非常に大柄であり、筋肉質で骨太のヘラクレス型の体形を誇る。また、肥満になりやすい体質とか、胴長で相対的に脚部腕部が短く、足と手が極大であることなども特徴となる。かつて日本で活躍した相撲力士とか、現在のラグビー選手たちをイメージしてもらえばよい。彼らは、ごく普通のポリネシア人なのであり、トンガやニュージーランドなどの街角で瓜二つの人に出会うことも珍しくはあるまい。

それと同時に、ことにアジア系の人々に似た身体特徴に注目したい。いちばん分かりやすいのが蒙古斑、あるいは児斑とも呼ばれる特徴である。赤ん坊の頃に目立ち、ときに思春期をすぎる年頃まで残るが、尻から背中にかけて見られる暗青色の大きな斑点のことである。このアジア系の人々の標識となる特徴は、ポリネシア人でも五〇％以上の高頻度でみられる。また、ミトコンドリアＤＮＡの九塩基欠損など、ＤＮＡレベルでの特徴のことも、知る人ぞ知ろう。これの特徴はポリネシア人の多くがもつが、詳細は割愛するとして、それらの特徴は台湾あたりに由来する祖先から受け継がれてきたとする見解が有力である。これらを典型として、メラニン色素を産生しやすいとか、アルコールを分解できる酵素をもたないとか、アジア人と共通する身体特徴も認められる。要するにポリネシア人には、アジア人らしさの身体特徴が、とても濃厚なのだ。

それでは、ポリネシア人が特異な体形をしていることと、アジア人と似た身体特徴を有することとは、はたして矛盾しないのか。なぜならば、アジア人は一般に小柄で骨細であるのに、ポリネシア人はそうではない。たしかに変だ。この矛盾を解決する答えは次のごとし。そもそもは小柄なアジア人の小さなグループが南太平洋方面に拡散したとき、その拡散過程のどこかで、今のポリネシア人でみられる体形が備わってきたのではなかろうか。おそらくは、最初の遠征航海や、つぎの植民や開拓の航海のときに、大柄で筋骨隆々で頑健な者が多く代表のように選ばれたか、多く生き残ったか、より多くの子孫を残したのではあるまいか。

なぜポリネシア人は大柄なのか

たしかにポリネシア人が大柄であるのは、ある意味で逆説的ではあろう。小さな島々に住む巨人などとは、まるでガリバー旅行記の物語ほどに現実性に欠けるからだ。実際、動物地理学の法則にも逆行する。たとえば対馬ヤマネコのように、小さな島に生息する哺乳類は一般に大陸の近縁種と比べて身体が小さい。集団遺伝学などで「島効果」と呼ばれる現象である。だが事実は小説よりも奇なり。とにかくポリネシア人の場合、その逆なのだ。

こうしたパラドックスのような現象が現実に生じたのは、なにゆえになのだろうか。

この問に答える前に、もう一つ別の角度からポリネシア人の身体特徴を眺めてみよう。実のところ、彼らの下あごの骨は、ことのほか大きい。手の部分も総じて大きい。それよりもなによりも、靴を履く部分、つまり足部が巨大なのである。トンガの人たちでの調査で、成人の男性の平均足長は二八cm強、女性のそれが約二六cmと報告されている。つまりポリネシア人は、下あごや手、さらに足などがことさらに大きい、俗に言うところの先端部肥大型の巨人症的体形の人たちなのだ。こんな言い方をすると語弊があるので、正確を期すると、健全なる巨人症的体形の人たちなのだ、ポリネシア人は。

この身体特徴を鍵にして、さきほどのパラドックスは、つぎのように解読できまいか。いまから何千年か前のこと、東南アジアからオセアニア方面に向けカヌーで乗り出した人々がいた。おそらくは想像を絶するがごとき難業苦行であった。そのうえ、たどり着いた島々には、ない物だらけの貧弱な天然資源しかなかったから、そこで生活するのも難行苦行。そんな生活を克服するのに適するのは、まちがいなく身心ともに巨人であること、なおかつ、慎ましき生活条件に耐えうるメンタリティだったことであろう。そんな過程のなかで多数を占めるようになったのが、過剰に成長しうる巨人症タイプの健常者だった、ということではなかろうか。

実際、ラピタ人と呼ばれる先史民族、つまりはポリネシア人の直系の祖先筋にあたる人たちについて、その骨を調べると、ポリネシア人と同様に筋骨隆々のヘラクレス型の体形、先端肥大化したアジア人とでも呼べるような体形をしていたことがわかる。要するに、すでにラピタ人の頃には、巨大なアジア人とも呼べるようなポリネシア人の鋳型が誕生してい

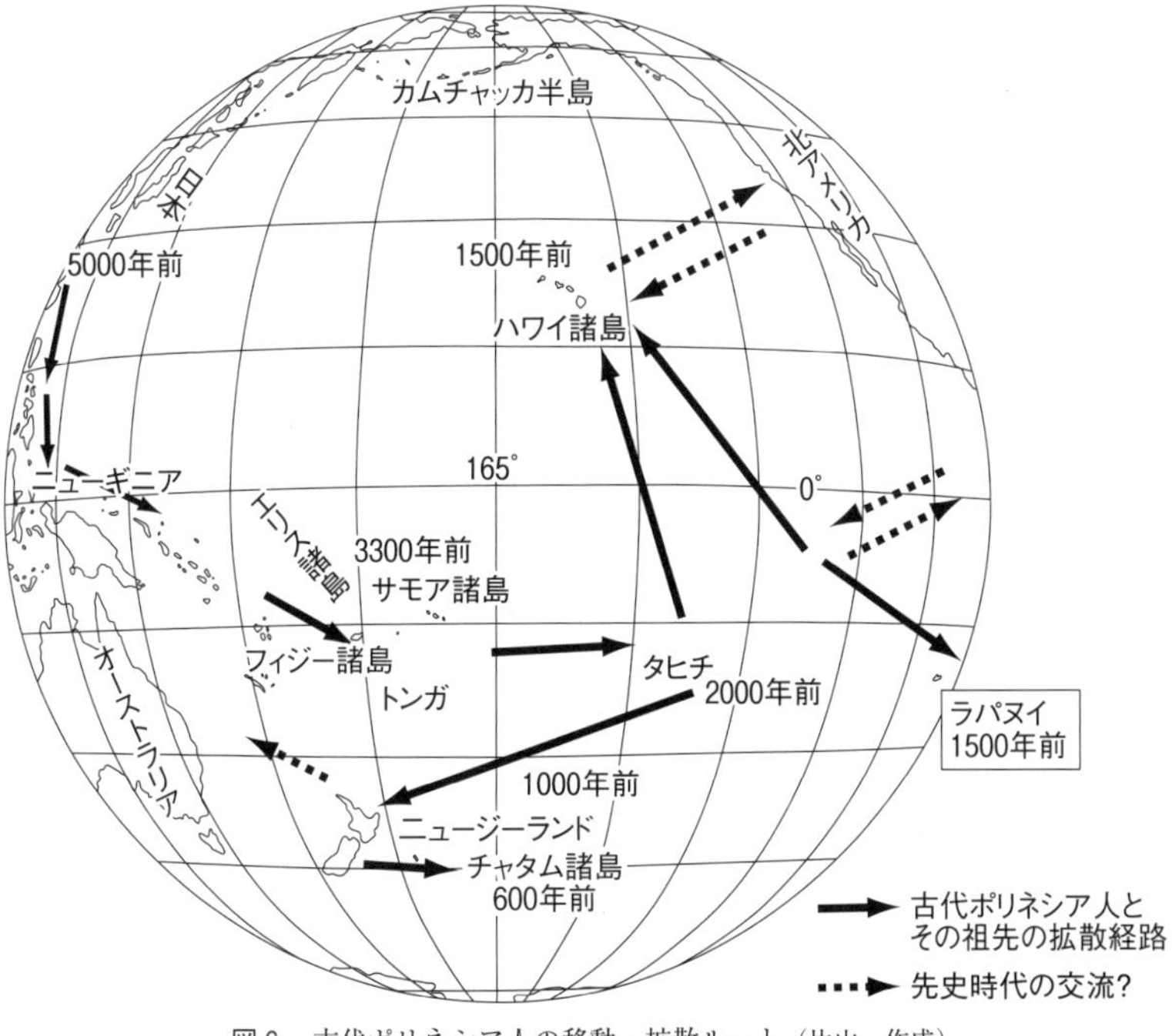

図６　古代ポリネシア人の移動・拡散ルート（片山、作成）

たようだ。

ポリネシア文化の特質を読み解く

かくがごときシナリオを用意すれば、ポリネシア人の特異性とポリネシア文化の特質を読み解くのは造作ないだろう。

なにゆえに彼らは大柄、かつアジア人的なのか。それはアジア人の原型に加えて、過成長しやすい体質が備わったからだろう。なぜに彼らの食生活は慎ましくありうるのか。それはアジア人がモデルアップしただけで、いささかも燃費に変化がなかったからではあるまいか。そんなことがありうるのか。その見本が、まさにポリネシア人なのだろう。

さらには、なぜ彼らの文化はユニークなのか。また柔軟性がきわだつのか。これについては、すでに最初に簡単な種明かしをした。ひとつには南太平洋の島嶼世界が人間の本来の生活空間たる大陸世界とは異質にすぎるためであり、さらに大陸世界から隔絶され続けてきたがゆえの歴史的産物なのであろう。またひとつには、南太平洋が広大にすぎるため、気候などの環境条件が多様をきわめるためであろう。

ポリネシア人はアジア人の延長線上にある。だからこそ、いまなおアジア人の体質が見え隠れするのだろう。ポリネシアの言語もそうだが、社会生活がシンプルになったぶん、そのぶんの贅肉がとれ、子音の数が減じたりしたのだ。一方でポリネシア文化は、アジアの彼方、遠く離れた島々で開花した類いまれなる海洋文化なのだ。

第3章　トンガ王国紀行

——クック船長が「友情諸島」と呼んだ島々——

紺碧の海と空のあいだに散らばる島々の

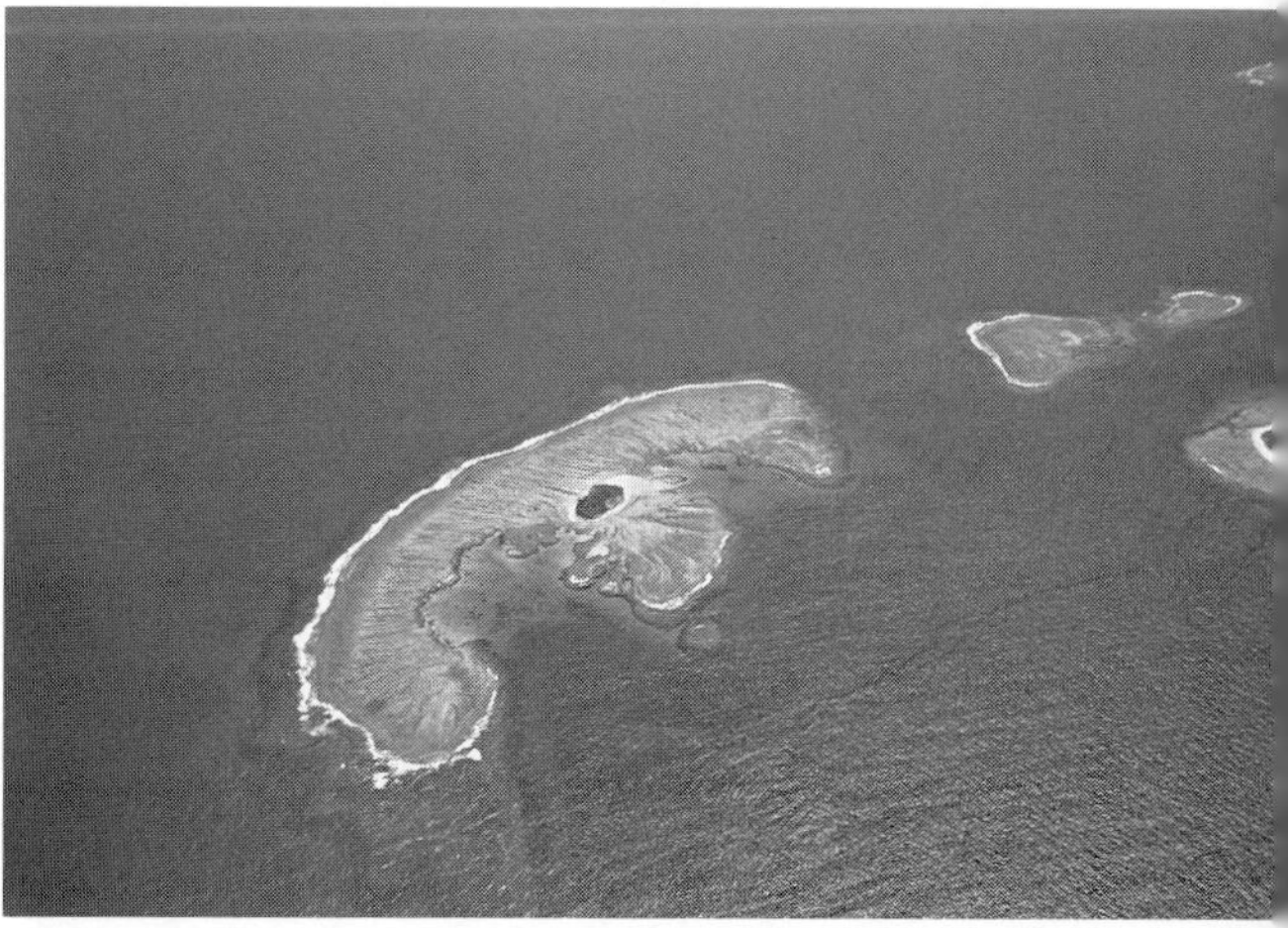

不思議の国、大トンガ王国を探訪する

「フェフェ・ハ・ケ」（お元気ですか）。幾分むっつり顔の大男に、こう挨拶されるだけで、不思議な気分になります。それがトンガ王国なのです。

二〇世紀の終末に近い某年一二月、ポリネシア三角圏の西部（西ポリネシア）に位置するトンガ王国を訪ねました。吾が専門とする人類学の現地調査を始めたいので、その下見をかねた予備調査、現地の暮らしなどについての状況調査、調査許可を所得するために政府関係者と協議する外交訪問（いわゆる、ディプロマティク・ヴィジット）などのためでした。

こういう旅をする場合、あえて、ほとんど準備工作らしきことをしません。それが吾が流儀なのです。下手な先智恵や生知恵、たくさんの予備知識を持ちすぎれば、なんとやら。どうしても先入観で気分が昂ぶり、旅の気分がガチガチになりかねないことから、訪ねるべき場所を絞りすぎたり、行動範囲を狭めすぎたりして、〈犬も歩けば棒に当たる〉方式の幸運から見放されるからです。まさしく後悔は先に立たず。いっさいの先入主をもたずに、どこにでも行き、誰とでも会い、どんなことにも、どんなところにも顔を出しておいたほうが、気分が昂揚します。それに、なにもかも見ておけば、そのぶんアイデアが芽を吹き出しやすいし、高い授業料を払ったような気分にもなり、安心するものです。

ともかく〈犬も歩けば棒に当たる〉ように、人類学関係の予備調査というものは、脚で稼ぐもの。広く見て歩くもの。なにがしかの棒に当たるだけで儲けもの。そんな段階の調査行なのです。

ただし、交通安全とか、国内の治安とか、強盗、追いはぎ、掏摸《すり》、置き引きの類などの面で、なにがしかの問題がありそうな国で調査活動を進めようとするならば、それなりの気構えは怠らず、最小限の情報は仕入れておかねばなりません。でも、ポリネシアの国々の場合、そんな心配の多くは無用かもしれません。いささか気になるのは、飛行機の遅延と運航キャンセル、自動車事故（道路の悪インフラの問題、オンボロ自動車問題と、飲酒運転の問題、などなど）、暴風、コソ泥（こそこそ泥棒の略語だそうです）程度の抜き取り。そんなところでしょうか。でもそんなことは、いずれも、なるようにしかならないのが相場というものです。

ちなみに、コソ泥の類は多く、ありふれたことです。なにしろ「人のものは俺のもの、俺のものは人のもの」の社会ですから、ときに小銭などは、まったく悪気なく、もって行く人がいます。それがポリネシアの島社会の常識なのです。それならそうで、気にしないのが一番です。

とにかくトンガ王国の玄関、トンガタプ国際空港に降り立ちました。長年、ポリネシアの島々を歩いてきましたが（もちろん、たいていは飛行機旅、ときに船旅）、この国に入国するのは、まだ二回目。だから最初の何日かは、ほとんど異邦人の気分。お気楽なものでした。

その気分は空港に着くなり始まり、まるで不思議な国に迷いこんだかのようでした。これまで訪ねてきたポリネシアの国とは、なにか様子が違うようです。たとえば、入国管理官などのお役人、入国手続きなどです。ポリネシアの諸国に特有なダラけた雰囲気がなく、かなり厳かです。どことなく管理官の仕草も表情も固いのです。気軽に話しかけてくるでもなく、ニコニコ顔をするでもなく、どこか恐そう

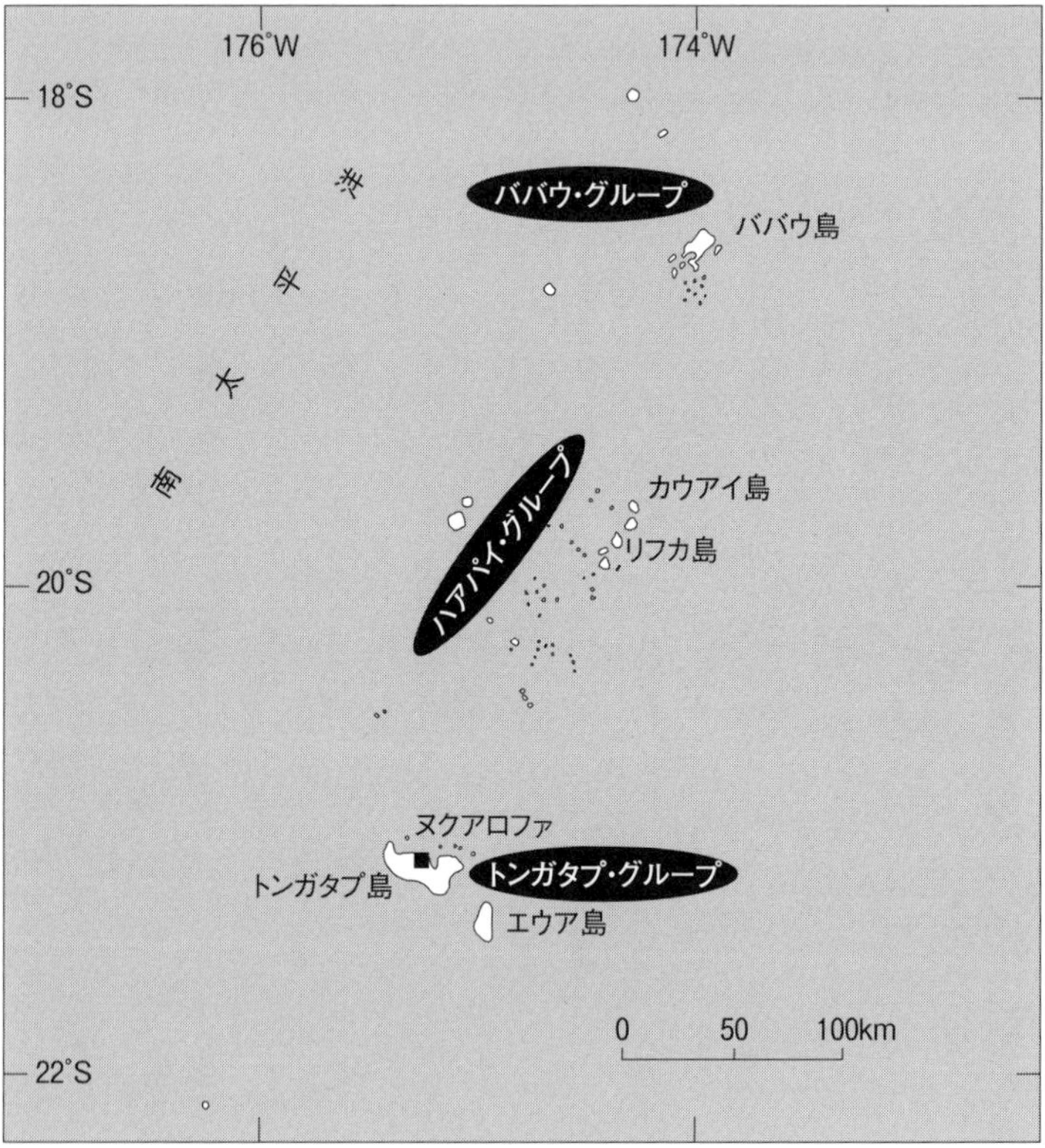
176°W
174°W
18°S
20°S
22°S
南太平洋
ババウ・グループ
ババウ島
ハアパイ・グループ
カウアイ島
リフカ島
ヌクアロファ
トンガタプ島
トンガタプ・グループ
エウア島
0
50
100km

図7　トンガ王国

な顔つきをした大男大女の管理官たちは緊張感を誘うに十分なものでした。ともかく、これまでに足を踏み入れてきた東ポリネシアの国々とは、なにか、どこかが違う雰囲気です。その違いを見つけるのは、一種のゲームのようなもの。むしろ楽しいもの。いよいよ、調査の始まりです。

その違いは、だんだんと知ったのですが、トンガ王国という国家ブランドのせいなのです。なにしろ古くから続く封建君主国家なのです。権威のかたまりを身に着けたような慣習や制度が、そこかしこに見え隠れしているのです。それと関係するのかもしれませんが、身分と上下関係とが複雑に絡み合い、とても官僚的な役人社会が、この国にはあるのです。

それにくわえて、お役人には貴族の人が多いらしく、外国の大学を終えて戻ってきたなどの高学歴のインテリが多いことも、そんな雰囲気を醸しだす要因となっているのかもしれません。

国旗は「赤地の隅に赤十字」

トンガは不思議な国ですが、出会いがしらのように、もろに、ぶつかる不思議と言えば、なんと言っても、国旗ではないでしょうか。横長の旗は全体に赤の下地。その左隅の上部に、小さめ控えめに、まるで白色と赤色を逆さまにしたスイスの国旗の取りこみデザインがあります。スイスとトンガの組み合わせも妙ですが、〈赤地の隅に赤十字〉なのですから、なんとも派手で目につきやすいのです。ともかく派手すぎて、初めて見たときは、なんだか冗談ではなかろうか、そんな気がしたものでした。

ほかのポリネシアの国々の国旗と比べると、なんとも異色。不思議なというか、とても奇妙な感じ。

写真17　トンガの国旗、赤地のすみに白抜きの赤十字

どうもキリスト教と関係があるようです。王族も国民もプロテスタントのメソジスト派に帰依する人が多いことから、「キリストの血の色と十字架を表現したもの」とのことです。ただし、これは聞きかじりです。浅学無知の著者は、この国旗のいわれを詳しく調べてみようと思ったことがあるのですが、思っただけで、そのことは失念したままで現在に至りました。

この国旗が大きくはためく小さなトンガタプ空港。赤と白のトンガン・ロイヤルカラーの派手な色彩を基調にして、鳥かニワトリかを尾翼に描いたロイヤル・トンガ航空の双発機。この飛行機で、この世のものとは思えぬほどに色鮮やかな海と空と珊瑚礁、それらが織りなす蒼と碧とブルーの艶やかなハアパイ島孤を連なる小島群の上や、得も言われぬ美しさのババウ島に飛ぶのは、まるで奇跡のようです。現実感覚を喪失したかと思えるほどに爽快そのものです。

たしかに、火炎樹の花の深紅。砂丘のごとく大きな砂浜の純白。海のコバルト・ブルー。それぞれの色の混じりなき組み合わせは、人間が発明した芸術やフィクションやレトリックの世界には、けっして模倣できないだろう、と確信がもてるほどに潔いものです。

トンガ王国のテリトリーは、南半球の南緯二三度のあたりから南緯一五度のあたりまで、南北に長く広がり、南から順にトンガタプ、ハアパイ、ババウのグループ（島弧）からなります。合計一七〇ほどの大小の島嶼があります。王宮と政府がある首都のヌクアロファ、その街がある主島トンガタプ島は、南回帰線のすぐ北にへばりつくように位置します、また、日付変更線に接するように、その西（というかトンガのところで、この国を東半球に収めるように日付変更線が東に張り出す）に位置します。

このため主島は、冬場（六〜九月の時期）には、けっこう寒いと感じることがあります。また、すぐ北のサモアと、あるいは、そのさらに北のハワイイなどとを航空便で行き来するときは、実にまぎらわしいのです。なにしろ日付変更線が曲者。トンガは東半球で、サモアなどは西半球になるわけですから。

ハアパイとトンガタプとで現地調査をしようとしたのですが、これら両グループでの印象は対照的です。トンガタプでは、近代の陽の部分も陰の部分も共存する感がするのですが、ハアパイには、まだまだ、昔ながらの伝統の貌が多分に見え隠れするのです。それゆえ後者は、なんとも懐かしき古代の不思議な風が匂うようであり、得も言われぬ空気の香りと肌触りとが感じられます。ついでに最北のババウ・グループは、西欧人が多く住み、ヨット遊びなどのレジャーが盛ん、トンガらしくなく風光が明媚にすぎ、西欧が近くにあると錯覚するほどに、少々、垢ぬけたところがあります。

首都ヌクアロファにあふれる喪服の人たち

まずは首都のヌクアロファの街について。これまでに訪ねたポリネシアの街の人々の軽やかな風情はなく、西欧風のコロニアルな建物とかは少なく、ポリネシアの野趣がたっぷりの町並みです。

西欧人然とした顔立ちの人が少なく、観光客を含めて、西欧人との混血とおぼしき顔がほとんど目につかないのです。たいていの人は、老若男女を問わず、ご当地風の生粋のポリネシア人の身性のように見えます。今やポリネシアの街では珍しい光景と言えるかもしれません（たしかにそう、トンガ王国とサモア国と、いくつかの小国くらいか）。

それとともに目立つのが、とても風変わりで、幾分あやしげな服装をした人が多いことです。後知恵で知りましたが、タオパラという腰蓑です。いうならば喪服の一種だそうです。一年ほど、身内の死者の喪に服するので、たいていの人が年がら年中、しかも何年も続けて身に着けることになるそうです。

なにしろ、大家族が基本のポリネシア社会では、いつも身内の誰かの喪にかかるでしょうから、まるで喪服が普段着でもあるかのように、国民の多くが黒を基調とする服装を身にまとっているわけです。腰に巻いた茣蓙《ござ》のごときタオパラと、白シャツとをコーディネイトするのが国民の制服のようでもあります。この国では服装に個性はありません。だいたい皆が、白と黒と茣蓙のごとき服装であるために、得も言われぬエキゾチックな印象がして、不思議感があふれてきます。見慣れるまでに、三年くらいを要しました。もちろん、ポリネシアの他の国では見慣れない光景であり、トンガ王国の首都に多い〈し

写真18　首都ヌクアロファの中心部のにぎわい

かめ面〉で言葉すくなき威厳のある表情とともに、この国の風物詩のようです。

彼らの言葉（ポリネシア語トンガ方言）も奇妙と言えば奇妙です。たしかに耳慣れたるポリネシア語の発音であるのはまちがいないのですが、その会話の内容たるや、いくつかのポリネシア語方言をかじったやつがれにも、まるで〈ちんぷんかんぷん〉なのです。

よく意味をくみとれないから、ポリネシア語の会話能力を喪失したのではないか、と不安にさせられました。これは、他のポリネシア語方言では例がない敬語の言いまわしのためでもあります。ただし、最近では、敬語を使えない若者が多くなり、国がすさんでいくようだ、と嘆くお年寄りがいました。まるで東アジアの某日本という国のことのようです。

それに加えて、ほかにも他のポリネシア語方言と違う点が少なくありません。たとえば、ほとんど英語や仏語からの借用語が混じらないこと、人間の数の割に言葉数が少ない（口数が少ない）ように思えることなどです。たとえばタヒチ周辺、ハワイイ、ラパヌイやNZの人混みのなかで経験する、あのなんとも人懐かしい喧噪感とは大違いなのです。

さらに、主島のトンガタプは、これまでに経験しないタイプの島です。どこにも山らしき地形が見当たらず、のっぺりした台地が広がるだけの景観にも異様さをおぼえずにおられませんでした。やつがれが抱いたトンガ王国での初印象は、そんなところでした。

国境線と日付変更線と

トンガは南半球にありますが、日本やアジアの国々と同じ側、地球の東半球（東経側、あるいは東洋側）にあるので、NZやツバル、さらにフィジーなどとともに、ポリネシア圏のなかでは例外的な座標上にある国です（ほかのポリネシアの国や地域や諸島は、たいていは南半球の西経側、あるいは西洋側）。

実はトンガは東半球側にあるといっても、ただしくは西経側に位置するのだから、話がややこしい。どういうことかと申すと、日付変更線が東に折れ曲がるゾーンにスッポリと収まっているのです。キリバスという国のクリスマス島（クリチマチ島）ほどではないのですが、東半球が西半球へ軒《のき》を出しているがごとし、なのです。

だから日の出が早い。地球上に存在する二〇〇カ国ほどのうちで、もっとも早く一日を迎える国の一つなのです。首都のヌクアロファの街中には、「一日が始まる街」とか、「新年の日の出を仰ごう」などの標語が踊っており、トンガ王国が直営する豪華ホテル「国際日付変更線ホテル」（International Dateline Hotel）などというのもありました。観光客を呼ぼう、との魂胆でしょうが、どうだったでしょうか。外見は豪華だが中味はスカスカ、ホテルらしいサービスは貧弱で「おもてなし」はなく、愛想なし、まったく客なし。そんなホテルでした。そこのフロントには、もと日本の大相撲の関脇（南海竜）さんがおられました。ちなみに、かつての大横綱、武蔵丸さんもトンガ出身です。

もうすこし、地図の上を散策しながら、ポリネシアの三角圏に関する話題を拾ってみるとします。当然のこと、日付変更線だけでなく、多くの国境線が走り、南太平洋の国々を分割します。これも太平洋世界の現実なのです。当のトンガですが、北方をサモアや仏領フツナなどと、北から西にかけてはフィジーと、東はニウエなどと、そして南方をＮＺに接することになっています。しかし海の上だから、国境線などといっても、およそリアリティはゼロ、虚構のようなものです。それらが網の目のように走る。そこを波が行きかう。海流が流れる。だから国境線があろうと、なかろうと、たいして意味などないように思うのですが、実際のところは、どうなのでしょうか。

どの国にも、とても小さいものながらも、軍艦や海岸警備船などがありますが、なにか軍事的に事を構えるとか、領海審判とか密入国だとか、国境に関する問題が紛争の種になったという話は、ポリネシアの諸国については、寡聞にして聞きません。

ローカルな小さな貨客船などの場合、国内ルートだけでなく、勝手に隣国の海域を通過することも珍しくないようです。あるいは、漁船が他国に漂流することもある。おそらく、ことポリネシア圏では、地図の上を走る国境線などには、重大な意味などはなく、たんなる目安にすぎないか、あるいは目安となるほどの意味すらないのかもしれません。

要するに、かつての西欧列強国の植民地分割の名残りか、その化石のようなものか、海面に写るその残映のようなものでしかないのでしょう。ところが最近、海底の油田やガス資源、レア・メタル資源などの利権問題が俎上に載せられるようになり、ことに中国と台湾との関係が絡み、ふたたび南太平洋が波高き情勢となり、国境のことなどが取り沙汰されるようになってきました。もちろん、実際に事を構えるようなことには至りませんが。

ふたたび覇権主義の煙がたちこめるがごとき時代に逆戻りしたのか、植民地主義の亡霊が舞い戻ってきたのか、そんな錯覚をおぼえるような今日この頃です。

ふたたび、南太平洋の国境線と日付変更線のことを考える

もちろん昔々は、国境線のようなものなど、なかったことは言うまでもありません。たしかに西欧列強国が覇を競っていた頃、島単位で、あるいは地域単位で、血縁集団か地縁集団のようなグループが小国をなし、群れをなし、千々に乱れて群雄割拠する状況が、あちこちにあったようです。また、トンガ王国、タヒチ諸島やハワイイ諸島、フィジー諸島などでは、コアをなす政治体制があったようです。でも、あくまでも国境とは見かけだけの擬似的なものであり、頻繁に変更され、ときには揺らぎ、顕在したり見えにくくなったりしたのではないでしょうか。

そもそも南太平洋の島々の多くでは、国という統合概念は希薄だったようです。日本などに昔からあった国意識のようなものは存在しなかったのではないでしょうか。

かりに昔、地図のようなものがあったとしても、海と島の他には描くものなどなかったはずです。古代のポリネシア人の航海を復原しようとする実験考古学では、かつて遠洋航海のマスターたちは、太陽と月、そして星たちの位置と運行、さらには近くの島の位置関係などを象徴的に表現した〈頭の中の地図〉を持っていたと推測できるそうです。

また、マーシャル諸島などでは、現在も残りますが、ちょっとした航海や遠洋航海では、木の枝と植物繊維と小粒の宝貝などで造り、島の位置、星座の運行、風や波の方向を自在に表すスティック・チャート（棒地図）なるものが活用されていたそうです。もちろん、それ以外にも各種の地図があったでしょうが、多くは秘儀的ノウハウを目に見えるようにしただけの代物。それらを実践するテクニックは、とうの昔に二度と還らぬ側の世界にいってしまったようです。

それが今はどうでしょうか。たとえ一介の旅行者であろうと、南太平洋にも国境線がクモの糸のように張りめぐらされていることを、強く実感せざるをえません。各国での出入国手続きの難儀さや、いちいち入国税や出国税を支払わなければならぬ煩わしさなどのゆえに、どこの国民であろうとも、目には見えぬ国境という枠組みを、無理矢理、意識させられる仕組みとなっているわけです。

国境線というものは、なんとも苛立たしくもあり、わずらわしいものです。海の上か、あるいは、海のなかなのかは知らないが、よく意味のわからない線があっちにこっちに走り（もしくは走ると仮定されており）、お節介にも、お邪魔虫のように地域や区域を分断するのが（さまざまな国に分断すると幻想するのが）南太平洋世界の現実なのです。

その親玉にして、もっともナンセンスなのが、なんどもくり返しますが、ポリネシア、メラネシア、ミクロネシアの南太平洋三分論（あるいは三分幻想）かもしれないし、日付変更線なのかもしれません。とどのつまり、西欧流の植民地主義は、なんとも広大で途切れることのない大宇宙のごとき南太平洋世界さえも分割してしまったのです。植民地主義の遺産のごとく切り売りしたのです。

ちなみに、トンガ王国の封建制度では土地が非常に細かく分割されているようですが、植民地主義国の太平洋分割もまた、列強国の間でたがいに、あるいは一つの列強国のなかでも、細かく分割することに意味があったのではなかろうか、と思えるほどに細分化されています。くわえて、植民地経営国が領土分割を談合するとき、当初は現実的実態などなかった日付変更線と、人間の邪な思惑とは関係ない赤道と、気まぐれとしか思えないようなポリネシア／メラネシア／ミクロネシアの三分割とが利用されています。だからこそ、南太平洋諸国の国境線ほどに、フィクションめいたものはないのです。

日付変更線のほうは、その存在を実感する場面は、そんなに多くはないかもしれません。一日が千日のごとく過ぎる経済国と違い、一日の日付の違いが重大な問題をまねく局面は、めったにないからです。せいぜいのところ旅行社の手違いで、乗れるはずのない飛行便に連絡されていることに気づいて、しばし、ひどく焦った体験などが懐かしく思い出される程度でしょう。この線があることによる手違いは、かるい苦笑いの対象になるくらいのものです。

そんなこんなで、太平洋上での国境線や日付変更線は、およそ余分なものの代表のごとくですが、とにかく現実にはポリネシア世界をぶった切るがごとくであります。それらが設けられたのは、もとはと言えば、夜郎自大な西欧列強国のエゴに起因するわけですから、なぜか合点がいかないのも当たり前なのかな、と、変に納得できます。

ことに日付変更線。それを設けるのに、より合理的なのは、おそらくは太平洋ではなく、むしろ大西洋の真ん中あたりではないでしょうか。大西洋ならば、ほとんど島にかかることなく設定できそうです。でも実際には、西欧世界から遠く離れた太平洋上を通ることになりました。やっかいな代物であると承知のうえのこと、「近くにあれば、なにかと不便だろうから、はるか彼方の太平洋にしてしまえ」との目論みありき、だったのは間違いないでしょう。まことに勝手な西欧人たちでした。

それはそれとして、その日付変更線が、太平洋の中央部などで複雑に折れ曲がり、張り出すことになったのは、いかなる経緯によるのでしょうか。実は筆者自身、正確な説明ができません。なん人かの地理学者に尋ねてみましたが、もっともらしい話ばかりで、結局のところ、よくわかりません。ともかくは当該国の都合で簡単に変更できることのようです。実際、幾度も微変更されてきました。

北太平洋とNZのチャタム諸島で曲がるわけは、たぶん単純です。でもトンガとサモア、それにフィジーやキリバスのあたりは、一筋縄ではいかないようです。おそらくは先に国境線が引かれ、それと重ね合わせるように引かれるようになったのでしょうが、トンガとサモアの間で折り曲げられることになった理由は、是非とも知りたいものです。

南太平洋にトンガ王国あり

オセアニアの海洋世界でも、一八世紀から一九世紀にかけて、かつてのアフリカや南北アメリカの大陸と同様、欧米列強による植民地強奪競争の嵐が吹き荒れました。南太平洋の島嶼世界では、どの地域であろうと、どの諸島であろうと、どの島であろうと、その遙か昔からポリネシア人の流れをくむ先住民の人たちが生活していたのにもかかわらず、まるで無人の地が切り売りされるように、細かく線引されていったのです。

その名残りは今も厳然と残っています。たとえばアメリカ合衆国の州であるハワイイ諸島。同自治領であるアメリカン・サモア。ひと山いくらと、まとめて抜き取られたがごとき、フランスの準海外県であるタヒチ諸島、マルケサス諸島、ツアモツ諸島、オーストラル諸島など。そして同じくフランスの準海外県であるニューカレドニア。チリの州であるラパヌイ（イースター島）。それになによりも、オーストラリアやニュージーランドなどの多民族国家の存在です。

さらに南太平洋の地図の上。まるで定規で線を引かれたように、いかにも人工的で直線的に走る国境線。西アジアから北アフリカにかけての一帯、アフリカ大陸や中央アメリカなどで見るのと同様です。こうした国境線こそが、まさに西欧列強国の気まぐれと、ご都合主義で事が運んだことを雄弁に物語ります。植民地狙いの国々が世界を舞台に、あるいはライバルたちと打打発止と切り結び、あるいは好き勝手に地域を売り買いしてきたことを物語る証人のようです。当該の地域や地方の事情や歴史などとは、およそ関係なく、話を進めていった事情を物語ります。

　そうしたなかで唯一、欧米諸国のひどい犠牲になるのをまぬがれたのがトンガ王国です。ちょうど、東アジアの日本、東南アジアのタイ王国のごとき国なのです。

　もちろん危機一髪の場面はあったようです。あやうく毒牙の餌食になりかけたこともあったようですが、たぶんに植民地主義諸国の相互の駆け引きやバランスなどもあり、それぞれの覇権が決定的な水位まで達するには至りませんでした。一部のテリトリーをはぎ取られ、キリスト教の影響を強く受けることとはなりましたが、あるいはイギリスの保護国の立場に甘んじたこともありますが、ついに独立王国のままで二〇世紀を迎えました。

　なぜ南太平洋でトンガ王国だけが、独立性を保ち続けることができたのか。筆者は浅学にすぎますが、あるいは、トンガ王国の政治力と国力とが踏んばらせたのかもしれません。あるいは、国民の意志と気力と迫力が他国と違っていたのかもしれません。

　もしかしたら、ともかく資源が乏しすぎる土地柄であるため、三つある諸島のうち、ババウ・グループをのぞき、トンガタプとハアパイのグループともに、植民地主義者たちの食指が強く動くことがなかったことに帰因するのかもしれません。そんなわけでトンガ王国と大英帝国、あるいは英連邦とは、一応のところは対等の関係であり続けました。

大トンガ王国時代の版図──トンガの栄光

トンガは不思議な国ですが、その不思議さの源泉のような事柄を紹介しておきます。

この国は実は、封建国家（歴史の教科書で習った言葉）です。しかも世界で最後の封建国家の一つ、と呼んでよいのかもしれません。なにしろ二一世紀になっても、なおもそうなのです。もちろん、政治のことなどには断然の素人である筆者のことでありますので、ひどい誤解もあろうかもしれません。どうか目くじら立てないで、お読みください。

国王のもとに世襲王族と貴族、特権士族などの階級があり、それらの人々が独占的に土地を領有し、一般庶民を統治する。国土のすべては、国王か王族、貴族、首相や大臣などが領有する。一般庶民は、国王は尊崇しているが、王族や貴族に対しては、そのかぎりではなさそうです。

年貢は納めているが、しぼり取られているふうには見えません。王族や貴族には種々の特権があるが、彼らの皆が皆、特別に裕福であるということでもなさそうです。

ときに、マルクスかエンゲルスか、はてはレーニンか、その手合いの人たちと同じようなことを宣う人が、今でもトンガにはいるようです。そんな階級社会的な雰囲気が二一世紀になっても、現実に、しかも濃厚に残っているのです。だから、これは夢か現か幻か、なにかの錯覚か、と思ってしまうのです。でも、紛れもなく現実なのです。

あまたあるポリネシアの諸島のなかで、一味も二味もちがう社会の空気とか、人々の人情とかが漂い、ひときわ変わり者のユニークにすぎるような人物にも出会えます。日本の江戸時代もかくやあらん、と思えるような社会の仕組みが多分に継続されてきているから、過去にタイムトリップしたような気分になれます。ときに現実と虚構とが、ごった煮の状態になったかのようです。

ほかのポリネシアの国の市街で見かけるコロニアルな外観は乏しく、西洋を取りこんだがごときクレオールな趣は微かにもありません。オリエンタリズムの申し子とも言えるようなビーチコウマーの存在も目立ちません。ポリネシアの観光地で目にする〈地中海風の景観〉を、そっくりそのまま移植してきたようなリゾートホテルのごときも、ババウ・グループをのぞき、ほとんどありません。

首都の風景は、なんともほほえましい。小ぶりの王宮に、国王をはじめとする、とりわけ大柄な体格の王族たちが出入りする光景は、まことに現実ばなれした感じです。J・スウィフトが『ガリバー旅行記』の第二部「大人国（ブロブディンナグ）」の話を書くとき、トンガ王国を下敷きにしたとの話も、いかにもさもありなん、なのです。

もちろん、南太平洋世界のいずことも同じこと、トンガでも、西欧人が来るようになりキリスト教が普及する頃までは文字が存在しませんでした。だから昔の記憶を継承するのは難問だったのです。口碑伝承や古謡に頼るほか、記念碑型の子供の名づけ（子供が産まれた頃にあった出来事を当子の名前に託して後の時代につなぐ物語調の名づけ）などが、過去と現在とを結ぶ役割を果たしたのです。そんなことで、壮大な叙事詩のようなものが確りと鮮明に残っているわけはありません。すぐに過去は闇のなか。現実にポリネシア語では、闇とか夜とかが過去の暗喩（メタファー）として使われます。

ちなみにポリネシア語では、「過去」とか「未来」という、あいまいな時間を表現する言葉はないようです。「昨日」であり、「明日」なのです。過去については、文字どおり「闇」（ポ・ケレケレ――暗い夜）であり、「夜」（ポ）なのです。

だがトンガの各地、奇妙な巨石遺物や昔の要塞跡（パ遺跡）などが多く残り、それらと絡めて語られる口碑伝承が残ります。その多くはトンガ王朝の興亡や盛衰や内紛に絡む物語の類なのです。

昔から三つの王統、あるいは王朝が鼎立していたようです。おおむね緊張関係にあり、勝ったり負けたり、交代したり連合したり、ついたり離れたり、世の中が乱れたり収まったりと、続き、けっこう権謀術策を駆使する王権の興亡がくり返されたようです。

まわりのフィジーやサモアの島々に残るトンガ王国からの侵略や交渉ごとにまつわる口碑伝承などをつなぎ合わせると、かつて大トンガ王国なるものが大きな支配力や勢力を有していたこと、その覇権が西のフィジー諸島や北のサモア諸島などに広く及んでいたこと、フィジーの大半を版図に入れたりしたこと、東のクック諸島に遠征したこと、サモア諸島を征服したことなどの歴史が浮かび上がってきます。それらの歴史的事件が、どれほど古く溯るのか。この手の話では、年代を決めるための手がかりが乏しいので、はっきりとした物言いは慎まねばならないのです。

かつてのトンガ王国は壮大な版図を誇り、強大な政治権力を有していた模様。西ポリネシアの界隈では抜きん出た国力を有する中心的な政治勢力だったようです。というか、トンガ、サモア、フィジー諸島などを包みこみ、西ポリネシアのほぼ全域に及ぶほどに巨大だった時代もあるのです。

大型カヌー（トンガでは「カリア」と言う）の船団で遠征し、木製武器やら石弾やらで武装し、攻撃をくりかえし、ラグビーのごとき肉弾戦であいまみえる戦闘の様子が語り継がれています。それらは、トンガタプ島のムアの村にあるトンガ国立博物館のタペストリーでみることができます。もちろん、実際には、具体的な史実が残っているわけではなく、たんなる言い伝えの域を出ません。

西欧人が来航するようになる前は、ほとんどのポリネシアの島々では、国レベルの組織に統合されるほどの権力の集中は珍しかったとされています。というか、そのことを示す〈史実もどき〉のようなものすらもないようです。だから、トンガ王国の実力がまんざらでもなかったことを知らしめる事例として、そのタペストリーは大いに注目すべきなのでしょう。

なぜにトンガでは例外的に早い時代に、大きな政治権力が成熟しえたのか。門外漢の筆者が説得力をもって答えるには難問にすぎますが、おそらくは、ポリネシアでいちばん歴史の奥行きが深いこと、ポリネシア文化の発祥の地であったこと、二〇〇〇年以上も前から、かなりの人口を擁していたらしいこと、近隣にフィジーやサモアなどの大きな島々があったことなどと関係するのではないでしょうか。

実際、おそらく何百年前か、それより前の頃には、この大トンガ王国の勢力圏は、ときにフィジー諸島の大部分、サモア諸島、あるいはツバル諸島やニウエやクック諸島のあたりまで及んでいたことがあるらしいのです。南太平洋の中枢部に大きく広がる大王国を築いていたのです。この王国が十字路の役割を果たし、人間が行き交いし、物流（木器や石器や貝器などの交易）が促進され、ひとつの政治圏のようなものが形成されたのではないでしょうか。

トンガタプ島やハアパイ諸島の芳醇な歴史

トンガ王国の中心としてあり続けたのが、最南の巨島（トンガの感覚では）トンガタプ島（首都のヌクアロファがある）と、その北方に浅い珊瑚礁の海でつながるハアパイ・グループ（あるいは、ハアパイ諸島）の島々です。いくたびかの王朝の交代により、交互に遷都した歴史があるそうです。

トンガタプとは「汚れなき神聖」（タプ）なる「南の島」（トンガ）といった意味なのでしょう。あるいは「神聖なる南の島」。たしかに、西ポリネシアの大国であるサモアやフィジーの島々のなかでは、もっとも南に位置します。昔から「神聖なる島」とされてきたのでしょうか。あるいは、遷都されたから「神聖なる島」となったのでしょうか。

ハアパイとは「ハワイイ」が変化したのかと思います。つまりハワイイ諸島やハワイイ島（日本語ではハワイ諸島とハワイ島）と同じ語源。ポリネシア語では一般にハワイキ。「人間が生まれ、最後に還る場所」を意味する黄泉の国のことです。他界観念や死生観が深く絡む重要な名前のようです。ちなみに、ハアパイ諸島の一つであるハアノ島は三〇〇〇年近くも前にさかのぼる古い遺跡の名所ですが、カウアイ島とも呼ばれ、この点でもハワイイ諸島と似ています。トンガのハアパイ諸島と、USAのハワイイ諸島とは、遠く離れてはおりますが、相同的な名前の島で構成されているのかもしれません。

トンガタプ・グループもハアパイ・グループも多くの小島から成り、両方の陸地面積を合わせても、日本の淡路島のそれにも及ばないほど（つまり、ラパヌイ＝イースター島の二倍ほど）です。でも、トンガ王国にとっては、二つの王朝（ハアパイ諸島）と、一つの王朝（トンガタプ島）とを輩出した神聖にして格式の高い島々なのです。

この両グループが続く広い海域には、非常に大きな据礁（リーフ）が海面スレスレに発達し、青い空気と碧い空と蒼い海とが得も言えぬほど目に鮮やかですが、のっぺりした低い島々が連なるだけです。そのただならぬ絵にも描けぬばかりの絶景は、まさにトンガの栄光の歴史を記念するようです。

日本列島にたとえるならば、おもわず奈良や京都に漂う歴史の重みを連想します。ただ、トンガの島々はたいてい、低い島々ですから、暑苦しく、水が乏しく、ねばりつくような塩味の空気が充満。厚ものの桜のようではあれども、青山のようではありません。

なにごとにも動じぬギリシャの哲人がごとき風貌をしたポリネシア人に出会うことができ、三〇〇〇年近くも前のラピタ時代の考古遺跡を見つけ、その頃のラピタ土器や貝製品のかけらを手にすることができるのは、このあたりの島々だからこそ味わえる芳醇な香りのようです。ほかのポリネシアの島々では、けっして経験できない類のアーカイックな興趣です。歴史というものの古めかしさ、香ばしさ、歴史というもの重み、奥行き、深さなどを感じる恰好の場所なのです。

古代の巨石建造物、ピラミッドやハーモンガ

実際、トンガには、あちこちに巨石遺跡などがあります。古い石器や土器片なども多く落ちています。ことにトンガタプ島。海から深く入りくんだ内湖のマングローブ林が茂る岸辺には、わけのわからぬ怪

写真19　巨大なピラミッド状石造遺構、「ランギ」あるいは「ラギ」

しげな遺構だらけ、まるで不思議な世界に迷いこんだようです。

トンガタプの町から内陸に少しばかり歩くと、ムアという村があります。そこには、ピラミッドの上部が欠け落ちたがごとき方形の階段状をした石組建築物が、そこかしこにあります。いかにも古墳かと思える巨大な廃墟の群れ。そんな趣があります。とりわけ大きいのが二〇数基ほどもあり、いずれも壮観にすぎる眺めです。たいていは草ぼうぼう、自然に帰りつつあり、風化が進んでいます。わずかに修復されたのが二つか三つあり、ほぼ正方形の石組みの基壇は、その一辺が三〇メートル以上に達します。まさに大ピラミッドの底部だけが残されたがごとき雄大さです。

これらピラミッド状の巨石遺稿は、トンガ語（正確には、ポリネシア語トンガ方言）でラギ（あるいはランギ）と呼ばれます。「空」とか「天空」が原義です。〈空にも届け〉という意味で名づけられたのだとしたら、少々、無理がありそうです。なにしろ五段か四段かよりも上は欠けた状態ですから、天を意識するのは、ちと難しそうです。

何百年か前の頃にトンガ王国の王族たちの遺体を埋葬した施設だとの説があり、古墳であることは間違いないようです。でも、文字がない時代のものですから、いささかなりとも正確な築造年代や使用年代は知るすべが残されておりません。いったい、どれくらい前にさかのぼるのでしょうか。一〇〇〇年や二〇〇〇年前の可能性はあるが、ほかに類例が乏しいので、比較することが叶いません。しっかりとした学術調査が待望されるゆえんです。

するどく矩形に切られた巨石が整然と並べられたさまは、驚きを禁じえません。自然が荒々しく積んだ固い珊瑚石を切り取ったものだからです。いったいどうやって切り取ったのか、と思わずにおられません。そう遠くないところに実は、珊瑚礁を切り取った跡を残す浅瀬があります。そこで切り出した珊瑚石を大勢の人間で何キロもの道を運んできて、築造した、ということなのでしょうか。

モアイと同様、三〇〇〇年もの昔、南太平洋に拡散したラピタ人や先史ポリネシア人がアジア方面からもたらした巨石文化の流れを汲む遺跡であることは間違いありません。ピラミッド状石組や、ストーンヘンジの三石塔（ハーモンガ）は、トンガ独得であり、ほかの島々にはない巨石遺稿なのですが、あるいは、トンガ独得の王国制政治と深く関係するのかもしれません。これもトンガゆえの謎です。

南太平洋世界に広がる巨石文化と、その源流

ことほどさように、南太平洋の島々には多種多様、石組構造を基本にした巨石遺構が、たくさん残されています。とくに注目すべきは、ひとことで巨石文化と言っても、諸島により島により、それらの大きさや形態、石材などが、大いに異なることです。

トンガやサモアの東側に広がる東ポリネシアの島々。たとえばラパヌイ（イースター島）では、モアイ石像が立ち並ぶアフと呼ばれる石組の基壇。マルケサス諸島のあちこちの密林に眠るトファアと呼ばれる石組の大神殿や、メアイ（祭祀跡）やパエパエ（邸宅跡）の基壇。さらには、タヒチ諸島やツアモツ諸島の島々にある、おびただしい数のマラエと呼ばれる石組の宗教施設とその付属物たる例のアフ、ハワイイ諸島のヘイアウ祭祀場、などなど。どこにでも巨石文化の名残りが見つかります。

さらには、ミクロネシアのポンペイ島にある壮大なナンマドール都市遺跡の石組構造群、ヤップ島の石貨、グアム島などのラッテストーンなども、まさに驚嘆するほかない巨大な遺跡なのです。いずれにせよ、これら南太平洋の巨石文化は、石を組み建てて大きな建築物を造営する点で一致します。

巨石文化のコンセプトは、南太平洋の広くに分布しており、共通のルーツから拡がったのは間違いないでしょう。地域により島により、世界観や宗教観が変容していき、あるいは、利用できる石材石種が異なるため、巨石文化としてアウトプットするときに、大きさや規模、形状や形式、コンセプトなどが品を変え姿も変えた。それぞれの個性が表出することになったのではないでしょうか。

同時に、ときに派手すぎ、ときに巨大にすぎ、ときに巧妙にすぎる特異な建造法がゆえに、いずれもが謎めいた趣を醸し出しています。それぞれが〈世界の七不思議〉の一つにカウントされてもおかしくはないほどに十分な不思議さを備えているのです。

これらポリネシアの巨大石組建造物は、どれも石組の仕様が見事なまでに相似するわけです。もちろん石材は、かならずしも同じではないのに、石器できれいに縁取りされた石材を巧妙に配列する技法が一致するのです。その極意は、遠き過去の彼方に置き忘れられてしまい、もう今では知るすべとてないのですが、石器時代の技術で矩形の石塊に加工し、積み上げて、隙間なく整然と並べる。まさに神業かと思いたくなるほどです。

それらの石は、どのようにして原産地を探し、調達し、現場に運びこんだのでしょうか。どれほどの歳月と労働力を消費したのでしょうか。誰が主導唱導したのでしょうか。そもそも、なにゆえに、そんなばかでかい石造構造物を築営したのでしょうか。いずれにしても、なにもかもが謎だらけです。巨石文化は謎が謎を呼ぶ。あるいは、巨石文化とは、そういうものなのかもしれません。

すでに述べましたが、南太平洋の不思議な巨石文化は、ポリネシアの三角圏の隅々に広く及んでいます。そもそもはアジア方面、あるいはインドネシアあたりから、そのアイデアが伝達されたのかもしれません（木村重信、一九八六）。トンガあたりでポリネシア独得のスタイルに変容したのちに、タヒチ諸島やマルケサス諸島で中継ぎされ、ハワイイ諸島やラパヌイやＮＺなどに伝播されたのではないでしょうか。とどのつまり、チャタム諸島にも忘却の淵に沈む前に伝わったようです。チャタム諸島には巨大

写真20　これもまた「モアイもどき」なのであろうか？（ハアパイ諸島リフカ島）

な石造遺跡こそありませんが、石器道具が最後に遅咲きしたかのような賑やかさです。それこそポリネシアの石器文化の粋を集めたかのようです。石材が豊富だったからでしょう。

その昔、たとえば手斧や手臼などでみるポリネシア式石器文化の独得のアイデアとテクノロジーとは辺境の島々にまで伝播されました。それぞれの島で独自の様式が花開き大いに発展しました。そうしたアジアに源流を持つポリネシアの石の文化の中継地にして、かつ中興の場所として、トンガ諸島は大きな役割を果たしたのです。

いま一度、トンガでピラミッド状古墳のことを指す「ランギ」という言葉のことに戻ります。クック諸島から東のポリネシア語方言では、いずれも「天空」のことであり、ときに「山岳」のことです。つまりは天国に近い存在を意味します。

この言葉は、二〇〇〇年近く前の頃にトンガから勇躍、東方の島々に船出したポリネシア人の祖先とともに、そびえるほど高い存在とか、天にも届くほど高いことの意味に変化し、かつてのトンガ王家の権威を伝承する言葉として拡散したのではないでしょうか。

悠揚《ゆうよう》迫らぬラガーマンのごとき人々

一方で、トンガやサモアの人々こそ、筆者には、ポリネシアの人々のなかでも、もっともポリネシア人としてイメージしやすいポリネシア人グループというか、ある意味でポリネシア人の典型のような人たち、あるいは、ポリネシア人の代表選手のような人たちに思えます。

あとでNZ、チャタム諸島のモリオリの人々についても同じような表現をしますが、実は、すこしばかり意味合いが異なります。どちらも大柄な体形を特徴としますが、モリオリは非常に筋骨隆々たる人々、トンガ人は肥満体質がポピュラーな人々です。どちらも〈ザ・ポリネシア人〉ということですが、ラガーマンにたとえるならば、モリオリはプロップ型、トンガ人はフッカー型と言えましょう。

ともかく大柄で頑丈すぎるほどの体格を誇りますが、同時に、肥満か超肥満か、形容詞の選択に困るほどに重量感ある人が多いこと。大柄であるうえに、更に背首を伸ばしているように見えるから、威厳がありあまり威張ったように見える人が多いのがトンガびとです。

それこそ、どこに行ってもラガーマンのような人ばかり。そのなかでもフォワード・タイプのラガーマンの見本となるような人ばかり。そんな大男や大女だらけ。ガリバー旅行記の巨人国の住民や、かくやあらんと思えるほどです。

それと不思議なことに、とても歌唱力にすぐれた人が多く、ときに夕方の教会の前などを歩いていると、圧倒するほどに声量ゆたかで、うっとりするほどの美声の合唱が聞こえてきて、おもわず耳に一撃を受けたような思いになります。その大声の虜となりて、しばし呆然と佇むこともあるほどです。

人々のさりげない気遣い心遣いに感心させられることが少なくありません。まずは、みだらに大声を上げる人が少なく、寡黙でシャイな人が多いことです。大男が小声で恥ずかしげに喋る風情は、なんとも不思議な雰囲気を醸し出します。皆さん落ち着いているのか、なんなのか、悠揚迫らぬ態度の人が多いのです。誰かを出し抜いてやろうなどと思う人は、ほとんどいないのかもしれません。ただ、貴族の連中とか、首都などで商店を経営する中国系の人たちのなかに、「そうでもないのもいるぞ、気をつけろ」と申す人もいます。トンガで知り合いの某哲学者です。まあ、それはさておき、話を続けます。

とにかく一般に、体格も性格も重量感にあふれます。もちろん身体は重量級。大きな頭も顔も重量級。腰から肩までは大重量級。脚も腕も重量級。靴を履く部分の足と、汗を拭うのに使う手も指も、とんでもない重量級です。おそらくは、彼らの態度、気持ち心持ち、人品骨柄にいたるまで、なにもかものパーツがみな重量級かと、うかがえます。

首都の街の中心を行き交う人々の群れに混じり、人々の存在を感じるだけで、呑みこまれるか、押し倒され圧倒されるかのような圧迫感を受けます。とにかく気分が押しつぶされるがごときです。それに、いつなんどき、どこででも、誰もが悠揚迫らず、慌てず騒がず、たいがいのことでは、バタバタ、オタオタしない風情。それもまた好し。

ことに女性たちは、その立ち居振る舞いたるや、小山か大山のごとし。どっしりと根を張っている大木のごとき人が多いのです。たとえ、ホテルや飛行機、あるいはマーケットや食堂などでサービス業に従事する人たちも、いつも悠々、けっして騒ぐようなことがないから、ときに、もどかしくなり、ときに当方が勝手にイライラドキドキするほどですが、その潔き風情たるや、なおの事よし。形容矛盾のようですが、〈厚くたおやか〉あるいは〈太くたおやか〉。そんな言葉がピッタリです。

ちなみに、ホテルやレストランでは、「オンナ・オトコ」（女性のような格好をして仕草をする男性）が珍しくありません。彼らは「おもてなし」の達人。およそサービス業が似合わないポリネシア人のなかでは珍しい存在です。

一般にポリネシアでは、子供たちは皆、女子として育てられ、男の子は五歳の頃に断髪式をして、ようやく男子になるのですが、なかに非常に少数、断髪式をしない男の子がおります。なぜだか知りませんが、その子たちは気立てがよく、長じて、サービス業に従事する人が多いのです。同時に、「男社会」と「女社会」の間のインターフェースのような役割を果たし、社会全体から、たいへん尊重されます。

静かなること巌のごとき人々

そんな女性とは対照的に男性は普通は、究極の〈益荒男ぶり〉。とにかく超が付くほどに〈がたい〉が良い偉丈夫だらけです。手足や鼻顎耳など、身体の中心部よりも先端部のパーツにおいて、その傾向が強いのです。もしも自分の足をトンガの男に踏まれたら、さてどうなるか。骨折したりしないだろうか、などと、ときに悪夢をみるほどです。

〈強靱な身体に強靱な心が宿る〉と、よく言われますが、トンガの男の場合、けっこう問題児もいると耳にします。気が弱すぎる男がいるのです。シャイにすぎるのです。ともかく身体は〈頑丈なること鬼瓦のごとし〉なのですが、〈心性が優しく気が弱すぎる〉男性がトンガ名物だそうです。

よく、〈トンガ男にサモア女〉というフレーズを耳にするのですが、俗に言われるように、サモア女とトンガ男のカップルは理想的夫婦である、などということではなく、たんにトンガ男の心根の優しさをほめる意味なのかも知れません。つまり、トンガでは男性にやさしさの美徳あり、サモアでは女性にたおやかさの美徳あり、ということかもしれません。

なぜかトンガは紫外線が強く、日焼けした色黒の男性が少なくないから、その存在感、あるいは迫力たるや、さながら巌のごとし、なのです。そんな風情の人が多いから、けっこうな威圧感があります。それでいて、実際は気弱な男性が多いのです。

どこでもポリネシアの人たちは、一般に口数が少なめ、かるめの会釈とか、了解の意思表示とか、肯否定のメッセージとかは、目や鼻や唇や耳の動き、ことに両眼を対称的に動かすか非対称的に動かす定型的な表情で代用します。顔や目が口ほどにものを言い、コミュニケーションの重要なツールとなるわけです。

ただ政治家などは別です。彼らや王家のスポークスマンなどを担当する人たちは、いささか賑やかすぎるか、多弁すぎるようなところがなきにしもあらず、です。ただ寡黙に控え目に物事をはこぶ傾向のある一般庶民の美徳とは対照的です。

トンガびとも、その例外ではありません。むしろ、ほかのどの島嶼のポリネシア人よりも口数が少ない傾向にあるかもしれません。〈大男なれども、はにかみ屋〉、そんなミスマッチ気味のパーソナリティの御仁が、いささか多すぎるようです。はにかみ屋が多いのには、なにか訳があるのかもしれません。もしかしたら国民全体が、なにかいわく言いがたき自信のようなものを共有しており、そんなことと関係するのかしれません。おそらくは、この地域で唯一、西欧列強の植民地とならず、一応は独立を保ち続けた誇りのようなものとか、近隣諸国との関係で大国であり続けてきた伝統や矜持のようなものが関係しているのかもしれません。それが人々の日々の暮らしのなかに国民性としての裏地となっている。そんなことかもしれません。実際、トンガびとたちのはにかみ心は、国の歴史からくる誇りと表裏をなすのか、周辺国のサモアやフィジー、あるいはウベナやフツナの人たちに対して、上から目線になりやすい傾向があるようです。

空港など雑然するのが普通の場所であろうと、にぎやかなのが当たり前の市場などであろうと、拍子抜けするほどの静けさに包まれています。ことに空港は、南太平洋諸国の国際空港では、多かれ少なかれ、独得の雑音や喧噪感のようなものが共通して漂っていますが、トンガの国際空港では、それがまるでないのです。

ひとつには観光客が少ないため、飛行便が少なく、乗降客の絶対数が少ないこともあるのでしょうが、それにしても、目をつぶっているかすれば、静かなること山奥のごとき、空港の内外です。

その昔、クック船長は「友情諸島」と呼んだが

たしかに独特の国民性みたいなものがあるようです。ちょっとばかり気ぐらいが高すぎるのではない

か、と、心配になるほどに自信満々そうな風情や表情の人が少なくありません。このことは、この国の人々の重厚感あふれるドッシリとした立ち居振る舞いと大いに関係があるのではないでしょうか。

あまり他人事には関心を示さないようです。ポリネシアの辺境にある離島や孤島とは、えらい違いです。だから街中でも空港などでも、よそ者には、ほとんど見向きしません。よそ者どころか、身内や知り合いにさえ馴れ馴れしくしない。空港や波止場で、人を見送ったり迎えたりするのに、首飾りや花飾りのエイ（あるいは、ヘイ）を着ける習慣がないことは、ほかのポリネシアの島々では見慣れない光景ではあります。そもそも、おおげさに人を迎えたり、送ったりする習いがなさそうです。

ホテルやレストランなどでも、「あら来たの」とか、「もう帰るの」とかの最小限の対応しかしないから、客の側から働きかけないと、なにごとも進行しない。トンガ国立の某大ホテルには、あるとき、一九九〇年の頃の日本の大相撲で「南海竜」という四股名で関脇を張っていた大男のトンガ人がフロントにいました。まるで無口、たいへん無愛想だったが、やさしさは十分に備えていた。そういう方でも大ホテルの受付に立てるのが、トンガという国の不思議さなのです。

もしも店や道端などで話しかけてくる人あれば、たいていはオーストラリアやNZ帰り、あるいは、なにかの魂胆を秘めた怪しげな御仁、かもしれませぬ。たとえば物売りだとか、白タクの運転手さんか、ということが多いようです。こうした静かなる人間関係は、トンガの人々の国民性といえば国民性なのかもしれません。でも、ほかのポリネシアの国々を見慣れた者には、ときに有り難くもあり、またときに、いささか調子が外れ、あるいは、なんだか気色わるく思ったりすることもあるかもしれません。

口数が少なく物静かでも、けっして人間が悪いわけではない。むしろ朴念仁《ぼくねんじん》でかつ、お人好しが多いようです。大男で気が優しいのですから、いささかも気色悪いはずなどなく、むしろ人品骨柄の良さを感じさせる御仁が少なくないと思います。

それでも一八世紀のなかばに、トンガ王国を探訪したイギリスのクック船長が「友情諸島」(Friendly Islands)と名づけたことについては、にわかには理解しかねます。なぜかというと、トンガ諸島の人々の本質を見極めるほどに、クック船長たちはトンガに腰を据え長居をしたわけではないからです。もしかしたら、クック船長は人を見る目をもつ、人間観察の達人だったりしたのでしょうか。

西ポリネシアのトライアングル――「メラネシア人」言説に物申す

トンガとサモアとフィジーとは、南太平洋では大きめな国です。ポリネシアの島嶼世界への玄関口のように位置しており、ポリネシア三角圏の西部に、大小の島々が凝集したようにあります。たがいに、さほど離れているわけではありません。この三国、あるいは四国の首都、ヌクアロファ(Nukuarofa, トンガ)とスバ(Suva, フィジー)とアピア(Apia, サモア)、それにパゴパゴ(Pago Pago, アメリカ・サモア)の位置関係は、せいぜいのところ、NとSとは東京と福岡くらい、NとAが東京と札幌くらいしか離れておりません。つまり、これら三国を合わせても、日本列島の広がりと、さほど変わらないほどです。日本人の多くは控えめですから、その頭の中には、地元の日本列島は小さめに、そして遠くにあるトンガなどは、なぜか大きめにインプットされているのかもしれませんが。

トンガとサモアはポリネシア（ギリシャ語で「多くの島々の世界」）にあり、フィジーはメラネシア（「黒い島々の世界」）にあるので、昔から住む人々も文化も言語も、そして歴史もが、なにもかもがみな、前者と後者とでは違うのだ、などと信じる方が少なくないようですが（観光案内などにもそうあります）、実は、それぞれの国は互いに、ご近所の親戚がごとき関係にあるのです。

それにくわえて、トンガとサモアとをポリネシアに、フィジーをメラネシアにと、大きく大胆に区分しようとするのも無理があるようです。そもそもは、これら三諸島のすべてが一つの言語文化圏（オーストロネシア語族オセアニア語系中央太平洋祖語）にあり、フィジーの大半の島々にも、トンガ人やサモア人と同じく、ポリネシア諸語の話者であるポリネシア系の人々が居住してきたようです。

もっともフィジーの一部であるビチレブ島には、ポリネシア諸語と枝分かれしたフィジー語を話すフィジー人が先住してきたのですが、この人々を「メラネシア人」と称するのは難しそうです。

そもそも「メラネシア人」というのは、あまりにも多様で雑然とした人間のグループを無理矢理まとめたような「ごった煮用語」なのです。ニューギニアから、その北から東から、さらにソロモン諸島からバヌアツやニューカレドニアあたりの人々を無理矢理、一括りにした「ごった煮用語」なのです。その点、よく似た特徴をもつ人々のグループである「ポリネシア人」とは大違いです。「ミクロネシア人」という用語も、あるバックグラウンドを共有する人々を一くくりにして、うまく定義するには無理があります。使わないのが無難です。ミクロネシアに先住した人々も、グアム、マリアナ諸島、ヤップ、パラオなどを除けば、ポリネシア人であったという言い方は十分に通用するのです。というのは、スペイン人が、アメリカ人が、ドイツ人が、あるいは日本人が支配する前の先史時代の人々に関する言語学や考古学、民族学や人類学の知見はみな、「ポリネシア人」との深いつながりをうかがわせます。

ことほどさように、欧米列強が南太平洋を植民地支配していた頃の残滓のごとき「メラネシア（人）」「ミクロネシア（人）」などの用語は、今更ながらの感がしないでもありません。むしろ、これらの用語は誤解をまねくだけのようにも思えます。だから、みだりに使用するのを控えてはどうでしょうか。ただ、「ポリネシア（人）」あるい「ポリネシア語」は、しっかりとまとまり、十分に実体感がありますので、こま切れにはできず、そうはいかないと思います。立派な実体概念なのです。

ポリネシアとメラネシアとミクロネシア

日本の学校教育では、ことに地理学の教科書などには、南太平洋の人間社会を、ポリネシア、メラネシア、ミクロネシア（小さな島々の世界）に三区分するのが常識であるかのように記述されていました（おそらくは今でも）。この区分け法は実は一九世紀のなかば頃、フランスの海洋探検家のデュモン・デュルビルが、マレーシア（マラユの島々の世界）の区分とともに、提案し、命名したにすぎません。まさに便宜的に区分したにすぎない代物です。もちろん当時、植民地分割などの際には一定の役割を果たしたのでしょうが、そもそも、どんな人々が住むかとか、どんな文化があり、どんな言語が使われるかとか、人類学や民族学などに関する含蓄はいっさいなかったようです。

よくメラネシアは「皮膚の黒い人々が住む島々の世界」との意味だ、などと宣う方がおられるが、どうも違うようです。それは完全なる後付けでしょう。ほんとうの謂われは「黒い（島影のある）島々の世界」だそうです。つまり、この地域には、ジャングルが鬱蒼と生い茂る熱帯の巨島が少なくありません。それで、島影が黒く見えるのです。それだからがゆえに「黒い島々」なのです。

とにかく、トンガ、サモア、フィジーは、ひとかたまりの島々なのです。ポリネシアの三角圏の西側の一角に一体をなすように存在する島々です。

地質学的には、西に向け沈みこむ太平洋プレートの上に、オーストラリア・プレートが東向きに飛び出るようにして重なります。けっこう地震が多い一帯であり、ときどき震度三とか四とかの地震があり、びっくりすることが珍しくありません。まれに大地震もあり、二〇〇九年のサモア大地震のように、大被害を及ぼすことがあります。

筆者もある年の暮れ（トンガの夏です）、日本に帰国すべくトンガタプに出たところで、大きな台風に襲われました。さらに、水道が止まったホテルで飛行機待ちをしているとき、大きな地震に見舞われたことがあります。さすがに台風に次ぐ地震で、何日か不安でした。

こうした三国ですが、サモアだけは太平洋プレート側にあります。でも一〇年近く前に起こったサモア大地震でわかるように、領海の一部はプレート同士がせめぎ合う直上にあります。もうひとつ、大きな違いがあります。サモアだけが西半球（西洋側）にあり、トンガとフィジーは東半球（東洋側）にあります。いうならば、サモアは西半球の尻尾、トンガとフィジーは東半球の頭のようです。

つまり、この近しき距離にあり、すくなからず歴史を共有する三国をまたぐように日付変更線が走るから、いわゆる股裂き状態になっているのです。この三国にとっては、そこに住む人たちにとっては、それはそれで難儀なことかもしれません。お互いを行き来するだけで、一日進んだり戻ったりするのですから、ことに飛行機の乗り継ぎはたいへんでしょう。

いまは日付変更線は、国境に重なるように、島を区別するように、折れ曲がりますが、そもそもは、まっすぐ一直線に走っていたそうです。つまりは変更線によって、同じ家を、あるいは同じ村を、昨日と今日、あるいは今日と明日とに分けていたのです。西欧人の気まぐれによって設けられた日付変更線の紛らわしさは、実際にそこに身を置く者でないと、なかなか実感できるものではありません。

トンガびと気質

さすがはトンガ王国。ここの国民には、ほかのポリネシアの島嶼国の人々とは異なる、どこか風変わりな〈トンガびと気質〉なるものがあるようです。ことに貴族や知識人について、それが目立ちます。

さきに申したように、いわば、昔のままに封建制をつらぬく近世国家の名残りのごとき王国ですから、世襲制の貴族がいます。その貴族の子弟子女には、大学進学者や海外への留学者が多く、知識人と呼べるような人たちが少なくありません。国内にも国立大学があり、私立大学もあります。その私立大学の名前はアテニシ大学、英語で呼ぶと「アテネ大学」です。なんと、ギリシャのアテネに因む名称なのです。哲学が看板ですから、その名前となったのでしょうか。

もう、お亡くなりになられましたが、その大学の学長だったヘレ先生に親しくしていただいたことがあります。この哲学者は、まことに潔い教育者でもありました。ものすごく博識、かつ志のある方で、たいそうな人望もあったようです。そして反体制派であり（王国や帝国のつね、トンガにも革命的な反体制派あり、犬のごとき体制派がいる）、王政に反対するマルクスやエンゲルスのごとき御仁だったようです。

小さな泥水のごとき潟湖（内湖）に浮かぶようにして、粗末な水上校舎群があり、貧しい私塾のたたずまいでした。多くではない学生さんたちは、さながら原始共同体のようにして暮らし、学問と労働とを実践しておりました。学長室、あるいは学長小屋とでも呼べそうな室の床に胡坐《あぐら》を組みながら、ヘレ先生の話をうかがったことがあります。

閑話休題。トンガ人の頭のなかには、自国の属する環太平洋の地図だけでなく、大きく鮮明なる世界地図が描かれているようで、ときどき驚くほどの国際感覚を発揮します。ほかの太平洋島嶼国では、なかなかない珍しい感覚です。東洋の島国のどこかのように、ちまちまとした島国気質ではなく、その対極にあるような国際感覚なのです。大英帝国と肩を並べるほどの王国の人間であると自称するにふさわしいほどの国際感覚が、どこかに潜んでいるようなのです。

ことにフィジーとサモアのことについては、両国の旧宗主国だったという潜在意識からなのか、あるいは、近隣国だから人の行き来が多いためなのか、人々の日常会話のなかで頻繁に登場します。ついで、話題に上ることが多いのがNZとオーストラリアです。これは身内が多く出稼ぎなどで出かけていることなどが理由でしょう。

トンガ人の頭の中に国際地図がインプットされていると知ることとなった体験のうち、その極めつけは、首都から離れたハアパイ諸島のごとき、かなり辺鄙な島においても、おとなの男どもの会話のなかで国際ニュースや国際問題などが日常的に話題にされていることに気づいたときのことです。

いたく驚いた体験があります。ずいぶん前のことですが、島の紳士たち（貴族や商売者や公務員や教員）のカイ・カバ（カバ飲みの寄り合い。あるいはカバ・パーティ。カバというコショウ科植物の乾燥根を水で溶かして、その絞り汁を回し飲みする会。トンガでは年配男性の優雅なたしなみであり、紳士の社交場なのです。お茶会のようなものでしょうか。あとで再び説明）にまじっていたときのことです。

USAと多国籍軍によりイラクが空爆されたとか、北朝鮮の潜水艦が沈没したとか、そんな話題が当たり前のように交わされるのです。ともかく驚いたの、なんの。驚き桃の木山椒の木でした。最新国際情報をトンガの離島で頻繁に耳にする。たいへん奇妙な感覚にとらわれたのは申すまでもありません。

その情報源は、トンガ語の国営ラジオ放送です。まだトンガにテレビ局がない時代は、どこかで一日中、ラジオが聞こえていました。聞いておられる人がいるわけです。でも、その手のニュースが日常的に次々と流されることじたい、南太平洋の島嶼国では珍しいことです。ちなみにトンガ語でイギリスのことをブリタニアと呼ぶのですが、この言葉を耳にしたとき、浅学寡聞の筆者は思わずうなってしまいました。これも〈驚き桃の木体験〉の一つでした。

余談ですが、非常に悲しいニュースも体験しました。それはトンガでではなく、トンガの隣国、クック諸島という国でのこと。人口一〇〇人あまりの小島に滞在していたときのことです。トンガ出身のトンガ人らしくないほどに饒舌な人が、その島の政府のお偉さんでいました。一九八五年の八月のことです。ある晩、筆者が居候する家に飛びこんで来られました。「今日、日本で、飛行機の大事故が起こったらしい。お前ら、ボヤボヤしていていいのか」と宣うのです。トンガ放送で聞いたそうですが、わざわざ知らされても、どうしようもないのですが、世界の狭さと広さについて、考えさせられました。

この話の要点はこう。何百人の犠牲者のなかには、かならずや、身内や友人がいるはずだから、「こんなところでボヤボヤしている場合ではないぞ」とのことです。小島で暮らす人の常識で、お気遣いいただいたのです。太平洋の島では、多くの人が、なんらかの血縁関係にあります。知人でもあります。だから何百人とか何十人の人でしたら、かならずや何人か、あるいは、それ以上の知己がいるわけです。とても、地球の反対側あたりでウロウロしている場合ではないのが、常識というものなのです。

トンガ男にサモア女――トンガとサモアとフィジーの三角関係

たしかにトンガの人々にとって、海で隔てられるというか、海でつながるフィジーとサモアは、ことのほか身近な国のようです。ひとつのブロックを成す自分たちの国々とする感覚が、脳感として、そして皮膚感としてもあるのでしょう。

もちろん飛行機を利用すれば、せいぜい三時間もあれば、たがいに悠々と行き来できる近さです。南太平洋で生きる感覚で言えば、まさに指呼の間と呼べるほどの距離なのでしょう。

筆者のごとき浅学非才の耳学問専用の言葉耳にも、ことにフィジー東部のラウ諸島およびサモアの言語と、トンガ語とは非常によく似ており、同族語ほどの関係にあるらしいことが、すぐにわかります。

このことだけでも、三国間の近しき関係について、さもありなん、と、感覚的に理解できるわけです。

でも同時に、なぜ三国の身内感覚、あるいは連帯感覚がかくも強いのか、そんな疑問も拭いきれません。そもそもポリネシアの多くの島々で感じる外世界からの隔絶感のようなものと、違和感というか、齟齬が大きすぎます。ときに近隣の島々の人間との間で強調される冷淡さとは異質のように思えます。そう、ポリネシアの人々は普通、同じ島の人間であろうと、同じ血筋につながるのでなければ、たいがいは冷淡なものだからです。

それに、そうそう頻繁に飛行便があるわけではなし、しょっちゅう行き来するわけでも、行き交う人々が大勢いるわけでもありません。誰彼となく無作為につかまえて、旅行経験や人物交流のことなどを尋ねても、ＮＺとかオーストラリア、さらにハワイイとの交流のほうが、この三国の間での交流よりは、はるかに頻繁なのです。

それと、トンガの御婦人方のなかに、サモア出身者が少なくないことが、おおいに気になります。このことについて、すこし詳しく調べてみることにしました。昔、日本列島の島嶼で村間や地域間の通婚率を調べていたことがありますが、そんな本格的にではなく、遊び心でき心で、です。紳士たちとのカバ・パーティや、若者たちとのビール・パーティ（これも、カバ・パーティと呼んだりしますから、ややこしいのですが）のおりに、それとなく調べてみました。

するとどうでしょう。多くの若い男どもが「サモアの女性は美しい」とか「気性よしだ」などと口にするではありませんか。なかには「結婚するならサモアの女性が一番だ」と宣う者さえいるではありませんか。おとなたちは、さすがはトンガ紳士。それほどはっきりとは申しませんが、トンガ人らしく抑制のきいた口調でサモア女性を褒めそやす。「性格良し」「気立て良し」だそうです。

とにかく、トンガの男どもにとって、サモアの女性は憧れの的なのです。聞きかじり生かじりの話で恐縮なのですが、封建制のごとき身分制度に伴うタブー（禁忌）や、身分による言葉の使用が厳格だったトンガ社会では、その昔、ことに王族や貴族の家系に連なる男たちとの間で婚姻が許される一般のトンガ女性の数が限られることになったようです。そのため、カリアと呼ばれる遠洋航海用の大型カヌーでサモアまで嫁探しの旅に出かける慣習が生まれ、サモアの女性を讃える話ができたのではないか、ということです。

それじゃあ、トンガの女性はどうするのだ、と聞くと、フィジーの男性に嫁ぐのだと言う。できすぎた話なので、おもわず「京女に江戸男」とか「東男に京女」、「京女に奈良男」とか「北男南女」などの俗諺《ぞくげん》を連想したような次第です。でも、やはり何だか変な話。まるで狐につままれたような話ではあります。ひとつ、突っこみを入れたくもなります。

ならばサモアの男性たちは、どうしたらよいのでしょうか、と。

いよいよカバ（カワ）の話、〈飲むほどに　盛り下がるかな　カバの味〉

カバとは、あるコショウ科の植物の名前。あるいはその乾燥根をすりつぶした粉末を水に解かした飲料のことです。〈南太平洋の秘薬〉とも称されるので興味を持たれる方が少なくないようですが、実際には、なんとも退屈で興ざめな飲み物です。アルコール系の飲料とか、コーヒーとか、いわゆる「薬の類」とか、そういう薬効あらたかな飲料と違い、むしろ抗興奮剤。あるいは抑制剤のよう。飲む者の気分を抑えて、沈みこませる効果をもちます。もちろん、いっさいアルコール分がありません。

ちなみに、ポリネシア語では、西欧人から借用したアルファベット（日本語にとっての漢字のようなもの）で「kava」と表記します。それに、「va」の発音は「バ」よりも「ワ」に近いので、「カワ」とカタカナ表記するのがベターかもしれませんが、「カバ」とする人が多いので、それに習います。ただし、カヌーを意味する「vaka」は「ワカ」とします。「ワカ」でもいいし、「バカ」でも良いのですが、後者は吾らがニュアンスに語弊があるので、いささかの抵抗を覚えます。

かつて南太平洋の島嶼世界ではどこでも、たいていの儀式に不可欠な伝統的な嗜好飲料だったようですが、ポリネシアの多くの島々では、すでに忘却の彼方に消えてしまい、カバの植物が藪のなかに人知れず残ります。ビールのことを指す言葉として「カバ」が代用語として残っている程度です。ただトンガとサモアとフィジーでは、まだ依然として、昔ながらのカバ飲みが全盛のままです。いわゆるメラネシアやミクロネシアの島々でも、まだ盛んに飲用されている場所が少なくないですし、オーストラリアやハワイイなどでは、抑制効果の薬効をもつがために、薬用に使われています。

トンガやサモアのカバは、それにフィジーのカバも、大の男どもの社交には欠かせません。それに離島などでは、土曜日や日曜日に盛大に飲み、キリスト教会への行き帰りにも飲みます。

トンガの紳士会のカバ・パーティ（ポリネシア語で「カイ・カバ」、その意味は「カバを飲むこと」）は、夕

写真21 「飲むほどに　盛り下がるかな　カバの味」

方の食事が済んでからから始まります。普通は四、五人の男たちが車座に集います。その前に主催者（バーマンになる人でもある）が、カバ飲料がたっぷり入ったクメテ（あるいは、タノア）という大きな木製のボール容器とココナツの殻を半分割りしたお椀（イプカバ、カップ）を全員に（トンガ流）、あるいは二つ三つと（フィジー流）用意します。

カイ・カバが始まる頃は概ね和気藹々《あいあい》の良い雰囲気です。とても物静かに世間話をしながら始まります。まずバーマンが、ひとつのカップにカバを一杯に注ぎ、最初の人に渡します。渡された人は、「オファッ」と言って、両手をたたいて、いっきに飲み干します。カップをバーマンに返します。島々により、飲み干すときの作法がありますが、トンガでは静かなものです。さすがはトンガの紳士たち。

バーマンも含めて、それを順巡りにくり返します。最初の頃は、けっこう話題があり、会話が進むのですが、だんだんと皆、沈みこんだようになります。目がすわったようになる人もいます。そのうち横になり、スヤスヤとし始める人もいます。気分の抑制効果とともに、誰もがもの静か、うつろな目、眠そうな目になっていきます（パーティが始まった頃との落差が可笑しい）。実際、お休みの方もいますが、二度三度と起き上がり、輪に入ります。

ともかく、それが延々と続きます。ときに明け方まで続きます。大きなクメテのカバ飲料がなくなるまで続くわけです。土地のおっさんがたは、このカイ・カバが大好きな様子なのですが、たまに参加する他所者の飛び入りには「耐えがたきを耐え、忍びがたきを忍び……」の心境です。なにも興に乗るムードも雰囲気もないパーティなのです。まるで通夜のような時間が続くわけですから……

あるとき誰か日本人の知人が「飲むほどに、盛り下がるかな、カバの味」などと洒脱に評しておりましたが、それはともかく、トンガの社会では、ことに殿方の社交術として、紳士のたしなみとして、そして人間関係の方便としても、非常に大切な場なのです。日本の茶会のようなものです。

ポリネシアの台風と地震

南太平洋の島嶼世界では、台風や大嵐や地震に遭遇することは案外、多くありません。太平洋が「peace」、あるいは「pacifico」、つまりは「平和な海」であり、はたまた「太平な海」であることを象徴するかのようです。

そもそも「平和な海」と名づけたのは、ポルトガルの航海者マゼランたちの御一行だったそうです。

一五一九年のことらしいのです。はるか彼方のインドをめざして、西回りでヨーロッパを出航し、大西洋を渡ったのちに、南アメリカのマゼラン海峡を回航、太平洋の横断を果たして、ミクロネシア地域のグアム島に来航したときのことだそうです。この謂われでもわかるように、南太平洋は案外、静かな海洋なのです。凶暴で獰猛な北太平洋や南氷洋には、比べるべくもありません。

ことほどさように、筆者自身、ポリネシアの島々を旅し滞在した経験は豊富ですが、大きな暴風雨に遭遇する経験にはたいして恵まれませんでした。それに日本の台風などと比べたら、たいていは屁の河童のようなものです。南太平洋では、台風のことをサイクロンと言いますが、よく記憶に残るのは、タヒチからクック諸島のラロトンガ島にジェット旅客機で飛ぶとき、たまたま〈台風の目〉の上を通ったことです。いきな計らいで機長が飛行機を一回りしてくれたので、幸運な乗客の一人として、窓から見下ろすようにして〈台風の目〉の写真が撮ることができました。

ただトンガやサモアやフィジーの西ポリネシアのあたりは、東ポリネシアと違って、北半球モンスーン帯の台風に似た異常気象に割と頻繁に見まわれます。でも、せいぜいのところ、年に一度か二度か三度かそこら。それも夏から秋の季節、つまり一月から四月頃に多いようです。

筆者もトンガで、大きなサイクロンの洗礼を受けたことがあります。それは二〇年ほど前の一二月の下旬のこと、大晦日までに日本の自宅に帰るべく、クリスマスの頃に首都のトンガタプに出てきたときでした。相当に大きなやつに遭遇しました。おそらくはポリネシアで経験した最大規模の「台風」だったと思います。

写真22　南太平洋の「台風」（サイクロン）の眼（ポリネシア語で「マタ」）

サイクロンは二日ほど周辺を動かず、猛威をふるって遠ざかりました。次の日、首都の街中を散策すると、大きな街路樹が路上に倒されて、まさに熟さんとしていた鈴なりのマンゴーは壊滅状態でした。それだけでなく、いまを盛りに咲き誇っていた火炎樹（フレイム・ツリー、あるいは「クリスマスの木」）の花も、まさに祭りの後、無残なありさまでした。いやはや、おそろしい自然のエネルギーです。ちなみに、トンガのお年寄りの言葉。「マンゴーがよく実る年は大きなサイクロンが襲う」のだそうです。

官僚王国トンガ

調査許可をえるためには、いろんな政府関係の役所をまわります。この国が、たいへんな官僚国家であることは、すぐに判りました。

首都のヌクアロファの町、海岸通りから王宮方面にかけての大通りの周りには、さまざまな官庁がひしめき合うように並んでいます。たいていは一階建て、せいぜいのところ三階建てです。合同庁舎もありますが、ともかく迷路のごときありさま、各部署の看板がひしめいております。どの部屋にも大勢の人がおり、彼らは働いているというより、たむろしているような様子です。国の規模（人口一〇万人ほど）の割には、行政機構が大きいことは否めません。たくさんの複雑な係があり、どこにも、多くの人がいます。

実は大きな国でも小さな国でも行政部局の数は、そうそう変わらない。だから太平洋島嶼国のどこでも、やたら行政が分岐し、お役人が多い風景が目につくのだそうですが、トンガも例外ではないようです。あるいは、これまでに訪れたポリネシアの島嶼国のどこよりも官僚機構が混雑しているようにも見えます。小さな国に分断される太平洋諸国の困難な現実が、こんなところにも見え隠れします。

ひとつの国、あるいは一つの自治体をまかなうのは大変です。小さな国ほど、行政が目立つのは当たり前でしょう。だから、小さな島嶼国で行政組織が頭でっかちになるのは必然でしょう。

それにしても、トンガの行政の複雑さは、ただごとではないようです。同じ人口規模の日本の地方行政組織と比較すると、考えやすいでしょう。次の二つの要因が絡むのではないでしょうか。

その一つは、トンガ王国の歴史の古さ。いわゆるパーキンソンの法則とやらではないが、官僚組織であれ会社組織であれ、組織というもの、ほっておけば、ひたすら膨張を続けていく。だからトンガの場合、行政を建て増し、建て増ししてきた結果が今の姿だ、と考えれば、いくらか納得できるのではないでしょうか。

それに、ほかの島嶼国と違い、実質的な植民地時代を経験していないから、西欧流の合理化を図る機会がなかったのでしょう。トンガの場合、かつて大英帝国に外交等を委ねたことはあるものの、いわゆる植民地となったとはみなされない、との理解が一般的です。浅知短才の筆者の知識はそこまでですが、ともかくは、独立国の立場を維持し続けてきたわけなのです。

それから、トンガは階級国家、あるいは封建国家です。それゆえかどうか、けっこう教育熱心な国です。王族や貴族の子弟などは、大学などに進むエリート候補が少なくありません。その多くは、外国に出て行くか、自国で公務員になる以外、職業にありつく機会に恵まれません。それで政府も仕方なく、公務員を増やして、それに対処するわけなのでしょう。

だから、だんだんと官僚や公務員の数が増え、官僚主義が横行していくことになるわけです。小さな島嶼国の宿命なのでしょうか。

ポリネシアの島嶼国めぐり――ポリネシアン・トライアングル

ポリネシアについてのおさらい。ポリネシアとは、北端のハワイイ諸島と、西端のNZと、東端のラパヌイ（イースター島）とを頂点とする三角形の地域のことです。ポリネシアの三角圏（ポリネシアン・トライアングル）とも言います。地球の全表面積のおよそ六分の一を占めるので、広大なこと比類なし。でも、ほとんどは海ばかり、吾が家の地球儀をみると、芥子《けし》粒ほどの陸地もありません。

サモアとトンガとフィジーとは、その三角圏の西辺の、ほぼ中央部に位置します。サモアとトンガをポリネシアとすることに異議を唱える人はいないでしょうが、フィジーについては、意見が分かれるところでしょう。

筆者は当然のこと、フィジーはポリネシアに含めるべきと考えています。西欧人が定めた地理的区分では、メラネシアに含めるのが常道ですが、そもそもメラネシアという区分は、いったいなんなのでしょうか。実体なきフィクションなのではないでしょうか。植民地国家の間での貪欲な領地分割の取り決めを実体化するために考案された区割りであり、たぶんに便宜的な区分にすぎないのです。

人類学的にも、あるいは民族学的にも、つまりは歴史的にも、フィジーは、トンガとサモアに連続します。だから、この両国との間で線引きする必然性などないのです。ことに、その東部のラウ諸島などはトンガの一部となったこともあるそうです。この三国をまたぎ古来より、人間、言語、文化、社会形態などは微妙に移行しました。だから三国を股ざきにする理由などないわけです。

すなわち、フィジー、トンガ、サモアのあたりが西ポリネシア。その東のクック諸島、タヒチ諸島、マルケサス諸島、ツアモツ諸島などが東ポリネシア。さらにハワイイ諸島、ラパヌイ、NZ、チャタム諸島などは辺境ポリネシア。そんな区分がポリネシアの三角圏では成り立つでしょう。

こうした区分は、歴史の奥行きの深さやプロセスを反映します。人間の居住の歴史は、西ポリネシアでは三〇〇〇年ばかり前、東ポリネシアでは二〇〇〇年たらず溯るが、辺境ポリネシアでは一〇〇〇年を越えるかこえないかの頃までしかたどれません。そもそも往古の昔、ポリネシア人の祖先は、西ポリネシアから東ポリネシアへ、さらには、辺境ポリネシアへと拡散していったのです。

そんなポリネシア、あるいはポリネシア人について、日本の人たちに話をするときは、いつも、もどかしさのような思いがします。日本と同じ太平洋世界のことなのに、たいていの人が冷淡か、ほとんど何もしらないか、ひどい誤解をしておられるからです。

「南海の楽園」幻想、あるいは「常夏の楽園」幻想

すくなからずの日本人の頭の中にある太平洋の地図は、二一世紀にいたる今でも、西欧人の太平洋地図の一〇〇分の一ほどの大きさもないか、ほとんどの部分が空白のままのようです。西欧人が大航海時代をくり広げていた一九世紀の頃の地図にも劣りかねない有りさまではないでしょうか。地図上の空間認識、距離感覚、現実的理解がまるで足りないか、のごとくです。ともかく、ポリネシアなどの太平洋世界に対する誤解ははなはだしいようです。

ポリネシアなどと聞くと、すぐさま「南海の楽園」などと短絡して連想する向きもあるようです。太陽の光線が燦々《さんさん》と降り注ぎ、色とりどりの果実がたわわに実り、「高貴な野蛮人」がのんびりと……、そんなイメージなのでしょうか。まるでハリウッド映画の情景描写を拝借したようなものです。まるでP・ゴーギャンの絵画や、S・モームなどのレトリックで映し出された西欧人の「常夏の楽園」幻想の延長線上にある誤解のようです。

もちろんポリネシアには、「南海の楽園」と呼んでもよいような地域、諸島、島、場所が、まったくないわけではありません。太陽が燦々、二〇メートルほどの高さもあろうかというココヤシの林が茂り、

巨大な白浜が続く観光スポットがないわけではありません。

たとえば、フランス・ポリネシアの「タヒチと彼女の風下諸島」（通常、タヒチ諸島）の島々、ハワイ諸島の島々、そして、クック諸島のラロトンガ島やフィジーのビチレブ島の西部などです。そこいらで豪華なリゾート・ホテルの砂浜に寝そべれば、どこまでも続く蒼い空と、水平線で移行する碧い海とを背景にして夢うつつ、浮き世のしがらみを吹き飛ばすことができそうです。

でも、そんな場所は限られています。むしろ、たいていのポリネシアの島々の自然は、ひどく慎みぶかそう。そして、むしろ貧弱な景観や資源や風土やらの土地柄なのです。水もなく、土地もやせ、たいして植物資源が豊かなわけではない。だから〈色とりどりの花々が咲き、鳥たちが戯れる〉は看板に偽りあり、誇大広告にすぎます。

肝心の海でさえ、ただ荒々しいだけの岩礁だらけの海があるだけで、猫の額ほどの砂浜さえない島が珍しくありません。魚介類資源にしても、北太平洋の海を知る者には、慎ましすぎるほどの懐具合です。せいぜいのところ、過剰なまでの太陽光線のもと、西欧文明のガラクタが、ところかまわず漂着したようにある。それが今の現実なのです。まさに〈ないない尽くし〉を絵に描いたような状態。いつも〈ないものねだり〉ばかりを強いられる地域なのです。

そんなポリネシアですが、トンガの海には、例外と言ってもいいほど美しい砂浜が少なくありません。さすがにトンガタプ島では、近代化の高波をかぶるなかで押し寄せるゴミ類が目につくが、およそ一七〇もある離島の多くには、まだまだ、潜在的な観光資源が多く眠っています。

どこよりも素晴らしいのが、無数の小島が無造作に散らばるトンガタプからハアパイ・グループにかけての珊瑚礁が咲き乱れるゴージャスな海の街道です。空から眺めると、絵にも描けない美しさ。コバルト・ブルーの海と、海水面ギリギリに生えるリーフと、白砂の巨大な砂浜に囲繞《じょう》される島々とが、私たちの時間を止めてくれるようです。

なにしろ、白砂の砂浜だらけです。こういう景色は、ポリネシア地域でも類を見ないほどです。ポリネシアの島々の多くには案外、大砂浜と呼べるような海辺はないのです。いちめんが珊瑚礁の岩塊で覆われ、それがそのまま外界に向かい深海に急落するのが普通です。こと砂浜について言うならば、北半球のミクロネシアや、あるいは琉球諸島の島々のほうが、はるかに美景なのではないでしょうか。

それぞれの島に、それぞれの歴史、それぞれの貌

トンガを訪れると、この国では、ほかの多くのポリネシアの国々よりもスケールが大きい重量感たっぷりの人間の歴史が流れてきたのかもしれない、と、思ったりします。ここの国民、ことにハアパイ・グループやトンガタプの人々の悠々と慌てず焦らずの日常は、わたしたちと同じ惑星に暮らす人間とは思えないほどです。

首都のヌクアロファァの街なみを歩く人たちのスピードは、冗談のようにゆっくりです。いかにも迫力ある体形と体格の人々が、これほどに動きの敏捷さと乖離する例を探すのは難しいのではないでしょうか。もちろん他の諸島のポリネシア人も、多かれ少なかれ、その傾向がありますが、やっぱりトンガ王

国ならではの格別なものがうかがえます。

大柄で筋骨隆々、大足大腕の偉丈夫が多いポリネシア人のなかでも、とりわけトンガの人たち、ことに王宮のあるヌクアロファの街なかを闊歩する人たちは、さらにひとまわり、恰幅がよいのではないか、という印象を筆者はぬぐいきれません。

実際、ここで進行（あるいは停滞）してきた歴史は、空間的にも時間的にも、他のポリネシアよりも奥行きが深いのでしょう。あるいは、光の部分も陰の部分もふくめて、西欧文化や西欧の価値観の影響が相対的に小さいのでしょう。

いずれにせよ、多くの島々のポリネシア人社会では今や、西欧諸国の色合いと陰影とが強くなりすぎてしまったようです。たくさんの西欧人が出奔・逐電してきて、人々の混血は進みに進み、さながら西欧諸国の出先機関のごとき様相を呈しております。あきらかにトンガ王国では、まさにその点が、ほかのポリネシア諸国と大きく違うのです。

ポリネシアの多くの島々を遍歴してきた吾が目には、たとえばタヒチ諸島（正確には「タヒチと彼女の風下諸島」）やハワイイ諸島やマルケサス諸島。そこいらで見る緑の色調が強い原色の木々が生い茂る景観は格別でしょう。あるいは島々の色彩は例外的です。

まるでアンリー・ルソーの絵画を見るようです。また島々の町並みは、南太平洋へと、ポリネシアへと向かった一九世紀の世紀末における西欧人のデラシネたち（ビーチコウマー）が夢見た「南海の楽園」のイメージ、「高貴な野蛮人」の住む地のイメージは、かくやあらん。そんな連想を思い浮かべます。

その対極にあるのが、まさにトンガ王国。タヒチ諸島などの雰囲気、風土、風の流れ、空気の匂い、景観と景色のようなものとは、まるで違うのです。また、西欧の植民地経営から取り残されたがごときであり、まるで近現代世界の光と影の流れからも忘れさられたようでもある、環礁島（アトール）からなるツアモツ諸島などの島々とも違います。もちろん、第二章のラパヌイ（イースター島）や、NZ諸島や、第5章のチャタム諸島なども、まるで違います。

そうポリネシアは、1．タヒチやハワイイのごとき原色に彩られた亜熱帯ゾーンの島々、2．固有の歴史が流れてきたトンガ（サモアやフィジーのラウ・グループなども含めて）の島々、3．環礁島からなるツアモツ諸島や赤道諸島などの諸島群、4．ラパヌイ、5．NZやチャタム諸島などの冷温帯ゾーンの島々に、大きく分けることができるでしょう。

アジアからの距離により、緯度により、気候風土により、外世界からの隔絶度により、あるいは「高い島」か「低い島」かの地形などにより、けっこう違うタイプの貌をした島々があります。まちがいなく、タヒチやハワイイでは欧米に準ずる時間が、トンガなどでは特有のスロウな時間が流れてきたのでしょう。どの島でも、いつも潮風たっぷりの空気が流れていたのは間違いないでしょうが。

そんなことを考えながら、強い日差しのなか、口内に粘りつく塩混じりの風の重い味わいを感じながら、脳内と体内に漂う不思議な倦怠感にけだるさを覚えます。こうした歴史感覚こそ、トンガのトンガたるを知るためにヒントになるかもしれません。

コラム④　ポリネシア人、ラグビーの申し子のごとき人たち

ラグビーは、ポリネシア人という人々のことを象徴するがごとき競技である。あるいは、彼らの巨大な頑丈すぎる体型から容易に連想しうるスポーツではあるまいか。

実際、この競技が熱狂的に演じられるシーンでは、世界のどこでも、競技場かテレビかを問わず、大きな大会であるほどに、ポリネシア人の存在感が目立つのだ。それゆえ身も心もラグビーとともにあるような人たち、ラグビーの申し子のごとき人たちと申しても、大袈裟ではないのではないだろうか。

ことに西部ポリネシアの諸国、トンガ、サモア、フィジーなどと、NZ（ポリネシア語での国名は「アオ・テアア・ロア」）では、ことポリネシア系住民にとっては、[*1] 国民的スポーツであり、神の思し召しのごとき魂のスポーツなのだ。[*2] その理由は、独得の〈ラグビー適性体型〉（正確には、フォワード体型か）の身体性とともに、その地域の歴史とも、あるいは民族的メンタリティなどとも、関わるのだろうが、それについては、たとえば片山（二〇一六）などを参照されたい。

実は、この稿に向かう前々日、日本とNZとのテストマッチ（国代表チームの公式対抗戦）が行われた。世界最強のラグビー王国であるNZ（その代表チームの愛称はオールブラックス）[*3] は、さすがはポリネシアの国。ポリネシア系選手が先発組の三分の二以上を占めているようだった。[*4]

ところでNZでは、ポリネシア人は少数派。NZに先住してきたマオリ系の人たちに、トンガ、サモア、フィジーなどからの移民系の太平洋諸国人を合わせても、国民全体の二〇％程度と少数派である。それなのに代表チームでは、多数派の西欧系を圧倒するわけである。ポリネシア人のラグビー適性が、あらためてクローズアップされよう、というもの。

ちなみに、一方の日本代表チームでも、おそらく六名のポリネシア系選手が先発していた。フォワードに限れば、八名中の五名。これは驚くべき数字で

あろう。ともかく、このテストマッチは、ポリネシア人のラグビーに対する親和性、あるいは適性のようなものを見事に示してくれたと言えよう。

本書でも触れるが、ポリネシア人の源流たるオーストロネシア（南島）系語族のグループについては、台湾の先住民に出自したとの〈出台湾仮説説〉が有力である。もしそうならば、日本人とポリネシア人は兄弟姉妹ほどではなくとも、〈いとこかはとこ〉程度には近しき関係にあるのかもしれないわけだから、感慨深いものを覚える方も少なくなかろう。

もっとも、NZなどでは、西欧系とポリネシア系との混血が進みすぎてしまい、両者の正確な人口比は必ずしもはっきりとした数字では表せない。そもそも、ハーフかクオーターかそれ以下の場合、なかなか判りにくいものである。要はアイデンティティの問題、当人たちが、自分はポリネシア系であるとするか、西欧系であるとするか、そういうことが、いわゆる民族問題の核心なのである。

ところで、NZ代表オールブラックスと言えば、〈ハカ〉のことが有名すぎるほどに有名である。もちろん、ポリネシア語・マオリ方言で歌うポリネシア流のダンスであり、正確には、唄踊りとでも呼べよう。日本では「ウオークライ」（いくさの踊り）などの呼び方が人口に膾炙しているようだが、ともかく、広義にはポリネシ人の歌踊りのこと。

「カマテ　カマテ　カオラ　カオラ……」（死ぬかも、死ぬかも、生きるかも、生きるかも……）の、あの歌踊りの儀式は争いごとに特化していたわけではないようだが、今は試合前の選手たちのパフォーマンス、ルーティンワークのようになっている。

実は、オールブラックスだけの専売特許ではなく、サモアやトンガやクック諸島などのポリネシア国でも、ラグビーの前に〈ハカ〉を演じる。もちろん歌詞もセリフもすべて、なにもかもが、まるで違う。それ以外のポリネシア国でもセレモニーや儀式などの際に〈ハカ〉をやる。

フランス・ポリネシアのマルケサス諸島などでも、〈ハカ〉は、まさに歌踊りのこと。挨拶とか儀礼とか送別のときの付きものである。たとえば、知る人ぞ知るのが〈豚ハカ〉。これなどは、いささかコミックな振り付けだが、なかには勇敢そうなのも、あるいは激しいものも、あるにはあるそうだ。

さて結論。吾が無茶解釈だが、NZマオリやマルケサス諸島ほかの〈ハカ〉は、タヒチの〈ウラ〉やハワイイの〈フラ〉などと同じ流れをくむ「歌踊り」のことではないか、と思っている。ただたんに方言的変化（音韻変化）しただけ。たとえば、ウラからフラ、ウラからハカのように変化した同一の言葉ではないか。ただ、某言語学者によれば、いともたやすく子音は変化するが、母音は変化しにくいので、〈ハカ〉と〈フラ〉の関係はわからないそうだ。

ちなみに、ハワイイのフラは、タヒチやクック諸島のウラに比べて、優雅そうだし、どことなく奥ゆかしそうだが、そもそもは、けっこう賑やかなフラもあったといわれる。宣教師たちがキリスト教を伝えたとき、すこしでも卑猥で裸性が強いものは、「あんまりやないか」ということでタブー（そもそもは、ポリネシア語の「タプ」）にされ、禁止され、ソフトなものに変えさせられたらしい。

＊1　ニュージーランドとフィジーでは、ポリネシア系国民は、むしろ少数派である。前者では西欧系、後者ではインド系が最大多数派である。いずれも大英帝国の植民地政策による産物である。

＊2　ポリネシア中央部のタヒチ諸島やマルケサス諸島などのフランス圏ではサッカー、北端のハワイイでは野球、東端のイースター島（ラパヌイ）ではサッカーに熱狂する。ここらの島々では、ラグビーの〈ラの字〉も聞こえないほどだ。

＊3　吾が豆知識では、二〇世紀の初頭、イギリスに遠征したNZ代表が圧倒的な展開型ラグビーで相手を翻弄したため、帯同アナウンサーが「オールバックス、オールバックス……」と絶叫。それが転訛したとのこと（一九八五年頃のエアNZの機内誌記事）。

＊4　NZやタヒチ諸島やマルケサス諸島やハワイイなどでは、ことに西欧人とポリネシア人との混血現象が非常に進行しているため、ポリネシア人系かどうか見きわめるのは、ときに、非常に難しい。NZの場合、すこしでもマオリ系の混血がある場合には、マオリであると自己申告している人が多いと聞く。片山一道、二〇一六）参照。

第4章　ポリネシアの人物群像
――「巨人たち」、ときに「虚人たち」との一期一会――

これまでに邂逅した最高の
「ザ・ポリネシア人」

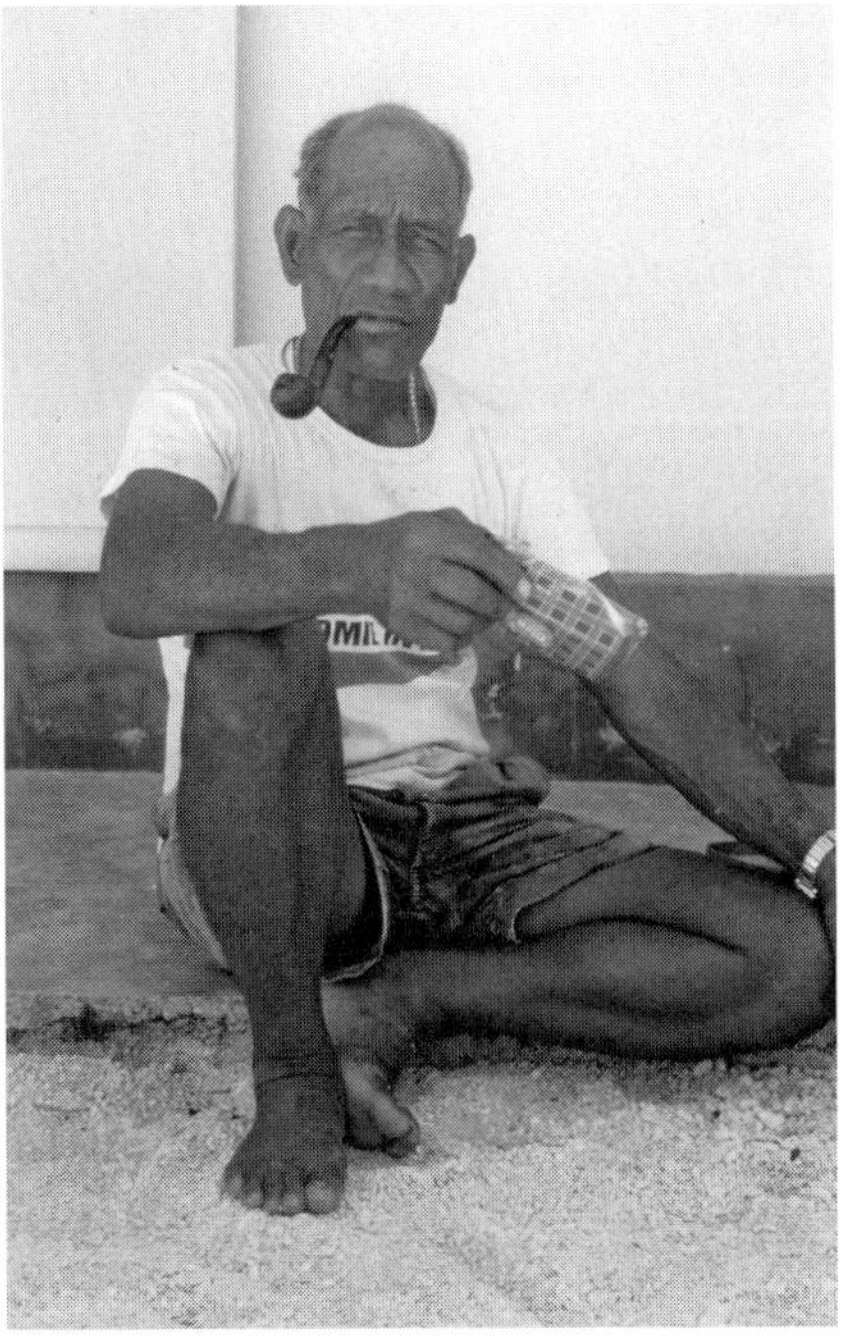

ガリバー旅行記の巨人国なのか

トンガ王国の首都のヌクアロファの繁華街を歩くと、ふっと、まだ小さな子供だった時分に見た『ガリバー旅行記』の絵本を思い出します。大男や大女たちが街なかを悠々と闊歩し、巨人の掌の上で得意顔のガリバーが周囲を眺めわたしている場面です。

ここはトンガ王国いちばんの人出の多いところ、ちょっとした喧噪のなかです。この筆者であるやつがれ、誰にも踏みつぶされないよう、押しつぶされもしないように、注意深く周りを見上げながら、ジグザグ気味に歩きまわります。ともかく大人は、たいていは大いに背が高く、たいへん恰幅があり、皆が皆、顔は無表情そうか、いくらか柔らか気味の表情を浮かべております。動きはゆるやかなれども、なんとはなしの圧迫感があり。いささか緊張するものです。

こんな経験からかどうか知らないが、アイルランドの激辛風刺作家、J・スウィフトによる『ガリバー旅行記』の第2篇「巨人国（ブロブディンナグ）」のモデルとなった国こそ、まさにトンガであると、などと、まことしやかに語られるほどなのです。

いかにもリアリティがありそうに聞こえるのですが、しかしながら、おそらくこれは、眉唾ばなしの類なのでしょう、たぶん。スウィフトが空想と風刺、辛辣な皮肉をこめた作品『ガリバー旅行記』を書いた一八世紀の前半の頃に、トンガの存在や状況が西欧諸国の人々によく知られていた、などとは思えないからです。たしかに、一六四三年にオランダのA・タスマンらがトンガタプ島を訪れ、一七七三年にはイギリスのJ・クック船長らも同島を訪れているのだが（クック船長上陸地なる観光スポットもある）、どうもガリバーの巨人国と結びつけるのは難しそうです。

あるいは、飛ぶ島ラピュタか

だいぶ前のこと、アイルランドのダブリンでJ・スウィフトの立像を見ながら、そのことを考えていました。もちろん浅学寡聞の吾が知識がゆえに、誰かに確かめるべき、と思いつつ今日に至っていることを、たった今、気づいた次第です。それに、スウィフトの描く『巨人国』では、人間だけでなく、なにもかもが巨大なのですが、ここでは人間だけが、げに人間ばなれしたほどに巨人なのです。

しかるに現実のトンガ王国においては、人間の他はみな、おおむね普通サイズか（当然でしょう）、むしろ小さめのサイズなのです。ことに王宮とか、飛行機とか、百貨店とかは、かなり可愛いものです。イヌやブタなどのように、より大型の哺乳動物も、どちらかと言えば、むしろ小柄なのです（動物地理学による「島効果」（Island Effect）現象のために）。それにイヌやブタの四肢は滑稽なほど短く、胴長短脚の愛嬌のある体形をしております。

ところが人間が身に着けるもの、特に靴、そして衣服類や帽子や眼鏡や正装着のゴザなどは、まこと巨大であります。このことは、申すまでもありません。

横道にそれるが、『ガリバー旅行記』の第3篇の飛ぶ島の名前は、まことに興味深くも面白い。「ラピュタ」というのですが、ポリネシア人の先祖筋にあたる人々、今から三三〇〇年から二〇〇〇年ほど前の日本の縄文時代の後期に当たる頃、ニューギニアの東に散らばる島々や、ソロモン諸島、バヌアツ、ニューカレドニアや、さらにはフィジー、サモア、トンガにかけてのポリネシア西部の地域に居住していたラピタ人の名前に似ているからです。

でも実際には、このラピタ人と『ガリバー旅行記』のラピュタ人とは、まるで関係がありません。それはそうなのです。スウィフトが「ラピュタ」を書いたのは一八世紀の前半、ラピタ人の名称が太平洋考古学に登場してきたのが二〇世紀の後半だからです。これは絶対にそうなのです。「ラピタ人」のほうは、日本の「縄文時代」あるいは「縄文人」の名前が当時のタイプ土器(主流の土器形式)であった縄文土器の名前からきたのと同様、「ラピタ土器」というタイプ土器の名前を転用したものなのです。ラピタ人については、本書のコラム②、コラム③で、すこしだけ紹介します。くわしくは、たとえば、印東(二〇〇七)などをも参照してください。ちなみに、日本では宮崎駿監督の「天空の城ラピュタ」というアニメ映画が有名になりましたが、こちらのほうこそは、あるいは、ガリバーの「ラピュタ」からの借用ではないでしょうか。

小さな島々の巨人たち、「ヘラクレス体形」

ポリネシア人は一般に、筋骨隆々のたくましき大柄な体形、さながら小山のごとき恰幅よき体格を誇る人が多い。トンガも例外ではない。いやむしろ、恰幅ある体格を誇る御仁が多いという点では、北隣のサモアとともに、ポリネシアの島嶼世界の中でも双璧をなすのではありますまいか。まさに偉丈夫、あるいは異丈夫と形容するのがピッタリする人たちが、うじゃうじゃと歩きまわっています。
もちろん女も男も同様ですから、いかにも雰囲気は「巨人国」そのものです。でも、小さい年頃の子供たちは違います。可愛いものです。アジアの子供なみに小柄です。それが高校生の終わり頃の二〇歳近くになるとともに、そうした身体、大柄な厳つい身体が徐々に目立つようになるのです。大人となると、わずかしか身長は伸びませんが、まだまだ体重は増加していきます、たいていの人で、熟年の年頃（四〇～六〇歳）まで単純増加的に体重が増え続けます。つまり成人になると、年齢とともにだんだんと、貫禄と威厳のかたまりのような体型になっていくわけです。

ともかく背が高い。しかしバレーボール選手のごとくに背丈だけが強調されるような背丈型の身体形ではないから、街中などで少し距離を置いて観察すると、さほど身長が高いようには見えない。でも実際に人なかに混じると、悲しからずや。彼らの高身長のほどが実感できます。小柄な吾が身よりも頭一つ分ほども抜けている人が珍しくありません。それに大頭の人が多いから、大勢の中からは遠くが見えませんし、空さえも見えにくいのです。

それに加えて、脚部の大腿筋や大臀筋、腕部の三角筋や大胸筋や広背筋などが見事なまでに盛り上がり、屈強な肉体の造りです。つたない表現だが、筋肉隆々、骨もりもり、皮膚ごつごつ、それに大足大手……。いうならば、ギリシャ神話の英雄、ヘラクレスの彫像を彷彿とさせるがごときヘラクレス型の体形なのです。そして造作の大きな派手な顔、妙なたとえですが、沖縄あたりの民家の屋根で吠えているがごとき赤レンガの狛犬（シーサー）面です。

ひとり一人の風采は、そうした存在感の凄さを絵に描いたがごときおもむき。なんとも表現しにくい肉厚の重量感が全身にみなぎり、強面のラガーマンのごとき面構えです。まさに巨人の群れにまぎれこんだ子羊。そんな萎縮感のようなものを感じさせられます。日本の若者向き映画やドラマのアイドル・タイプで見かけるような甘い顔立ちと痩せすぎた案山子のような体形の人は、二〇歳を過ぎた人では、まず見かけません。でも、あら不思議。一八歳くらいまでの青年前期の年頃では、そのかぎりではなく、案外、痩身のアイドル・タイプが少なくありません。むしろ普通に多いほどです。

さらに申せば、自分の体重を持てあまし気味に映るほどの肥満体の人が、とても目立ちます。その昔に流行った曰く付きの「体型分類心理学」（身体の属性と気質とを結びつけようとする思潮、生物学的決定論とも言うが、今では、その誤謬を疑わない心理学者はいない）、それにたとえて、クレッチマー流の体形分類にこじつければ、いわゆる「肥満型」（シェルドンの「内胚葉体型」）がピッタリでしょう。

いったい皮下脂肪の内側はどうなっているのか、そんなことが気になるほどに肥満した人が少なくありません。こうした肥満化は、熟年（四〇〜六〇歳）の終わり頃までつづき、五〇〜六〇歳あたりの年齢で絶頂期を迎える人が一般的です。日本人や中国人などのアジア系の人間とは傾向を異にします。過度に肥満した体型は、そのあたりの年齢の人の専売特許のようなものです。もちろん、男性も女性もです。若者たちは、その予備軍のような存在。老人たちは、その状態をリタイア中の人たちなのです。

「胴長短足」にあらず、「胴長短脚」で大足ことほどさように、トンガの人々は、おしなべて高身長。筋骨隆々で、たくましきこと鋼のごとし。また同時に、尋常ならざるがごとき肥満の熟年者が少なくないのです。

それと、靴を履く部分の「足」と、手袋を着ける部分の「手」とが非常に大きいことも、大きな特徴です。ちなみに現地で買う吾がズックやサンダルは、いつも、小学校中学年用あたりのものでした。

いつのまにか、握手するのが憚られるようになりました。手が壊れそうになるからです。よく彼らのことを形容して、胴長短足と言ったりしますが、これは明確な間違いです。実は彼らの体形でつつましくも短めなのは「脚」の部分なのであって、けっして「足」ではありません。靴を履く部分の「足」と手袋を着ける部分の「手」は、むしろ、ことのほか大きいのです。手が巨大だから、下手に握手などすると、その手が赤くなります。ちなみに、いつも申すことなのですが、「胴長短足」は間違った漢字使い。「胴長短脚」が正解ではないでしょうか。

彼らの風貌は、そんな言い方で表現できるでしょう。でも、そうした体形体格は、なにもトンガ人だけに限りません。トンガから東方、北方、さらに南方に向けて茫洋と広がるポリネシアの大海洋世界、そこに散らばる島々に先住してきた人々に共通します。つまりは、ポリネシア人と呼ばれるグループに普遍的な身体特徴なのです。

なぜゆえにポリネシア人の身体が、長躯巨大で筋骨隆々なのか。またなぜゆえに、熟年の年頃にむけて体重貯蓄にはげむのか。本書のどこかで、すこし詳しく解説できたら幸いですが、とりあえず、ここでは結論だけにとどめます。

彼らが巨人である理由は、新しい島々に向け、新しい土地に向け、それらを発見、植民、開拓のために船出したとき、頑丈で強靱な人が多く代表に選抜されたからではないでしょうか。また、彼らが成人性の肥満体質に傾く理由は、つつましき食糧資源しかない島々の生活環境に適応すべく、世代から世代にかけ、「食いだめ体質」「高性能の栄養吸収・摂取体質」を形成してきたからではないでしょうか。

祖先から引き継いできた身体遺産

ほかのどの地域の人でも類を見ないほどに筋骨ともに強靱で頑健な肉体を誇ること、押しなべて肥満になりやすい体質であることなどは、ポリネシア人ならではの身体特質です。遠い昔の祖先から引き継いできた身体遺産であることは、まちがいなさそうです。しかしながら、実際に彼らが過度の肥満に悩むようになったのは、むしろ最近になって生まれた現象のようです。

また、かつてポリネシア人は、世界でも有数の高身長グループでした。もちろん今は、西欧人もアジア人もアフリカ人もみな、高身長化に拍車がかかっています。西欧人では産業革命後、日本人などでは戦後、いわゆる後進国の人たちでも最近の高身長化にはめざましいものがあります。でも二〇世紀になったばかりの頃は、ナイル河の源流あたりに住むアフリカ系のナイロティック・グループとともに、高身長グループの双璧をなすと言われたのがポリネシア人でした。

大英帝国のJ・クック船長の御一行は一七七〇年代にかけて、いくたびかの探検航海の折に、ポリネシアの島々を訪れました。彼みずから、および彼の随伴者たちは、そのときに訪れた島々の先住民について、身体特徴、文化、生活、風習、気質などについて描写し、たくさんの興味深い記録を残しております。たとえば、天文学者のW・ウェールズは、一七七四年にトンガ王国を訪問した際、そこに住む人たちのことを次のように記述しています。

「誰もがみな筋骨隆々で屈強、骨太で頑健、かなりの高身長で均整がよくとれている。そして、こんがりと陽に焼けた明色の皮膚をしている。女性も背が高く、スタイルが良く、おしなべて、ふくよかな容貌であるが、すこしばかり肥満気味の傾向があり、オランダ以外の国で美しいと賞賛されることはないだろう」（ホートン、一九九六）。

こうした観察記録からもわかるように、ポリネシア人のなかには、ことに西ポリネシアのトンガあたりでは、西欧人が出没するようになった頃には既に、ときに肥満に傾く者がいたのは確かなようです。それでも、肥満気味と表現する程度なのであり、現代のように過剰なまでに肥満する者は、むしろ珍しかったのではないでしょうか。過剰な体重による重力の負荷を持てあますかのごとき人々が登場するのは、まちがいなく最近のこと。おそらくは二〇世紀になって、あるいは二〇世紀のなかばあたりになってからのこと。西欧流の食生活、つまりは一日に二度三度も食事し、しかも身に余る高栄養高カロリー食が定着するようになった、ここ何十年かそこらの間の出来事なのではないでしょうか。

ポリネシア人が肥満になったわけ

ことほどさように、今では「肥満」の二字は、ポリネシア人の代名詞のように語られることが多いが、昔からそうだったのではない可能性のほうが高いようです。

たしかに「肥満の体質」の人が多かったかもしれませんが、現実に「成人性の肥満」「肥満体型」が目立つようになったのは、ごく最近のこと、植民地支配者の生活文化が浸透するに至ってからのことのようです。傍証ですが、一八〜一九世紀頃の西欧人の画家たちが残したポリネシア人の肖像などには、過度に肥満した人は、まず登場しません。タヒチの貴族の女性などの画では、あるにはありますが、それも「肥満」というよりは、「豊満な」と形容するほうがふさわしいような貴婦人の人物像です。

それでは、なぜゆえに、正確にはいつごろから、どんな経過をへて、ポリネシアの人々の間で度を超すほどまでの肥満体型が目立つようになったのでしょうか。具体的にはなにが、過度の肥満をもたらす原因となったのでしょうか。この問題の解答は、大まかなところ、もう得られています。合理的な理由づけもなされています。それは、カジュアルな文脈で使われる「食いだめ体質」、あるいは「肥満遺伝子」の概念で説明できます。もうすこし専門的に説明する場合は、人類遺伝学の概念である「倹約遺伝子」あるいは「節約遺伝子」の仮説（ニール、一九六二）を適用します。

そもそもポリネシアの島々の多くは、そうそう食べ物に恵まれているわけではありません。むしろ食物の量も質も非常につつましいのです。タロイモやヤムイモやサツマイモなどの根菜類、バナナやパンノキの実やココナツなどの果樹類、そして魚類、それに饗宴のときなどに、ときどきブタやヤシガニなど。そんな程度なのです。とても貧弱な食べ物のレパートリーです。

それでも、ポリネシアの島々を発見、植民、開拓した頃のラピタ人や先史ポリネシア人から受け継いだ巨大で強靱な身体を維持するためには、どうしたらよいか。なにが、どうなったらよいか。これに答えるのは簡単なことです。つつましい栄養価の乏しい量の食物でも目一杯に栄養分やカロリーを吸収し利用する生理学的メカニズムが発達すればよいのです。つまりは、貧しい食糧環境に適応した〈食いだめ〉の体質を体内にセットしたらよいわけなのです。

「倹約（けち）の遺伝子」と「食いだめ体質」と

どの動物も、そして、どの人間もが同じように、食べた物の栄養分を同じほどに有効に体内に摂取しているわけではありません。同じように有効に吸収し、利用しているわけでもありません。ある人は、乏しい食べ物でも貪欲に栄養分やカロリーを吸収し蓄積します。ときには体内で植物質などを脂肪や蛋白質に変換したりして貪欲に有効利用します。まるでゴリラのようなものです。葉食で得た栄養分を最大限もらさず吸収し利用し、大きな図体と体力を維持するわけです。

写真23　お母さんと、そのお母さんとのツーショット（マルケサス諸島）

ポリネシア人などの場合にも、ゴリ

ラと同じようなな生理的メカニズムが適応的に獲得され、摂食した栄養分を身体に貪欲に貯めこむ吝嗇《りんしょく》さを持ち合わせるようになったとの仮説が考えられます。かつて、USAの人類遺伝学者であるJ・ニール（一九六二）は、「倹約遺伝子説」あるいは「節約遺伝子説」の概念のもとに、同様の仮説を展開し、現代ポリネシア人たちの肥満現象を説明しようとしました。「肥満遺伝子（ファット・ファクター）」説とも呼ばれるゆえんです。

祖先の頃から次第に育んできた、食事のつつましき栄養分を無駄なく取りこむ体質が仇になったわけです。最近になり、西欧流の高脂肪・高栄養・高カロリーの食事文化が普及したために、どんどん食いだめの効果が発揮されるようになり、肥満の身体をもてあます人があふれる光景が珍しくなくなったわけです。要するに彼らは、よく食べるから、食い過ぎるから、肥満になるのではないのです。食べ物が不足がちな生活を送っていた頃にセットされた「食いだめ体質」のために、昔取った杵柄のごとき体質のために、それが仇となり、肥満になっていく、という理屈なのです。

そうなのです。彼らが大量に食べるからではなく、むしろ昔の彼らの祖先たちが、食べなかったからこそ、今の人たちが、肥満になるわけです。実際、ポリネシアの島々で過ごすとき、特に「低い島」などのように伝統的に魚介類以外の食物資源が豊富でない島に滞在するとき、島びとの食べなさ加減に驚くことがあります。小さな島に住んでいる人たちは、巨大なのですが、饗宴のとき以外、日常生活では驚くほどに食べません。それでも、立派すぎるほどの肥満になるのです。

たくさん食べることと、体重が増えることとは、けっして同義ではありません。このことは、私どものまわりの人たちについても普遍化できそうです。肥満になったり、ならなかったりするのは、ひとり一人の体質に起因する部分が少なくないのであり、ひとり一人の身体的個性の問題なのです。いちがいに食べ過ぎるからとか、甘い物を摂りすぎるからとか、そんな問題ではないと思います。いくら食べても細い体型のままの〈痩せの大食い〉がいる一方で、その逆の人たちもいます。このことをポリネシアの人たちの身体から教わることができるのです。

「飢えと饗宴の日々」を終わらせた「毎日が饗宴の日々」

「食いだめ体質」のため、普通に食べても肥満しやすいデメリットが表に出てきて、西欧型の食事や食物が普及するとともに、いわれなき不遇をかこつようになった人々は、なにもポリネシア人に限りません。近年に至るまで採集狩猟、漁撈、あるいは園芸型農耕などの天然資源依存型の経済、いわゆる略奪経済、あるいは自然環境協調型、もしくは「丸かじり型」の生活様式で必要なだけの食事を賄ってきた民族グループに共通する現象です。

たとえば先住アメリカ人であり、イヌイット（エスキモー）などの北方狩猟民であり、ニューギニアの高地人やオーストラリアのアボリジニ、などなどです。これらの人々にとって重大な問題となるのは、むしろ肥満になることよりも、それに伴う〈新世界症候群〉と呼ばれる一群の生活習慣病による身の不運をかこつことです。たとえば、過度の肥満やエネルギー・バランスの崩壊によって生じる糖尿体質とか高血圧、痛風とか高脂質症、などなどなのです。

あえて余計な食べ物を獲得しようとせず、ピンからキリまでのあらゆる食糧資源を無駄なく利用するだけで、とても余剰食物などは期待できそうもない生活環境のなかで、ギリギリかつかつの生活を維持してきたのが彼ら彼女らの暮らしぶりなのです。つつましく暮らし、いじましく食欲を満たすような生き方には背を向けてきたのです。

おそらく、かつてのポリネシア人の食生活は、かぎりなくつつましかったに相違ありません。大陸や「大きな島」（日本列島など）などは、より豊穣ではありましょうが、孤島の島嶼社会は食料資源などに恵まれず、ないない尽くしの生活環境だったことでしょう。

もちろんのこと、一日に三膳三度の食事を摂る習慣などはなかったでしょう。あれば食う、なければ食わぬ。むしろ、それが人間という動物の本来の姿でしょうから、それを実践してきただけのことなのです。だから、あくせくと動物資源を漁りまくることはせず、動物タンパクの摂取も最小限にとどめたでしょう。各種の栄養素を詰めこんだがごとき穀物を開発することもなかった。ことの必然、各自の身体内に摂取されるカロリー量は最小限に抑えられてきた。だから、身体が太るだとか肥満になるだとか、そんな現象が生じることはなかったはずです。

しかしながら、それに応じてエネルギーの消費も吝嗇に、とはいきません。採集、狩猟、漁撈などに関係する生業活動のためには、すくなくとも農耕や牧畜による食料生産活動に要するのと同程度か、あるいは、それ以上のエネルギー消費が欠かせないでしょう。ならば、農耕民などと同じ程度にはカロリー摂取しないと、消費が摂取を上まわることになり、エネルギー・バランスが崩れてしまい、自らの身体や体力を維持していけないのが理屈です。

かつてのポリネシアの島社会で生きた人々の食物摂取のありかたが、現代の飽食の時代に生きる人間のそれとは、まるで違うのは当たり前です。備蓄食糧なき頃の社会では、ときに、はれの儀式やまつりごとなどに伴う〈饗宴〉もあっただろうが、それよりも「飢え」のほうが事は重大だっただろう。それこそ食わず飲まず、そんなときに備えて、うまく食いだめでき、食べた物の栄養分を無駄なく器用に摂取・利用できる生理機能が不可欠だったはずです。つまり、たとえわずかな食糧であろうと、栄養分を無駄なく吸収してカロリーに変え、それを十分なエネルギーに転換できる身体の仕組みが備わってきたはずです。そうした食物の栄養分を体内にとめおき、必要に応じて、エネルギーに変換する効率の良い仕組みは、西欧式の食事文化の普及とともに、むしろ逆に仇になったはずです。

そうした仕組みを体内に備えた人たちが西欧流の食生活と食事文化になじんでくると、いったい、どのようなことになるでしょうか。

その結果は容易に想像できます。いつもは粗食に耐えて、一日一回かそこらの食事だが、饗宴のときなどはドンと食べる。ほとんど食わない日もないことはないが、饑餓に苦しむことはない。ふだん貯めこんだ筋肉や体脂肪を燃焼するからです。そんな食生活に馴染んできた人たちが、一日に二回も三回もたっぷりと食べ、しかも伝統食では珍しい糖分過剰で脂肪分たっぷりの食事を多食するようになったわけです。昔と同じように栄養分を無駄なく吸収・利用する効率を維持するから、当然のこと、余剰栄養分は体内に、どんどん蓄積されることになり、余剰カロリーは生理学的パラメーターを高揚する（しすぎる）ことになるわけです。さて余剰分は、どこに、どんな物質として蓄えられるのでしょうか。どんな不調を招くのでしょうか。

新世界症候群（New World Syndromes）のこと

いささか過剰気味に高カロリー食物を摂食したとしても、それに見合った分が消費されるならば、なにも問題は生じまい。仕事に精を出し、重労働をこなし、ラッシュアワーの遠距離通勤をこなし、たとえばジョッギング、ジム通いなどを続けながら、一日に三食をたっぷりと食べるのは、まことに合理的で健康的でしょう。しかし実際にはポリネシアの島々でも、西欧文明を象徴するがごとき自動車、モーターバイク、電動ボートなどが使われるようになってきた今日この頃のことです。むしろ肉体労働は軽減されるから、当然のこと、エネルギーの消費量も少なくなります。そうなれば、西欧流の高栄養・高カロリー食物によって取りこまれた熱源は、どんどん体内に蓄積されるばかり、となります。

動物、ことに家畜類の肉体に余剰カロリーが貯まれば、それは脂肪分、とくに皮下脂肪として蓄えられます。皮下脂肪は、備蓄食料庫、あるいは食物貯蔵庫のようなもの。そこに栄養物が単純増加的に蓄積されていけば、齢を重ねるに連れて、肉体がドンドンと肥満していくのが道理というものです。野生のイノシシや野牛が、人間どものはかりごとによって家畜化され、豚や牛となったときに生じたのと同じ現象が起こる理屈です。ちなみに、野生のイノシシや野牛などに皮下脂肪は似合いません。

かくして現代のポリネシア人は、ヘラクレス型（俗にクレッチマーらの「筋骨型」もしくは「闘士型」、あるいは「中胚葉型」の体型と同時に、あんこ型（同じく俗に「肥満型」もしくは「内胚葉型」）の体型を合わせてもつようになりました。西欧人の影響を受けて、食文化が変容し、食生活がトータルに変化したことが要因です。昔ながらの彼ら彼女らの身体は大いに変貌しました。しかしそれは、むしろ不幸なことだったようです。過度の肥満は、当人の動作を不活発にするだけでなく、さまざまな生活習慣病の要因となり、成人性疾患に苦しむ要因となりうるからです。

ポリネシア人の場合、そうした成人性疾患のなかでは、とりわけ糖尿病と痛風とがポピュラーです。ビールをたらふく飲みながら、「いま俺に喋るな」とうめきつつ、発作を我慢している痛風持ちの年配男性の姿は、ポリネシアの都市部では、よく見る光景です。

古来より伝統的な文化と社会を享受してきた民族グループの人たちが、植民地の住民となり、西欧化の濁流に巻きこまれる過程で多発するようになった一連の成人病のことを「新世界症候群」と言います。それについては、すでに触れました。ポリネシア人が現代化と西欧化の流れのなかで、自分たちの身体に課せられた負の遺産というべき過度の肥満現象、それに連なる痛風や糖尿病こそが、まさに新世界症候群と呼ばれるものの内訳なのです。

偉人変人たち――人間の器量を超えるかのごとき人たち

ここではトンガでの調査紀行のときに、「一期一会」のようにして、偶々《たまたま》であった興味あふれる御仁たちのことを紹介します。

人生は積み重ねるうちに目が肥えてくるものです。その逆に齢を重ねるとともに、新鮮な感覚は、あるいは瑞々しい感性のようなものは磨耗していくようです。残念なことです。だから知らず知らずのうちに、人間センサーがくたびれてきて、だんだんと偉人、変人、稀人タイプの人に出会い、共鳴しあうことが少なくなっていくようです。ともかく「人間の常識」とか「人間の器」からはみ出たかに見える人との出会いが珍しくなるのは道理です。そんな稀人のごとき人間に巡り会える機会を少しでも増やすことが、私たちが旅を続ける理由なのであり、その特典なのではないでしょうか。

ポリネシアの島々を旅していて、つくづく思うのは、「人間の器量」を飛びこえるほどに超人らしさが見え隠れし、「人間の殻」を屁とも思わずに破るほどに、キレがあり、人徳があるなどのスケールの大きい人物に邂逅する機会が以外に頻繁にあることです。一期一会という言葉が伝えてくれる喜びをかみしめることが珍しくないのです。一期一会の機会は、島人とだけでなく、同じ期待をいだいて旅をしている人ともあります。

たしかにポリネシア人と呼ばれる人たちは、体形や顔立ちなどの身体特徴がユニークなこととも関係しているのでしょうか、吾が密かに憧れる「人間の常識」の範疇を超えたがごとき人物が多いようです。つまりポリネシア人は、身体がユニークなだけではなく、心情の動きもまたユニークであり、身も心もユニークなわけです。

それにまた、類は友を呼ぶ、ということなのでしょうか。島々を訪れる異国からの旅人もまた、いささか型破りな人物が珍しくないようです。これはと感心するほどに奇特な西欧人に出会う機会が、西欧の国々や、西欧人が主体の国々でよりも多いのではないか、と思います。いわば人間をたぶらかす南太平洋の磁力が、ポリネシアの世界に特有な磁場が、よその世界からも特別にユニークな人間を引き寄せてくるのかもしれません。

ポリネシアの人の名づけ、「願望型」ではなく「記念碑型」

ここで唐突ですが、ポリネシアでの人の名づけについて、しばらく脱線することにしました。ポリネシアに独特の島社会がもつ人間の心をたぶらかせる磁性、磁場、磁力などについて、ヒントのようなものを提供できるかもしれないからです。

ポリネシアの島々では、かつて、子供の名づけは「記念碑型」と呼ばれるタイプによることが多かったようです。日本のような「祈願願望型」、つまり、生まれた子供の名前を付けるとき、この子が大きくなったらこうなってほしい、ああなってほしいとの願いをこめての命名するのではない。あるいは、その逆の厄払いの意味をこめる「魔除け型」か、わざと誰もが嫌がるような「忌避型」か。そんな名前をつけるでもない。西欧人のような代々継承する「伝承型」でもない。

「記念碑型」の名づけは、島で子供が生まれたとき、家族や家系や身近な知人などの身に起こったこと、あったことやなかったこと、なにかの事件が起きたことなどを、まるで記念碑に碑文を入れるように命名します。だから、長ったらしい文章化した名前が多い。それに奇妙奇天烈な名前が少なくない。男子名と女子名との間の区別がない、などの特徴があります。

写真24　ポリネシアの島々で最初に集まってくれるのは、いつも子供たち

しばしば耳にするポピュラーな人名に、「キミタネ」「キミバヒネ」「キミパパア」などの「キミｘｘ」シリーズの名前があります。キミは「探す」と言う意味。そのあとは、ここでは順に「男」、「女」、「西欧人」の意味です。だから、「男を探す」（ボーイハント?）、「女を探す」（ガールハント?）、「西欧人を探す」（国際婚の相手を求む?）となります。その人が生まれたとき、その身内の誰かさんが、女を探していたとか、男を探していたとか、西欧人を探していたこととかのメッセージが、誕生した子供の名前に託されて、まるで記念碑に記されるように伝承されるわけです。

ほかに、「マアラ××」や「キテ××」シリーズの人名も少なくありません。それぞれ、「××を想う」「××に会う」の意です。小さな島々では、誰かとの出会い、邂逅、遭遇、あるいは人探しなどは、えてして閉塞状況に陥りやすい日常生活において、潤滑油を注入し、風通しをよくし、外世界とのつながりを見つける非常に大切な出来事となったことなのでしょう。

小型機の同乗者たちは、プレスリー、ニンジャ……

ちなみに人名には、本名と通称があり、日常的には通称で呼び合います。あだ名です。これが実は大変まぎらわしく、ときに、思わず声を出して笑いたくなるほど、可笑しくて、滑稽なのです。

そんなわけで、長すぎる本名、軽妙すぎる通称ともに、珍名や奇名やドッキリ名が多すぎます。枚挙にいとまがないほどです。もっと詳しくは、たとえば片山（一九九七）などを参照してください。

ほんの一例だけ、紹介しておきます。あるとき、ある島からある島に渡るとき、小さな八人乗りの双発機に乗りました。島にある航空会社のオフィス（ただの小屋）には、チョークで描く黒ボードがあり、そこには乗客予定者の名前が連記されていました。なんと、ニンジャ、ジェームス・ボンド、カス、マリオ、プレスリーなどの名前がありました。これは通称を書いたものです。それにしても、きつい冗談です。搭乗者名簿が冗談で記載されており、嘘八百の名前ばかりですから。

実は、その島では、多くの場合、本名が通用しないで、通称（あだ名）のほうが通りがよい。というか、実は、他人の本名など知らないことが普通でした。珍しいことではありません。実は本人でさえも自分の本名を完全には知らないことがあります。すこぶる長い名前が多いから、全部は覚えていないのです。自分のパスポートなどを見て、自分の本名を知る。それが普通なのです。

ちなみに、〈ニンジャ〉とは、日本の忍者。Ｊ・ボンド、マリオ、プレスリー同様、万国共通語です。すぐあとにあるように、〈カス〉とは筆者のことです。

航空名簿や選挙人名簿の類など、そんなシリアスな書類にまで通称名で記されることが少なくありません。ほんとうに冗談がきつすぎる島々なのです。それくわえて、通称は冗談めいた、ときには小馬鹿にしたような名前が少なくないのです。

ことに人名は、なにかと閉塞感の漂う島社会での人間関係に、ほんわかとした風穴を開けるのに欠かせません。冗談ニュース（ポリネシア語では「カガ」など）、嘘ニュース（ポリネシア版フェイクニュース、ポリネシア語では「アモ」）、風の噂（ココナッ・ラジオ）なども、きまりきった日常のしばりでガチガチになった島社会の閉塞感を和らげて、風通しを良くする潤滑剤の役割をはたします。

ふたたび小型機の乗客名簿。J・ボンド、ニンジャ、カス、マリオ、プレスリーなどだが、実はJ・ボンドについては、誰か判りました。実は筆者の居候先のあるじの兄貴。ニンジャ（もちろん忍者）は顔見知りのラグビーの上手い青年。マリオは同行した言語学者のSさん、カスは日本語では嬉しくない響きです。本来はカズなのですが、その島のポリネシア語ではZ音を発音できない人が多く、それでカスなのです。最初は複雑な気持ちでしたが、すぐに気にならなくなりました。まさに、ときに重大事が起こった場合、不安をいだきかねないほどに緩い乗客名簿（ゆる名簿）ではありませんか。

島々での人間ウォッチング

「大物」とは、「人間の器が大きい」とは。あるいは「ただ者でない人」であるし、「たいした人物」とも形容できます。はたまた「スーパーマン」のような心身ともに傑物なのかもしれません。ただ傑物とは、同時に珍客、あるいは「ゲテモノ食い」のような類かもしれません。ひねくれた見方をするなら、「変人」あるいは「奇人」、または「怪人」の類と紙一重の場合も十分にありえます。

そんなユニークな人たちが珍しくなく、屡々《しばしば》、会えるのが、ポリネシアならではの恵みか、あるいは楽しみなのかもしれません。どのポリネシアの島嶼国でも、すこしばかり離島の趣を残すような島ならば、かならず一人や二人は、その手の住民、あるいは居候人物に会えることでしょう。また数少ない旅人のなかにも、けっこう頻繁に奇妙絶妙なるパーソナリティの持ち主が発見できるのです。

その意味でポリネシアの島々は、人間観察をたのしむには、あるいは人類学流の人間観察に精励するには、絶好の地域かもしれません。それが、タヒチやクック諸島やトンガやサモアの島々にビーチコウマー（Beach Comber）が多いことの理由かもわかりません。ビーチコウマーとは、文字通りに和訳すると、「浜に打ち寄せる大波」ということですが、これでは意味をなしません。本来は「海の向こうの外世界からやって来て、島に住み着く旅びと」あるいは「流れ者」「漂着人」のことです。

写真25　さてと、「本日の魚」は……と。

今では「浜辺に打ち寄せるお邪魔虫のごとき漂着物」のことも、そう言います。そして、珍しい漂着物採集のことをビーチコウミング〈Beach Combing〉といいます。もっとも、ビニールごみや、プラスチックごみ、マイクロごみ、などなどで溢れた漂着物の山を見ると、気がめげてしまいます。一昔前のように、マッコウクジラの腸内物の塊である〈竜ぜん香〉と呼ばれる貴重な香料が打ち上げられているのを見つけることなどは奇跡のようです。

ビーチコウマーたち、文芸家、画家、政治家……

前置きはともかく、本来の意味は、一九～二〇世紀の頃、西欧社会での世紀末の雰囲気から逃げだすべく、南太平洋の島々に向かった大勢の西欧人たちのことです。フランス領やイギリス領だった島々には、大きい島であろうと小さな島であろうと、どこででも会うことができます。たいていは男性で、もう二代も三代も、それ以上も世代を重ねています。たいがいは現地の女性と結婚しながら世代を経てきておりますので、見かけは複雑な顔立ちです。

NZやタヒチ諸島、ハワイイ諸島やラパヌイなどが本場です。どんどん、生粋の先住者たちの血筋をくむ人の数や割合が減ってきており、今ではむしろ、ビーチコウマーとの混血とか、かつての宗主国からのエキスパトリエット〈自国を離れて生活する西欧人〉のミックスする人のほうが多くなっているのが現実であることは、周知の通りです。トンガは少々、異質ではありますが、それ以外のサモアやフィジーなどの島嶼でもビーチコウマー系の人たちが島の〈お偉いさん〉や顔役のごとき存在になっているのが、むしろ現代では普通です。

ビーチコウマーには、芸術家や作家などが少なくありません。有名すぎるほどに有名なのが画家のP・ゴーギャン。一九世紀の終わり頃、フランス・ポリネシアのタヒチに住み着き、多くの絵画作品を残しております。一九〇三年に同マルケサス諸島のヒワオア島で生を終えました。そこでも女性の子供を残しています。筆者は、その昔、ヒワオア島のプアマウ村というところで、その娘さんの息子（つまり、ゴーギャンの孫）に会ったことがあります。と言っても、もう七〇歳ほどの老人ではありましたが。ゴーギャンの自画像のごとき雰囲気がありました。

作家については、枚挙にいとまがないほど。以前、A・G・デイ（一九八七）なるハワイイの作家が、一四名ほどのビーチコウマーの大作家について、ポリネシアに出奔した経緯などを著した解説書を読んだことがあります。『白鯨』のハーマン・メルヴィル、『宝島』のロバート・スチーブンソン、『月と六ペンス』のサマセット・モーム、さらには、マーク・トウェイン、ジャック・ロンドン、ジェームス・ミッチェナー、などなど。ビーチコウマー作家の人となりについて紹介されていました。

なかでもH・メルヴィルは、ビーチコウマー文学から育ち、大作家の道へと進んだ、その代表者的な作家です。彼は一八四一年にアメリカの捕鯨船に乗りこんで、フランス・ポリネシアのマルケサス諸島にいき、そこで船を脱走。一九歳の数ヶ月をヌクヒワ島のタイピ渓谷で「タイピー」部族の人々とともに過ごしました。

そのときの体験を面白おかしく小説化。たっぷりと風刺と諧謔を交えながら織りなす、日常生活の機微についての描写は秀逸です。主人公の思いこみである〈喰人〉をキイワードにして、タイピー族の人たちの生活の機微がヴィヴィドに描かれています。人類学に目を向ける筆者の滞在経験を重ねて読むと、小説の愉しさとともに、社会的概念としての「喰人」が織りなす意味が理解できるように思いました。

ことに、タイピー族の日常に関する描写は秀逸にすぎます。ポリネシア人の小社会では男も女も哲学者のような顔つきをしていますが、けっこう冗談はきついし、即興で口から出任せを叫び、ときに大笑いする。日本の若者のギャグ遊びのようなところがある。そうした雰囲気を小説というレトリックで説得力たっぷりに描写する展開が愉快です。

ハアパイ諸島は人間観察の名所

さて再び、不思議な国トンガのことに戻ります。なかでもハアパイ・グループの島々こそが、奇特な人物たちに出会う名所のようです。ことに中心のリフカ島は、三〇〇〇年ちかく前にさかのぼるラピタ人の遺跡があちこちにあり、当時のラピタ土器や貝器が地面に転がり、一〇〇〇年ほど前の古墳跡も目立つなど、歴史の香りがたちこめています。とても実直そうな顔つきの村人は、はにかみを湛えた風情の人ばかり。犬も歩けば不思議に当たる、そんな感じの場所です。

そこにしばらく滞在すれば、新しいタイプの人間を発見することの楽しみ、人間ウォッチングの醍醐味、さらに、ユニークな人たちが織りなす化学反応の不思議な味わいを十分に堪能できることでしょう。それと同時に、しっかりと自分を見つめ直し、「吾々は何者で、吾々はどこから来て、吾々はどこに行くのか」とP・ゴーギャンが自問したように、自分たちの存在を根源から考えなおすのに、まさに、もってこいの場所ではないでしょうか。

ハアパイ・グループは小さな島々が寄り集まっているだけ。島々だけでは、たいした味わいも変哲などもありません。たしかに美しい砂浜はあるが、特別な土壌、地味の良い土地があるわけではありません。人々の生活も素朴を絵に描いたようなもの、むしろ貧しげな場所柄といえるでしょう。

そんな場所なのですが、なんとも不思議なのです。そこの住民も、そこを訪れる余所者も、どことなく奇にして怪なる風情の人物が多いようなのです。ただ島内をうろつき、ただ誰かに会い、ただ簡単な会話を交わすだけ、それだけで不思議な気分にさせてくれるような人たちに、すぐに何人かは会えるのです。それは、れっきとした住民である場合もあるし、たまたま訪れた旅の人であることもあります。

そもそも人々は、とてもフレンドリーだったようです。なにしろ、この島を一七七七年に来訪したクック船長らは、なぜだか「友情諸島（Friendly Islands）」と名づけたほどです。

ちなみに、ポリネシア語では、人間が生まれ、死んだら還り逝くところを「ハワイキ」あるいは「ワイ」などと言います。ハワイイ諸島の「ハワイイ」や、このハアパイ島の「ハアパイ」の語源なのです。あえて日本語に訳せば、「黄泉の国」とか「他界」でしょうか。誰もが、ここに還るのです。

ハアパイ諸島の玄関がかりの大人物――フィナウ・ウアタ氏

ハアパイ・グループの島々に渡るには、トンガ王国航空（あるいは、ロイヤル・トンガ航空、トンガの国旗を機体に描いた大きめな双発機）の客となるか、定期航路を走る小さな貨客船に乗るしかありません。

もし前者を選べば、ハアパイ空港に着き、前か後かの出入り口を降りると、かならずフィナウ氏を目にすることになります。なぜなら、ハアパイ空港の責任者にして、トンガ王国航空のハアパイ支社の支配人だからです。ともかく、飛行機の発着には必ず立ち会うはずだし、たくましき大男で相当な存在感をうかがわせる人物なので、まずは目につくはずです。

それにハアパイで一番の旅籠、リンジー・ゲストハウスの経営者であるから、なにかとお世話になる可能性が高いのです。トンガ王国ハアパイ・グループの中心をなすリフカ島、パンガイ村の村外れにある当のゲストハウスは、彼の家の敷地の片隅にありて、なにかの集会所のような建物の佇《たたず》まいです。昭和の頃、日本の地方都市にあった、継ぎ足して継ぎ足して増築した旅館、いわゆるライオン旅館（ライオンのように、表向きは大きそうだが、裏向きは小さく、それも継ぎ継ぎ）の風情です。全体は大きくないのに、なかは迷路のように入りくむ。それでも、一〇人あまりは収容できるようだから、島では一番の旅籠。政府関係の仕事で来たお役人、各種の工事関係で島に来た長期滞在者なども泊まっていました。

フィナウ氏は五〇歳ほどの年頃だったでしょう。でも貫禄ばかりが目立つため、筆者よりも若かったのでしょうが、逆のようにしか思えませんでした。生まれも育ちもパンガイ村。かなり裕福な係累につながるようです。でも貴族ではなく、身分は平民。江戸時代の言い方なら士農工商の〈商〉でしょう。豪商というところでしょうか。

たしかに、大きな土地と家屋（封建国家だから借地でしょう）を引き継いだ実業家なのでしょう。それに進取の気性に恵まれている人らしく、手広く事業を展開。さらに、どんどん手を広げているようです。

しばらく前に製パン屋を始め、ちかぢかカフェ、つまりはレストランも始めるのだそうです。経営する雑貨屋（奥さんが担当）も島一番でしょう。いずれにせよ、最大の仕事はハアパイ空港の運営と、ロイヤル・トンガ航空のエージェントのようです。空港で仕事していることが多く、あるとき筆者が暇つぶしに訪れると、やれ無人の管制塔だとか、やれ空港オフィスだとか、やれ滑走路一周だとか、空港のあちこちに案内してくれました。

それどころか、あちこちをドライブしてくれて、その昔、ラグビーの日本代表でプレーしたシオネ・ラトウとシナリ・ラトウの生家があった場所、東京の築地市場で働いていた吾が友人で早逝したタシ・アフェアキ氏一家の貴族の館（空き家）にも連れていってくれました。空港業務は公務員でしょうから、公私混同というところですが、のんびり、おおらか。これも仕事だ、とばかりに慣れたものでした。

フィナウ氏という大男のこと、つづき

多角的に事業を展開するフィナウ氏だが、それだけなら、ちょっとした成功者ということで終わりますが、彼の真骨頂は別のところにあります。ちなみに、姓はウアタ氏だが、ポリネシアの慣習にしたがえば、フィナウが本名なのか通称なのかは不明です（いずれにせよ継承した祖父の名前でしょう）。ウアタは英語のウォーターズ（Waters）に当たるから、何代か前にビーチコウマーが混じるのかもしれません。

フィナウ氏は、いかつい顔の大男。アバウトに申して、身長一八〇センチに体重一二〇キロというところ。くそ力バカ力の持ち主で、眼光するどく声が太いので非常に存在感があります。それに、手足が

見事に大きいから、はじめて握手したときに受けた威圧感たるや、言葉で表せないほどでした。まさに誉れ高き巨人なのです。ともかく存在に圧倒されてばかりでした。いかにも西ポリネシアのポリネシア人という面影であり、その体型そのものなのです。

そんな彼ですが、実は人間関係の達人でもあります。他の人を慮る気配り気遣いの心は半端ないのです。かなりの大家族の一員であるが、その家族全員に並々ならぬ愛情を注ぐ様子は微笑ましいほどです。メソジスト教会の助祭を務め、教区の人間の世話にも熱心。ビールも煙草にも縁がないかわりに、いつも日曜日には、だれかれとなく、カバ飲みをふるまう。まるで心身ともにポリネシア人のサンプルのごとき頼りがいです。

彼の仕事柄と関連しているのかもしれませんが、島を訪れる外国人などに対する面倒見の良さは徹底しています。それも、さりげなく、自分の忙しさなどに関係なしに。たとえば、ゲストハウスの宿泊客には、自分自身が朝の新聞のような役割を果たしてくれます。これは有り難いものです。表世界の裏側にあるがごときトンガの国で、しかもトンガのさらに裏側にあるがごとき田舎島で、トンガ国内のことのみならず、NZやオーストラリアのこと、日本の大相撲のことなど、ラブビーに関するホットな話題、さらには国際情勢なども少々。実際には、新聞も、テレビも（当時は）ない島の社会ですから、現地語のラジオ・ニュースだけが情報源なのですが、それを英語にして聞かせてくれるわけです。

あるとき、彼の口伝ニュースを聞きながら、そのときの取れたて大ニュースを知りました。USAと多国籍軍による二〇〇三年のイラク空爆のニュースです。そして面白い大発見をしました。南太平洋の中央部に浮かぶこの国では、いまだに、「ブリタニア」という言葉が立派に生きているのです。もちろん、「ローマ時代のブリテン島」などという辞書に出てくるような意味で、ではなく、もろにイギリスのこと。つまりは連合王国を意味する言葉として使われていることを知ったのです。おそらく昔は、ここトンガでは「大英帝国」のことを意味していたのではないでしょうか。世界は狭くなってきたが、思わぬところで、思わぬ言葉が今もなお、立派に役割を果たしていることを知り、なんとも言えない驚きと、感慨深いものを覚えた次第です。

不思議なる島々の不思議なる人たち

フィナウ氏のゲストハウスに二回目に滞在したときのことだったでしょうか、またもや、あらかじめ抱いた期待を見事に叶えてくれる愉快な人たちに出会うことができました。

そのときの何人かを簡単に紹介しましょう。ハアパイ・グループの島々に広がる摩訶不思議な雰囲気の一部なりとも、舌足らずながらも、伝えることができれば幸いです。いずれも滅多には会えないような奇特な方々ばかりなのです。それほどの人たちに普通に簡単に会えること、それこそがトンガ王国ハアパイ・グループの島々に漂う磁力なのではないでしょうか。なんと言えない魅力が充満、ワクワクするような場所であります。

ここリフカ島を訪れるヨソ者訪問者など、平均すれば、一日に二人とか三人とか、そんな程度なのですが、突飛でユニーク、いつまでも記憶に残影を残すような奇人変人の類は、類は友を呼び、集まるところには集まる、ということなのかもしれません。

まずは、トンガの人間（らしき人）から始めます。

あるとき何日か、やんごとなき風情の初老の紳士が泊まられました。英語が非常に達者、というか美しい、ポリネシア語なまりではない、アメリカ英語やNZ英語やオージー英語などでもないキングス英語とともに、トンガ語（ポリネシア語トンガ方言）を話しておられました。トンガでは一般に、ほかのイギリス系ポリネシア諸国と違い、英語が上手くない人が多いのですが、このお方は、まさの例外中の例外でありました。

ときどき、お迎えの車が来ては、きちんとした身なりで出かけられます。朝となく夕べとなく訪ねてくる年輩の方々は、いずれも曰くありげ。長いこと会談しておられます。その紳士は一見、政府のお偉方か退官された方か、と思ったりもしました。でも、そうではないご様子でありました。やんごとなさ過ぎる風情なのです。

どうも、気軽に声をかけるのも憚られる雰囲気なのです。どうも気後れがして、ごく簡単な挨拶程度でやり過ごしていたところ、ある晩、ひどく慇懃な調子で話しかけてこられました。その内容は「トンガの国では国民も外国人も気楽に交流するのがよろし」とまあ、こんな内容の哲学めいた話であり、と同時に「あなたがた日本人がたもそのように行動してほしい」との、なにやら説教めいたお言葉に続きました。そんな内容の丁寧な語り口の話が一時間ほど続きました。よく出来た方だなあ、と感心するとともに、その雄弁さに感嘆、ほんに、やんごとなきお方なのだなあ、と、狐につままれたような気分になったものです。

あとで、その方は、かつてトンガの民間の大物実業家だったのだと耳にしました。現政府の大臣クラスの方々とは皆、昵懇の間柄にあるとか、知己の関係にあるらしいとか、閣下の称号で呼ばれているらしいとか、とのことでした。ハアパイ・グループのそこかしこに領地があるのだとしたら、有力な王族とか貴族とかの家長なのかもしれません。なにかの大臣経験者なのかもしれません。

その方の正体は、そんなところかもしれません。トンガ王国内の諸島を漫遊しているのかもしれません。あるいは、王国政府の顧問のような存在ではなかろうか。そんなこんなが、吾が大胆な推測であります。日本流で言えば、かの水戸黄門のごとき人物なのでしょう。ともかくトンガ王国には、水戸黄門もどきの人物が存在しているとしても、なんら不思議ではないのです。なにしろ、世界で最後の封建国家のひとつ。江戸徳川体制のような国だからです。

現代風のビーチコウマーたち——明日は明日の風が吹く

外国人旅行者も摩訶不思議な人だらけです。たとえば……

ＮＺの南島にあるダニーデン市の北方に、オアマルという小さなスコットランド風の町があります。現地にて「コロラ」と呼ばれ、「妖精ペンギン」の名でも知られる可愛いコガタペンギン種の営巣地でも有名な、一九世紀の面影を半分か、四分の三ほどか、残したような非常に美しい町なのです。

そこから来た熟年の男性が、あるとき、ゲストハウスに長居をしていました。もの静かな風情で言葉すくなく、それでいて精悍さがあり、どこかしら、すべてを達観しきったような表情を浮かべておりました。かの高倉健さんが演じる映画やドラマの主人公を、即、連想させるような人でもありました。すこし距離をおいて見ると、なかなかに渋みが漂っているのですが、顔を近くに見ると。顔や髪や身体の端々から歳月がこぼれ出てくるような雰囲気もありました。

あるとき、お別れのときが来ました。いつもとは少々、違う出で立ちであるうえに、大きめな荷物を持っていましたので、港まで付いていきました。でも、いつもと変わらぬ調子。いつもと変わらぬ物静かな調子で貨客船に乗船。ババウ諸島に向けて出発しました。お別れに際して、「どれくらいババウに滞在するのか」と尋ねたところ、なんとも素晴らしい答えが返ってきました。「一週間いるかも知れない」、「ひと月いるかも知れない」、あるいは「一年いるかもしれんな」、「そんなことはわからない、明日は明日の風が吹く」とのことです。ひと昔前のビーチコウマーも、かくやあらん、と思わせるようなセリフ。それがとても印象的でした。百年か二百年前にタイムスリップしたような気持ちになり、おもわず、嬉しくも、さみしくも、切なくもなったことを覚えています。

この御仁については、後日譚があります。次の年、ハアパイ諸島に調査に出かけたところ、フィナウ氏が経営する新設されたばかりのカフェ（大衆食堂）が出現していました。そこでフライパンを握りスパゲッティを作ってくれたのは、ほかでもない、NZ出身の、あの渋めの「健さん」タイプのおじさんでした。

カリフォルニアから来た凧《たこ》揚げ青年

カリフォルニアから来た若者は、「アメリカ青年」と呼ばれていましたが、どこか頼りなさそうで、気弱そうな今風の青年でした。でも、ただの風来坊青年とも思えぬ日々を送っていました。

アメリカのどこかの大学で経営学の修士課程を終えて、世界の旅に出て、ここに来たのだ、と話していました。なのに、なにが目的で来たのか、そもそもなんの因果で、なんの興味で、こんなところまでやって来たのか、まったく要領をえませんでした。なにか特別な目的を抱いて訪れたのではないようでもありました。

あるときは一日中、美しい砂浜に出かけ、わざわざ持参してきた凧を風に飛ばしていたかとおもえば、日曜日は遊泳装備一式を身につけて、早朝から暗くなるまで外出。彼の朝の出会いの挨拶は、不思議なことに、「あのニワトリをどう思うか」でした。べつに芝居がかっているわけではなく、あっさりと。いかにも普通の大都会の青年然とした容貌であり、日日の振る舞いなのです。それにしても、彼の存在そのものが、謎という字を絵にしたようなもので、ときに彼の行動は、およそ謎めいておりました。

およそ一月たらずの滞在のあと、その青年は風のように、あるいは凧の糸が切れて、風に乗るようにして出かけてしまいました。その兆しもなく、前触れもなく、どこにいくとも言わず、まるで風が通りすぎていくように、飛び去っていったようです。時間が過ぎゆくように、静逸の格好そのままに、どこかに行ってしまいました。まるで透明人間が少しだけ姿を現した、そんな記憶です。

オーストラリアから来たホモ・ファベル（工作する人）

オーストラリアから来たという左足を大怪我した年輩の方もまた、まるで存在そのものが不可思議印のよう、不思議さの塊のようでもありました。

キャンベラのオーストラリア国立大学（ANU）で農業経済学を教えていたが、そこを定年退職したので、はるばるとやって来たとのことです。「マイクロ・ココナッツオイル」なる器械を製作販売する予定らしく、そのマニュアルらしきもののパンフレットを束にして持っていました。それは、ココヤシの実であるココナツが完熟したときの脂肪分の塊、つまりコプラを粉砕して、コプラから油を絞るポータブルな器械だそうです。

はて、今はやりの大学ベンチャー企業を立ち上げたのかなあ、と、一瞬、思ったりもしたのですが、それにしては、さほど目が輝いているとか、新たなる気概に燃えているかのような風貌でもないのです。それに、その人物の身なり見かけに、なんらかの意気ごみが隠されているようにも思えないのです。どうもイメージが、あまりにも茫洋と漠然としている感じでした。

ここまでは、なにも可笑しくありません。自らが発明した機械を作る会社を売りだそうということなら、よくある話ですから。でも、たとえそんな器械を売ろうとしても、誰が買おうというのでしょうか。それ以上に気になったのは、そのパンフレットの束。筆者は見せてもらいましたが、ほかには誰にも見せる気配がないこと、営業活動のようなことをしている様子が皆無だったことなどです。

彼が怪我の治療のために病院に行くところは見ましたが、それ以外のことをやっている姿は、ついぞ見かけませんでした。あるいは身辺の事情が変わったのでしょうか。

これら奇特な人たちが、なんの繋がりもなく、脈絡もなく、なんの違和感もなく、まわりの誰もが気にとめることもなく、当たり前のごとく、まるで空気のごとく、あれやこれやの幾人かが同時に存在することこそが、トンガ王国ハアパイ・グループの島々に漂う怪しげな雰囲気の源泉なのではないでしょうか。いと可笑しげな島々の空気に、いささかなりとも伝染したおかげで、人生にゆとりができたように感じたものです。

孤島社会のスーパーマンたち

ポリネシアの離島の多くは、小さなもの。大袈裟な表現をすれば、せいぜいのところ、ひとり一人の人間の百倍程度の大きさしかないほどです。なにしろ、どこでなにをしていても、その次の朝には、誰それが何処で何をしていたとか、口さがない島人の朝の挨拶や話題、暇つぶしの恰好の餌食になります。

都会のなかの人間という存在の小ささ、他人という人間たちの存在感、ひとり一人の存在価値などと、小さな離島でのそれらとは、ずいぶん違いがあるように思えます。いうまでもなく後者のほうが相対的に大きい。それに巨人のごとく大柄な身体のポリネシア人が主人公ならば、その感が、いや増しに増します。彼らが、ともかく万能であり、ギリシャ神話のアトラスのごとき怪力であり、島のミクロコスモスに関して何でも知らぬ事がないほどに物知りであり、の有様は驚異的です。島のことなら、島でのこ

写真26　プウ（法螺貝）を吹くフィジー、ビチレブ島の若い衆

となら、なんでも知っているのですから、ただ感激するばかりです。

　その一方、彼らの目には、筆者らのごとき小さな日本人の非力さ、役立たずさ、なんでも聞きたがる無知さかげんは、不思議でならないようです。そんな人間がなぜに、日本では金を稼ぎ、自動車を持ち、いっぱい物を買えるのか。十分に理解できないようです。


　それは四〇年ほど前のことでした。フランス・ポリネシアのツアモツ諸島にある人口一六〇人ほどの小さな離島でのことです。ある日、ひとりの古老が不審な表情を浮かべながら、人類学者の端くれであった筆者に尋ねました。

「おまえの仕事はなんだ」

「大学で教えており、人類学という学問をしている」

　すると彼は、鋭くつっこんできた。

「おまえが、いったい何を教えられるというのか。わしの目には、お前さんは、なにもできしないし、知らないし、まったく体力もパワーもないじゃないか。ココヤシの樹に登りココナッツを落とすこともできない。ブタに餌もやれない。気象のことも知らないようだし、海に潜って魚を獲ることもできない。家を作れるわけでもない。おまけに言葉も十分ではない。ないない尽くしで、生きていくのも難しいようじゃないかい。いったい大学で何を教えることができるというのか、ね。わしのほうが、よっぽど優れた教師となれるだろうよ。おまえが博士なら、わしは大博士、そうじゃないかい」

「ごもっともです……」（ともかく、あとは、ひたすら沈黙の時）

これには降参するほかない。なにも返す言葉がない。ただ、うなずくほかない。たしかにそうなのです。人類学の研究者などと称して、ちょっとだけ偉そうなことを言ってみても、まるで赤ん坊のごとし。なにもできないし、なにも知りやしないし、役にたたない。ただの小人間。それに対して、ポリネシアの孤島の古老など、身も心も知恵も、なにもかもがみな、大きい。まるで器量が違います。

ポリネシアの島々の知識人、その１――テアカ氏のこと

離島社会において、ハアパイ・グループのフィナウ氏のような大物感あふれる人物が存在するのは、けっして珍しいことではない。その島社会内部の動的な側面、まつりごと的な側面、対外的な側面を担って、島内の人間関係や外部世界とのインターフェースの役割を果たす人物が、たいてい一人や二人や、あるいは何人かはいるものです。

ポリネシアの島々を訪ね巡っていると、そんな存在の人たちの恩恵をこうむることになります。多くの場合、まさに「一期一会」を絵に描いたような状況で出会い、さんざんお世話になり、まるで夕日が

水平線に落ちるように別れがくる。そして、いつかまた、再会できるであろうとの願いを余韻のように引きずりながら心のなかに生きる相手となります。

そうした繋ぎ役は、フランス・ポリネシア（以前は仏領ポリネシアと言ったが、現在はフランスの県だから、ハワイイとUSAの関係と同じ）のツアモツ諸島の、とある島では、一九世紀に移住してきた中国人の混血した子孫である場合もありました。クック諸島では、西欧人のビーチコウマーの血筋を引く人であったり、現地の女性と結婚した著名な小説家の孫であったり、というケースもありました。

ポリネシア人の大らかさは、そんなところにも表れています。やれ、人種が違うとか、民族が違うとか、よその国からきたとか、よそ者とか、信仰が違うとか、教養があるとかないとか、などなど、そんな狭量なことは、ほとんど考えようともしないのです。それが「ポリネシア流（Polynesian Way）」なのです。ポリネシアの孤島での人間の生き方なのです。

実際には、人間が少ないので、あるいは人間関係が狭すぎるので、ひとり一人の人間の間の機微が、歯止め装置として、「生活の知恵」とか「人間関係の知恵」のごとく機能しているために、極力、大らかに振る舞っているだけのことなのかもしれません。彼らの人間関係が洗練しているさまを思うと、たぶん、ほんとうに大らかなのでしょう。それと稀人《まれびと》信仰のようなものがあり、たてまえではなく、まさに本音のところで、よそ者を大切にするのです。

ポリネシアの島々の知識人、その2——ガメツア・カレロア氏のこと

しばしば通ったクック諸島国のマンガイア島にも、とても忘れがたき巨人がいました。この方は〈やつがれ人類学者〉より一世代分ほど年輩でしたので、「人生を長く生きし人が若き人を」、「若き人が長生きした人を」を扶助するポリネシア流の人間術なのでしょうが、とても世話を受け、面倒を見てもらったことが忘れられません。

彼もまた心身両面での巨人でした。

この方は、そもそもは、その国の主島であり首都アバルアのあるラロトンガ島から婿入りのような形で島に来たよそ者だそうです。非常に背の高い体形の強面の顔からはイメージできないのですが、なかなかのインテリで、あかぬけた都会のセンスをそなえたような風采でした。英語がうまく、最初の頃しばらく、ポリネシア語のマンガイア方言と英語の通訳を完璧のうまさでこなしてくれたので、大いに助かりました。

それもそのはず、子供の頃は都会ボーイだったようです。おそらく、名家か、素封家の生まれだったのでしょうか。中学の高学年と高校はNZのオークランドのウェズリー高（ラグビーの名門）に学び、オークランド大学（当時はNZ大学オークランド校）に進んだ（主島のラロトンガからは少なくなかったらしい）が、中退したそうです。なにしろ、婿入りしたマンガイアでは、島で有数のインテリゲンチャですから、ラロトンガの中央政府とマンガイアの島政府とをとりもつ行政責任者、実業家、知識人のような存在だったようです。マンガイア島には独自の島王朝（ヌーマガチニ朝）があり、女王陛下を頂いているのですが、世俗の代表として女王に仕えていた、と聞いたことがあります。

写真27　ガメツア・カレロア氏（左端、身長195センチ）と、その仲間たち。

〈やつがれ人類学者〉にとって、マンガイア島における最大の頼りになる人物の一人であった彼の本名はガメツア・カレロア氏。あるいはパーガの通称で呼ばれていました。ガメッツアは、「ガ」が（「二つの」を意味する冠詞）、メッツアは親だから「両親」の意味。そして、カレロアのほうが面白い。カレは「何なにでない」を表す否定形容詞だが、ロアは「長い」「大きい」の意味。だから、カレロアとなると「長身でない」という意味になります。これは嘘偽りはなはだしい名前です。なぜならば、彼は長身ぞろいのポリネシア人のなかでも、なみ外れた長身でした。たしか一九六センチばかりもあり、人口一五〇〇人のマンガイア島では、まちがいなくナンバーワンの高身長者だったのです。

かれこれ四〇年近く前のことです。人類学の調査の可能性を求めて、マンガイア島に渡りました。六人乗りほどのガラス窓が開く（恐い思いがしました）

小型飛行機で小さな空港に降り立ったとき、やたらと寂しい思いがしたものです。もちろん、まだ知り合いなど誰もいなかったから、挨拶のようなものはなく、久しぶりに見るよそ者に向けられる好奇心がいくつか迎えてくれているだけでした。

ガメッツア氏は、その前年まで、クック諸島国の中央政府の弁務官を務め、島一番の名士で有数のインテリでした。その英語力は、英語でのコミュニケーションがとりにくいマンガイア島で、ずいぶん助かりました。その後も、ときおり訪れる言語学者や地質学者や海洋学者や動植物学者たちのガイドを引き受けていたようです。

ココナッツ・ラジオのこと

〈やつがれ人類学者〉が、最初にマンガイアを訪れたそのとき、およそ島じゅうのあらゆるところにガメッツア氏は連れてまわってくれました。自分のオンボロ四輪駆動車で、島名物の洞窟という洞窟、水田や畑、海岸や谷間、島のまわりを取り囲むマカテアの絶壁（石灰岩の断崖）、マラエ（祭祀遺跡）、海岸まわり、山まわり、どこにでも案内してくれ、多くのレクチャーをしてくれました。

そして三つある村を回っては、出会う者のすべてを紹介してくれたのです。さすが人格者です。島社会というのは、けっこう人間のわだかまりが溜まりやすく、絶対に馬が合わない人がいるものなのですが、彼については、非常に感心したものです。なにしろ、誰とでも物静かな顔で会い、説得力のある口調で交渉していきます。さすがは島のインテリの鏡、とばかりに感心しました。おかげで、はじめての訪問にもかかわらず、島の人々の一人ひとり、大袈裟に言えば、島じゅうのココヤシ林、そのヤシの樹の一本一本にいたるまで、旧知のような間柄になることができました。

話がそれますが、あるいは半分冗談ですが、どこにココナツの樹が多いか、どこのココナツの樹がお喋りかを知ることは、孤島の生活では、とても大切なことなのです。ココナツの樹とは、ポリネシアの島社会の隠語のようなものです。お喋りのこと、あるいは「噂メーカー」のことです。「噂の発信源」のことです。「ココナツ・ラジオ」と言うのです。

島社会での情報伝達の基本手段は口コミです。噂話や、大ボラ小ボラ話や、尾ひれフカびれ話や、フェイクニュースの類など、すべては「ココナツ・ラジオ」で伝達されると言われます。だから、どこに、どんなココナツ・ラジオがあるか、気をつけねばなりません。

それから何年も、人類学の調査のために、まるで渡り鳥のようにマンガイア島を訪ねました。その間、そこの島社会もすこしずつではあるが、変化していきました。

電気が供給される時間が年々、長くなりました。ビデオが普及、オンボロ車とオートバイが増えました。電話が開通し、夜の一時間か二時間だけだが、テレビまでもが放映されるようにもなりました。若者の社交場であるバーもできました。

それとともに、ガメツアおじさんは、しだいに人間が変わっていったように感じました。マンガイア島にホテルを作り、観光客を呼び、ビジネスを発展させるのだ、と語っていた彼は、いつの間にか人間が変わってしまったようです。

かわりに昼間でもビールの匂いをプンプンさせる酔っ払いの彼が現れました。威厳をたたえた名士の顔が消え、金曜と土曜に開かれるバーの常連となり、まるで、トリックスター（道化者）のごとく振舞う人となりました。あげくの果て、島では珍しい交通事故まで起こして、ついに還らぬ人となってしまいました。どうも夜中の、ひどい飲酒運転が原因でココヤシの樹に激突。島で最初の自動車事故死だったようです。

コラム⑤　ポリネシア語のこと

はじめてのポリネシア語

筆者がポリネシアに最初に出かけたとき、それは、最初にポリネシア語を耳にしたときでもあった。もちろん、ちんぷんかんぷん。話し手の表情を通して、ただの挨拶語を言っているにすぎない、とはわかったが、その挨拶語が聞き取れなかった。

そもそも外国語音痴のうえ、日本語以外の言葉の会話に未熟だったので、最初の頃は、小冊子のような〈英語―タヒチ語辞書〉を手にして、ただひたすら市場あたりをうろつきながら、人々の会話に耳を傾けていた。しばらくすると、大きめのルーズリーフに書いた一〇個ほどの短い会話語を持ち歩き、ほとんど脈絡のない場面で繰りかえし口にしていた。大人だと、変な人間と思われるか、邪魔者扱いにされるのが関の山。もっぱら子供を相手にしたものだ。

そんなこんな、最初に楽しんだのが、ポリネシア語の耳触り。どうも、英語や仏語とは、まるで違う。まるで日本語を耳にしているような感覚だった。もちろん、それは発音だけのことであって、意味はさっぱり。そこで、片端から単語を日本語の発音で丸覚えしていくことにした。覚えた単語を日本語の調子で発音して、どんどん、使っていけばよいわけなのである。

ただ、英語や仏語を母語とする人たちや、英語圏で育ったポリネシア人たちを相手にするときは、少々、やっかい。ポリネシア語を英語調の発音で話されると、けっこう聞きとるのに難儀する。

ポリネシア語と日本語の共通点を挙げておく。①長母音をのぞく母音「アイウエオ」と子音（日本語のほうが多い）が同じ、②音節が子音＋母音、ないし母音だけ、③「ゆっくりゆっくり」などの繰りかえし語が多い（ただ日本語とは逆、意味が弱くなる）、④-nga（鼻濁音のガ）音がある、⑤オノマトペ（擬音語、擬態語）が多い。⑥わずかだが、同音同意語さえもある、などなど、である。

ポリネシア語の流行歌（一九八〇年代の終わり頃、クック諸島国で流行ったもの）の一節を、あえて日本語のカタカナで紹介しておこう。日本語の音とポリネシア語のそれとが似ていることがわかるだろう。

オ　タク　モエモエ　ア／クア　キテ　アウ　アコエ／オ　タク　モエモエ　アウアウエ／パラタイト　ノ　テ　ヒナガロ／アウエ　アウエ　タクエヌア／アウアウ　アウ　アウ　メポマイ／アウアウ　アウアウ　メポマ

（私はウトウトと居眠りしながら、夢の中で　あなたを見た。私はウトウト、気持ちよく夢見しながら、恋人よ、あなたと天国にいるようでした。おお　おお　なんと懐かしい　故郷のことが[*1]）

＊1　ちなみに「アウエ」「アウアウ」は、日本の演歌と同じ、調子をとる「合いの手」か「あーあー」。「アウエ・タウエ」などの合の手もあり、いかにも日本語調。

写真28　入れ墨を指す英語「TATTOO」の語源は、ポリネシア語タヒチ方言の「TA TA-TAU」(叩くこと、とかの意)

オーストロネシア系語族、オセアニア諸語、ポリネシア語のこと

ちなみに、そもそものオーストロネシア系語族の言語は、東南アジアから東アジアにかけての言語だったそうだ。さらに、その初めは、台湾の先住民系の言語だったという仮説が有力視される。

今から五千年ほど前に、そのうちの東部台湾祖語（アミ語など）から分岐したマラヨ・ポリネシア祖語（台湾圏外オーストロネシア祖語）を話すグループが、フィリピンからインドネシアにかけての豪亜地中海に広がったとき、その当たりの島々に拡散したのだ、とのこと。

さらに三千年あまり前に、その中の一団（中・東部マラヨ・ポリネシア祖語から変容したオセアニア祖語を話すグループ）により、ニューギニアの北部から東部の沿岸、その沖にある大型小型の島々、ソロモン諸島、さらにメラネシアのバヌアツやニューカレドニア、ミクロネシアの島々に拡散。三千年ほど前（日本列島は縄文時代のまっただ中）に、そのうちのラピタ人と呼ばれるグループが、フィジーやサモアやトンガに広がるとともに、フィジー語やポリネシア語が生まれたのだそうだ。

その後、ラピタ人が古代ポリネシア人（現ポリネシア人の祖先）に変容。今から二〇〇〇年前以降に、古代ポリネシア人が西ポリネシアから東ポリネシアへ広がるとともに、ポリネシア語も東ポリネシアへと、さらには辺境ポリネシアの島々へと拡散した。こうした過程を経て、ポリネシア語は各諸島のポリネシア語方言に分節化し、分化していき、大きく西ポリネシア系の方言と東ポリネシア系の方言、各諸島の方言が生まれたのだそうだ。オーストロネシア語族のこと、その分岐については、菊澤（二〇〇七）などの著作を参照した。

西ポリネシア方言と東ポリネシア方言

そのうち、フランス語圏や英語圏の島々、ハワイやラパヌイなど、ポリネシアの各地に広く出かけるようになった。その過程で次ぎに実感したのが、地元の人たちがよく使うほうの言語、すなわち英語や仏語などではなく、ポリネシア語における幅広い共通性である。

地球の表面積の六分の一近くの広さを誇るポリネシアの三角圏だが、実は言語については、どの島の言葉も互いに方言の違いほどでしかない。多くの諸島があるが、いずれも言語学的にはオーストロネシア（南島）語族オセアニア系ポリネシア語に一括りにでき、方言レベルの違いでしかないわけなのだ。

でも筆者のごとき語学に浅学の者の耳には、かなりの違いがあるように聞こえる。ことにトンガやサモアなど、西ポリネシアの島々のポリネシア語と、タヒチやハワイイやNZあたりの東ポリネシアの島々でのポリネシア語とでは、言葉そのものもそうだが、話し方などにも、ただならぬ違いがあるように聞こえる。

はじめてトンガで、ご当地のポリネシア語を耳にしたときは狼狽したものだ。なんだか、言葉の雰囲気も語り口も音感なども様子が異なる。ポリネシア語の一方言のはずなのに、聞きなれたタヒチ方言やクック諸島方言などとは、まるで〈月とすっぽん〉の感。単語もなにも随分と違うからだ。

それにトンガ方言は、おそらくは、トンガ王国による封建制度が長らく続いたことと関係するのだろうが、身分による言葉の使い方、つまりは敬語のようなものが発達している。そんなことも絡み、言語構造が多分に複雑となり、ポリネシア語そのものが変容を来しているようにさえ思える。サモア語も、その影響が少なくないように聞こえる。

人類学の仕事では、ある程度のコミュニケーションが叶わねば、なかなかに難しいところがあり、結局、頭を抱えたままできた。

それにフィジーでは、ラウ諸島をのぞくと、同じオセアニア系の類縁語ではあるものの、ポリネシア語とは異なるフィジー語が使われている。著者には、トンガよりも、なお難儀なことだった。

ともかく、同じポリネシア語ではあるものの、タヒチ諸島やツアモツ諸島、クック諸島やマルケサス諸島などの東ポリネシアの方言と西ポリネシアの方言との間には深い溝を感じざるをえなかった。

身近にたとえるならば、日本語と同様、地域による方言分化が進み、ときには、津軽方言と薩摩方言ほどの違いが来たしていること、さらには、京言葉や地域言葉や東京言葉、ＮＨＫ言葉などの違いが生じていること、ということなのであろう。

いずれにしても島々には、それぞれの島に固有の時間が流れ、独得の歴史が育まれた。言葉は生きているから、それぞれの島の時間が流れゆくとともに言葉の違いが増殖してきたわけだ。そして方言の違いが育まれた。その違いゆくスピードは、島世界のほうが、大陸世界よりも大きいのではないだろうか。

第5章　チャタム諸島

――ポリネシアの行きどまり、地球の終着駅――

「吠える40度線」の彼方の島々、さりげなく転がるクジラの脊

チャタムはポリネシアの最果て、地球の最果ての島々

ポリネシアの島々、数々あれども、もっともポリネシアのイメージから遠いところにあるのは、チャタム諸島かもしれません。文字どおり、地理的な位置どおり、きびしい自然に包囲された島々です。それこそ、世間の人々がいだくポリネシアのイメージの最北（南半球生活者のイメージでは、最南）にある島々なのかもしれません。

きびしすぎる自然環境、人間の生活環境についてもさることながら、ある有名な文明論者は、この島で起こされた悲劇のことを〈虐殺〉、あるいは〈人知れず起こされた虐殺〉と申しました（ダイアモンド、一九九二）。ポリネシアの島々のなかには、ラパヌイなどのような奴隷狩りによる悲劇、あるいは、マルケサス諸島などで起こった流行病による人口激減の悲劇は珍しくないのですが、この島で起こされた悲劇は、さらに、いちだんと悲劇的な匂いが強いのです。

強いポリネシア人が弱いポリネシア人を襲撃するという悲劇が、まさに近代にならんとする時期に起こされたのです。チャタム諸島のポリネシア人、モリオリの人々は突然、いわれなき暴力による襲撃を受け、暴虐の限りを尽くされ、陵辱され、多くが死を迎えるか、奴隷の立場に追いこまれたのです。そのことは、あとで詳しく再述することにいたします。

ともかく、チャタム諸島は、広大なポリネシア世界のなかでは、もっとも最果て感が強い場所だと思います。もっとも遠くに位置し（観念上）、もっとも厳しく苛酷な自然に暮らし、もっとも外世界から隔

絶された感のする島々なのかもしれません。

ともかく、その先には広漠たる荒海と南極くらいしかない最南（私たちの感覚では、最北？）の島々なのです。そもそも、こんなところに人間が住む島があることじたいに不思議な感慨、あるいは錯覚感のようなものを覚える辺境の島なのです。

まさに、世界の行き止まり。もはや行き場のない、どこにも行き先がない、ましてや、どこにもいく当てなどない、そんな場所なのです。

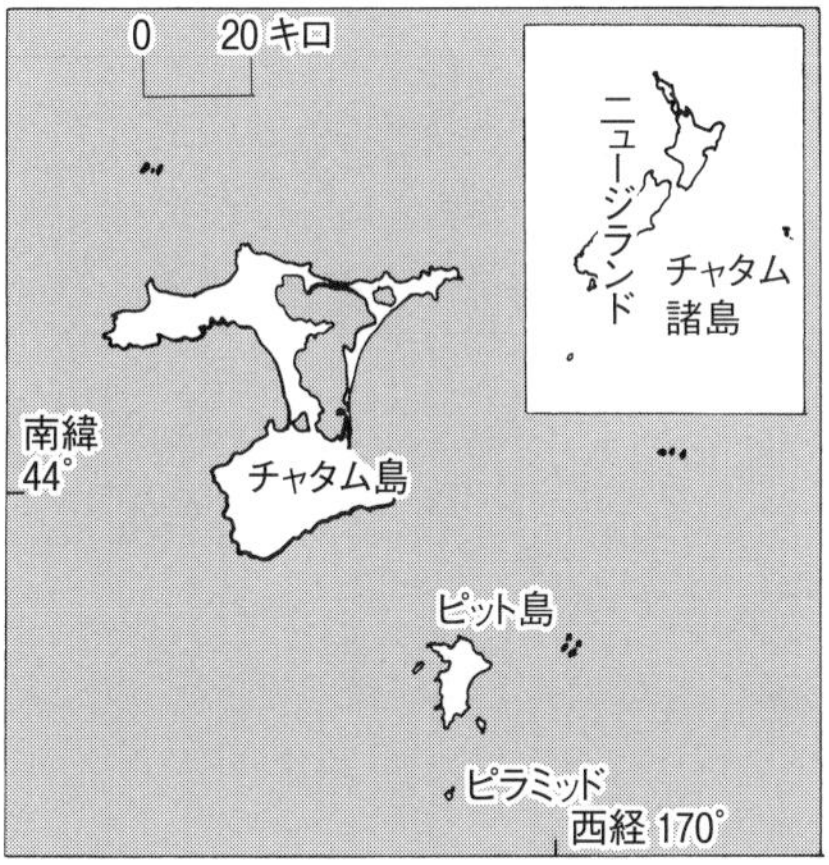

図8　チャタム諸島とニュージーランド

ダニーデンのこと、オタゴ大学のこと

もうだいぶ前のこと、一九八三年のことでした。筆者が勤めていた京都大学から在外研究員のファンドの恩恵にあずかり、ニュージーランド（以下、NZと略）のオークランド大学人間科学部に客員研究員として招聘してもらうことになりました。四ヶ月ほどの短い期間ですが、はじめてNZでの長めの滞在を果たしました。

その年の一二月から年をまたいで三月まで、主として、南島のダニーデン市にあるオタゴ大学とオタゴ博物館。そして、オークランドのオークランド博物館をまわり、ポリネシアの島々で考古学の遺跡から発見された古人骨資料などについて調査しました。

とりわけダニーデンのオタゴ大学・医学部・解剖学教室（Department of Anatomy, Otago Medical School）の身体人類学研究室で過ごした研究三昧の日々のことが忘れられません。

もとよりNZは、ポリネシアでは圧倒的な大きさの陸地を誇る国ですが、この大学は、南太平洋のポリネシア人に関する人類学的研究のメッカのようなところとして、知る人ぞ知る存在でした。

爾来、数えきれないほど、ダニーデンに出かけました。オタゴ大学の当の研究室でリサーチを続けながら、長い時間を過ごしました。今にいたるまでも、その町と、その大学と、その研究室と、解剖学教室があるリンド・ファーガソン・ビルでの生々しい記憶は、吾が研究者人生の骨髄と脳髄に深く刻まれております。

ダニーデンという町は、やや緯度が高いものの〈南緯四五度〉、赤道をはさんで京都とは概ね反対側、はるか彼方の南半球にあります。しかるに、吾が心象風景のなかでは非常に近しき町、すぐそこにあるような距離感を覚える町です。いつでもダニーデンの町並みや、オタゴ大学のキャンパス風景や、郊外の景観やらが頭に浮かぶものですから、頭のなかと現実との間で、ひどく遠近感がぶれております。なにしろ、頭のなかでは見えるのに、現実では見えないわけですから。

その後、二〇〇〇年の頃まで、ダニーデンの町には幾度も幾度も滞在することになり、オタゴ大学解剖学教室を根城のようにしてきました。吾が第二の研究室（心の研究室）と言えるがごとく、でした。

ともかく自分の独特の流儀でポリネシア人に関する研究を進め、彼らの特異な身体特徴を解明し、それをキイワードにして、彼らがたどってきた歴史を読み解く身体史観なる方法論で自分の研究を進めていくうえで、言葉で尽くせないほどに、お世話になりました。この町には。この大学には。この教室には。そしてなによりも、吾が師にして学兄たるホートン教授をはじめとする人類学の仲間たちには。

ちなみに「ダニーデン」とは、スコットランドあたりのゲール語で「南のエディンバラ」という意味です。一九世紀にスコットランドからの移民が多く住んだから、そう呼ばれるようになったわけです。日本でも北海道に北広島という町がありますが、それと同じことです。「南のエディンバラ」なのです。それにしても、なんとも遠く南北に離れた親子町です。ゴールドラッシュなどでＮＺの南島に流れたまま、もう二度と、はるか北の故国に帰ることのなかった移民者たちの切ない想いがあふれくるような名前ではありませんか。

実際、ダニーデンとエディンバラとは、町の外観や町並みが瓜ふたつ。もちろん本家の一〇分の一ほどの人口しかなく、地球の反対側ですので、季節が完全に逆転していますが、小川や丘や入り江などの名前は、まるまる本家の地図を複写したかのようです。今でもエディンバラの一九世紀の頃の雰囲気が古色蒼然と残るので、観光用のパンフレットには「地球で最後のスコットランド風の町」（The Last Scottish City）とあるほどです。

ダニーデンの街の中心をなすオクタゴン（八角形の交差広場）には、「蛍の光」（Auld Lang Syne）や、「夕空はれて　あきかぜふき……」（「故郷の空」）の原曲（Comin Thro'The Rye）の作詞者にして、スコットランドの国民的詩人であるロバート・バーンズの彫像があります。フェスティバルなどのときにバグパイプの演奏団が、その前を行き交う光景などは、もう気分は百パーセント、エディンバラにいるときのようです。

フランス・ポリネシア、ツアモツ諸島のレアオ環礁

しばらく話が脱線します。いわゆる、フラッシュバックのようなものです。どうか、お許しください。すこしばかり駆け足で、ダニーデンのオタゴ大学を、吾がポリネシア人研究の根城にするようになる前の頃の体験を記しておくためです。

一九七九年、長年いだいてきた念願かない、仏領ポリネシア（現在は仏国の海外県。フランス・ポリネシアと呼ぶほうが適切だろうか。首都はタヒチ島のパペエテ市）のツアモツ諸島のいちばん南東の外れにあるレアオ島（あるいは、レアオ環礁）で定点調査を行う人類学関係の調査隊に参加することになりました。その翌年、ほぼ半年間、人口が一八〇〜二〇〇人ほどのレアオ島で自然人類学の調査を実施しました。

この島は、いくつかの意味で、地球でもっとも悲惨な島の一つかもしれません。環礁島（アトール島）というのは、やや大きめの島が普通は一つと、ごくごく小さな一〇〇あまりの島（モツ）とがネックレスのように輪をなしており、輪の中は大きな内海（ラグーン）です。内海は晴れた日は、暑いながらもコバルトブルーの海が太陽光線と化学反応するような趣き、まさに〈絵にも描けない美しさ〉なのです。魚類や貝類もけっこう豊富です。ありがたいものです。内海だけを写真で見ると、天国もかくやあらん、と感激される向きもあるかと思います。

実際、ツアモツ諸島の最北部にあり、タヒチ島に近いランギロア環礁などは（ランギ・ロアとはポリネシア語で大きな空の意）、いままさに〈地上の天国〉のごとくに観光開発が進み、海と空と太陽とを三位一体で楽しむリゾートとして大評判です。でも、環礁島の本来の姿は悲惨なものなのです。暑苦しい、せま苦しい、土地がない、水がない。だから野菜などは皆無。船も飛行機もめったにない。島の標高がないから、嵐のときは、さあ大変、家は吹き飛び、海水がヒタヒタと浸水してきます（地球温暖化で沈みゆく島々ともいわれる）。あれもない、これもない。それもない。ないものばかりの島なのです。

とにもかくにも一般に環礁島は〈ないない尽くし〉なのです。まずは真水が、まったく地表にありません。飲用水は天水、つまり雨水なのです。それに未熟なココナツの実の中でタプタプするココナツ水も貴重な飲料水です。発掘調査などでは、一〇メートルも二〇メートルものココヤシの樹に登り、ココナツを落とす役割のテーンエイジャーの男子を必ず雇います。ココナツ水なしでは、仕事にならないからです。いみじくもポリネシア語では、ココナツ水のことを「ワイオラ」（命の水）と言います。

それに、トイレらしいトイレがありません。トイレがない人間生活を想像するのは難しいものですが、実は、外海に面した大きな岩だらけの浜辺がトイレなのです。トイレ用の場所なのです。それにココヤシ林の中のブッシュもまた、ときどきトイレになります。

朝起きたら誰もが、まず向かうのが、外海側の海岸に多くある大岩の陰です。そこで用をたす。そして下半身だけか、全身を海水に浸けて、じゃぼじゃぼ……。それで一丁上がり。

しばしば島びとやイヌに出合います。でも、そのときだけは、いつも無口。けっして「お早うさん」

などと、野暮な口をきいてはいけません。上の空の顔つきでいることこそがエチケット。それが島の人間に共通する作法です。

それでは、ワンちゃんはなぜ、うろうろしているか。どうか御想像してください。ツアモツ環礁のイヌは餌をもらう習慣がありません。それがヒントです。むかしむかし、ポリネシア人の祖先は、わざわざアジアからイヌを連れて南太平洋の島々に拡散して来たのです。環境汚染を防ぐ役割を担わせてきたのかもしれません。カヌーのうえで、あるいは小さな環礁島などの島々で。それが筆者の推理です。

もちろんのこと、島には風呂もシャワーもありません。海の塩水に浸かり、汗を流すか。めったに降らない俄雨に頭も体も濡らすか。ボーフラのわく貯水を空き缶で汲み、頭から流すか。雨はありがたいものです。みんな雨の中に飛び出します。日本人のフィールドワーカーは、どこでも、〈風呂と水浴び〉問題に悩まされます。きれい好きの文化が身についた国民性なのでしょう。

もっとも近くにムルロア環礁が、核実験の島が

それよりもなによりも、レアオ環礁について、もっとも由々しきことと言えば、フランスが核兵器実験場としたムルロア環礁が御近所と言えるほどの近さにあることです。

フランスは、このムルロア（正確な現地名はモルロア）環礁なる地球の最僻地のような島にて、長らく国策としての核実験をくり返してきました。一九六六年から一九九六年までの間、およそ一〇〇回の核実験をくり返したそうです。おまけに一九七五年までは大気圏内での爆発実験（それからは地下実験）

だったそうで、ムルロアから北東（風下側）に四〇〇キロたらずのレアオ環礁に〈死の灰〉が飛散して来たとしても、なんら不思議ではありません。

もしかしたら仏軍は、はじめから、そのことを想定していたのかもしれません。なんとも恐ろしい話です。つまりは、生体実験か、そのシミュレーションです。だからこそ、レアオ島には気象部隊や傭兵部隊を常駐させていたのかもしれません。[*1]

まちがいなく初めから、この島もまた実験計画に組みこまれていたはずです。そら恐ろしい計画です。島に滞在している数ヶ月の間に五〇余歳の早世者が出ました。仏軍の衛生兵の話では白血病を罹っていたそうです。また、筆者の調査の助手をしてくれた二〇歳近くの青年は、いかにもポリネシア人らしい長身でしたが、先天性の心臓疾患を患っていました。ときどき飛行機で、タヒチ病院や、ＮＺのオークランド大学やオタゴ大学の病院に運ばれていました。なんとも、やるせない話です。

＊１　この小さな環礁島には当時、一九六〇年代の後半から、仏軍の基地がありました。気象隊が五人ほど、外人部隊が五人ほど、衛生兵が一人（すべて男性）、というのが、だいたいの構成でした。気象隊の仕事は、よそ者には秘密にされていたようです。外人部隊は島の監視と治安が任務。島民のコントロールとよそ者のお目付役だったようです。旧ドイツ兵との噂の五〇歳代とおぼしき恐い顔の隊長さんがいました。派手な入れ墨をしたインド洋のレユニオン島出身と称する大男が副長さんのようでした。

シガテラ中毒の恐ろしさ、おどろおどろしさ

こんな塵芥のごとき大きさの小環礁に、これほどの部隊を置く必然性は一つしかないわけです。おそらく目的は、人間および人間生活に対する核実験の影響調査なのです。

この小さな基地があるために、ありがたいことも、ないわけではありませんでした。普通なら三ヶ月ほどの間隔で立ち寄る五〇〇トンくらいの貨客船（中国系商人が経営する「アラヌイ（大きな道）」号）が来たときにしか飲めないビールと、くわえてワインとが、毎週土曜日の午後の基地で、食事とともにふるまわれたのです。島の成人男女とともに、パーティに招かれました。ときにシャワーも使わせてもらったりもしました。

最後に子供についてですが、人口の割に子供が大勢いることに驚きました。学校があり、おおまかなところ、四〜九歳ほどの小児が三〇人ばかり、その上の一〇歳から一五歳までの中児が二〇人ちかくいたのではないか、と記憶しております。とくに小児には混血の子が多いことに驚きました。島の女性とフランス兵の間の子供なのです。そうなると当然のこと、島の若者の男性とフランス兵との間で軋轢が生じます。一度だけ、そんな喧嘩沙汰の場面を目撃しました。絶叫が風を裂き、ナタが空気を威嚇するがごとき光景でした。

おそらくは、そうした緊張を和らげるためなのでしょうが、月に一度くらい、島民と仏兵との間でサッカー競技がありました（さすがはフランス領、ラグビーではなくサッカーなのです）。

驚いたことに、島民はたいてい〈裸足のキッカー〉たち。つまり靴を履かずにボールを蹴るわけです。筆者は島民チームで戦いましたが、ことに傭兵の隊長さんには戦慄を覚えました。普段から筆者のことを「トウキョウ」と呼んでいましたが、「トウキョウ」「トウキョウ」と叫びながら追いかけまわされたときなど、ほんとうに生きた心地がしませんでした。

大気圏内実験ではなく、地下実験となっても、ことにツアモツ諸島南部の島々には、さまざまな悪影響が及んだことが指摘されております。なかでも最悪なのが、シガテラ中毒症（もしくは魚毒症）の急増です。もとより浅学寡聞ゆえに、はっきりした物言いは慎まねばなりませんが、おそらく核実験の影響により（振動の影響ゆえにか）、環礁島の外海側の珊瑚礁が破壊されます。それが原因で発生するプランクトンが、シガテラ毒という名の毒素を出し、それが体内に蓄積した魚を食することで起こるのだそうです。

聞きかじりですが、これは非常に毒性の強い神経毒であり、フグ毒にも似ているそうです。ちなみに、公衆衛生学か毒性学を専門とする日本人医学研究者が、この毒素を詳しく解明したのだそうです。

人間の場合、ひどい急性食中毒の症状をも呈します。死者も出ます。なんとも奇妙なのはイヌです。先述したような理由（島の清掃係）とか、別の理由とかで、イヌの数（犬口）は大きく、人口を何倍も凌駕するほどでした。まさに島じゅうイヌだらけの状態。それも痩せこけたイヌばかり。そのなかに相当数、腰フラで、後肢を引きずるように歩くイヌがいるのです。そうしたイヌを「タエロ」と呼び、島人たちは、どこか悲しげな顔で見ていました。もちろんポリネシア語ですが、人間の場合ですと、ひどくビールなどで悪酔した状態を意味します。つまりは〈悪酔いイヌ〉。その原因は人間のシガテラ中毒と同じだ、と、「島の大博士」たちは申しておりました。

「外海側の磯魚を食べすぎるのが原因、それを食わねば大丈夫」と、皆は申していましたが、それは辛いもの、たいへん悔しいことでした。なにしろ外海の珊瑚礁の割れ目から釣れる美味そうな魚や、ゴロゴロしているサザエなどを、指をくわえて見ているわけですから、なんとも切ない思いでした。

いま思い返せば、とんでもない島でした。大気圏内の実験が終わり、まだ五年くらいのことでしたから、風で飛ばされた〈死の灰〉の影響が残っていなかったとは考えにくいし、あの〈悪酔いイヌ〉のごとくシガテラ毒の影響を受けなかったとは考えにくいからです。核実験の影響が緩くなっていたのか、わたしたち調査隊の悪運が勝ったのか、いまもってよくわかりません。複雑な思いが去来します。

地球の辺境たるポリネシアの辺境、さらにまた、その辺境

閑話休題。いよいよ、本章の本題であるチャタム諸島のことに話を戻します。

ポリネシアの辺境、その最たるは実は、ラパヌイではなく、レアオ環礁などでもなく、ニュージーランド（NZ）のチャタム諸島（Chatham Islands）なのです。おそらく、この名前を聞いて、すぐにピンとくる人は、世界中をたずねても、きわめて希でしょう。まず、ほとんどいないのではないでしょうか。実際、NZの人でも少なからずは、その名前すら知りません。たとえ知っておられても、「さて場所は？」となる人が少なくありません。そんなこんなで、その名前を、目に見て、耳に入れて、口にして

写真29　南極からの南風が、荒波とレコフ（霧）とをもたらす

みるような機会は、ほとんどないわけです。

けっこう大きく（ポリネシアの島々の感覚では）、ちょっとした町あり村ありの有人島なのに、知る人多からず。人に知られないのが当たり前のような場所にある島なのです。でも、さすがに人類学者や、地理学者や、オセアニア学者や、海洋学者や、動植物学者や、航海学者や、人間の歴史に興味を抱かれる人たちなどが御存知ないのは切ないもの。是非とも知っておいてもらいたいものです。これから諄々、紹介していきますように、汎地球動物たる人間の歴史では、まさに、その最終章になって開拓された島々であり、もっとも辺境の場所にあたる島であります。南太平洋の島々を次々と発見、植民、開拓していったポリネシア人の偉業においても、その最後の舞台となった島として登場するわけです。

辺境の中の辺境、それが最果ての地たるゆえんです。地球上には、最果て地との異名をもつ場所が少なくありません。筆者も、さながら「最果てハンター」のごとく、いくつか、そんな異名をもつ場所を訪れました。そのなかで、とりわけ〈最果て感〉を強く抱いたのは、まちがいなくチャタム諸島です。まさしく、ここは人間世界の最果てなのです。

ともかく〈もの皆みな枯れて〉感が地上をおおい、行き場なき断崖絶壁のように、島の周囲で空気が切り立っています。寒々とした疾風が吹きすさび、四囲の海は咆吼し、大きな白波を立てています。筆者の最果て論に関するイメージが最後に行きつくところ。それがチャタム諸島なのです。

冬どきのラパヌイ（イースター島）、アイルランド西岸のアラン諸島、冬場の嵐のさなかの北海道の襟裳岬なども、ぼんやりとした既視感とともに記憶の中からよみがえってきますが、なんと言っても、チャタム諸島こそが、いちばんのインパクトで蘇ってきます。筆者の皮膚感に残る記憶ではナンバーワンの辺境です。地球の辺境の中の辺境、そのまた辺境、さらにまた辺境。そんなところですか。

NZ（つまりは「アオ・テアア・ロア（大きな白い雲）」国）の南島の東方、約八〇〇キロの洋上に浮かぶチャタム諸島こそ、まさに〈絶海の孤島〉という表現がピッタリです。ここはポリネシア世界の最果てなのです。アジアを出でて南太平洋の島々に拡散した古代ポリネシア人の最前線、もっとも遠くまでに至り、ようやく最後に発見、開拓することになった島々なのです。

「吠《ほ》える四〇度線」のさなかのチャタム諸島

だから地球の辺境の辺境、そのまた辺境。つまりは最果ての島々。そこからさき、もう行くところのない、人間の地球開拓史の掉尾《ちょうび》を飾る島々、ということになります。

アフリカ大陸からユーラシア大陸へ。そこから南北アメリカ大陸へ。オーストラリア大陸へ。さらに北極圏や高山帯へ。そして大陸世界から海洋世界へ。近オセアニアから遠オセアニア（コラム①、28頁）へ。そうして最後に、ポリネシアの島嶼世界の植民・開拓を果たしたホモ・サピエンス。この動物界・哺乳類・霊長類における異端児、もしくは怪物のごとき存在が地球のすみずみまで拡がりゆき、ついには汎地球的分布を遂げるようになるまでの旅路の最終場面となったのがチャタム諸島なのです。

ことほどさように、この諸島は、世界の最果てであるポリネシア世界の、さらに最果てに当たる場所。身体にたとえるなら、つま先か尻尾、あるいは盲腸の先のような位置にあたる島々なのです。多くの人たちが抱くポリネシアのイメージとは異質な島々であり、まさに南太平洋のイメージとは、ほど遠い雰囲気が漂っています。

かつて一八世紀の頃、西欧人の船乗りたちが太平洋を舞台に大航海時代をくりひろげていた頃、おそれを知らぬクック船長たちでさえもが震えあがった「吠える四〇度線」[*2]のド真ん中、南緯四四度のあたりの海洋に浮かび、冷温帯のさなか、南方の南極方面から吹きつける強風が唸り、海が荒れ狂い、波のしぶきが砕けるので、年がら年中、けっこう寒く、海鳴りが耳をつんざくような島々です。

主島のチャタム島とともに、ピット島などの小島から成るのですが、総面積は、日本の佐渡島よりも

＊2　Roaring Forties、南緯四〇度あたりから南極にかけての人間を拒絶するがごとく荒ぶる海洋

広いくらいです。だから大きさだけなら、ポリネシアの島々のなかでは見劣りません。でも、まわりは猛々しいばかりの冷涼な荒海。ややもすると頭の中の地図では、すぐ近くに南極があるものと錯覚してしまいそうです。だから、この諸島はいつも、オセアニア世界の果て、というイメージが付きまとうのです。ポリネシアの海洋島嶼を鉄道の路線のようにみたてるならば、まさに、ここは終着駅なのです。

その昔、ポリネシアの島々を次々に発見、植民、開拓した古代ポリネシア人たちは、こんな辺境にある絶海の孤島にまでやってきたのです。西欧人の帆船航海者たちに先んじること、何百年か前にはもう、この島々にまでも上陸していたのです。チャタム諸島を訪れると、その昔、遠洋航海活動に励みに励んだ先史ポリネシア人たちの偉業が、あらためて実感できるようです。こんな所にまでも、彼らは冒険して来たのか、と（図6）。

ここは「霧の国」

チャタム諸島の名称は、一七九一年に、西欧人として最初に、この諸島を探訪したイギリス人、ウィリアム・ブロートンたちが乗った「チャタム号」に由来するそうです。ニュージーランドの属領となった一八四二年に、その名前が定着したのだそうです。

もちろん、本来の名称があります。この島々に先住していたモリオリ（Moriori）と呼ばれるポリネシア系の人々は、「レコフ（霧）」あるいは「ヘヌア・レコフ」（霧の国、あるいは霧の地）と呼んできたそうです。まさに霧こそは、深い霧こそが、ここの島々の代名詞のようなもの、ある種の風物詩のようなものなのです。どの季節も、昼といわず夜といわず、いつなんどきであろうと、すっぽりと濃い霧に包まれてしまうことが珍しくありません。

なにしろ毎日毎日のなかに、それぞれの日々の時間のなかに、四季がめぐるような気象です。あるいは、もしも一週間ほども滞在すれば、すくなくとも二回り余りの四季、つまり二年分の季節は体験できるかもしれません。とにかく、目まぐるしく季節が巡るのか、時間の流れが遅すぎるのではなく、早すぎるのであろう。そんな錯覚を覚えるような不思議な時間感覚を味わえるのがチャタム諸島です。ともかく、一年のなかにも、一ケ月のなかにも、一日のなかにも、同じ程度の温度差しかないようです。

タヒチ諸島やトンガ諸島のごとく夏場と冬場の二季を巡るだけのような島々や、二季プラス擬秋と擬春からなるラパヌイ（イースター島）などとも違う季節感です。まちがいなく、一日のなかに四季が詰めこまれたようなNZ南島のダニーデンから、その南にかけての地域の季節感と似たものを覚えます。

たとえ夏場であろうと、霧と風と寒さが支配する天候には、油断禁物です。ときに霰が降ってくるわ、氷雨に見舞われるわ、波のしぶきが島を覆うわ、というほど。ただただ感嘆するだけ、ではすまないほどに、めまぐるしく天候が変わります。

濃い深い霧が太陽をさえぎり、大気を冷やすため、いっきに気温が急降下することもあります。まさに「哀愁の島に霧が降る」。そんな気分にさせられる島です。それゆえに、「霧の国」あるいは「霧の島」は、ピッタリするような名前ではないでしょうか。かといって、冬場は猛烈苛酷な寒さか、というと、実はそうでもないのです。チャタム諸島の緯度のままに、ほどほどに寒いだけです。暑さというも

写真30　ニュージーランド本島との時差が「45分」

のがなく、極度の寒さもない、なんとも慎ましいメリハリに欠けるような温度感なのであります。

NZ本島との時差、なんと四五分

いささか風変わりなのが時差。チャタム航空の飛行機がNZ本島と週二、三便ほど連絡しているのですが、その四〇人乗りの双発機に乗ると、NZの首都のウェリントンからは一時間あまりで到着します。しかし飛行スケジュールによると、往路は二時間ばかり、復路は三〇分程度となっています。

どうも変なのですが、ミスプリントではありません。実はNZ本島とチャタム諸島の間には時差が設けられているのです。その時差が、なんと四五分。なんとも中途半端な数字ではありませんか。いったい、どういう理由からなのでしょうか。

奇妙な時差、ということで言えば、おなじくポリネシア。フランス・ポリネシアのタヒチ諸島とマルケサス諸島との間でも設けられています。こちらは三〇分。おそらくは、一時間の違いにするには長すぎて、まったく同じ時刻にすると、いささか不便が生じる。そこで中間をとって折衷した。そんな事情で設定された絶妙な時差ではないだろうか、と想像します。でも、なんとも納得できそうで納得できそうにないのが、チャタム諸島での四五分という時差。ともかく微妙な時間感覚です。つまり一時間の四分の三などとは、いくらなんでも中途半端にすぎやしないでしょうか。どうも〈頭の中の文化〉の問題のようです。つまり、イギリス人とフランス人と日本人などの間で、数字感覚、あるいは時間感覚に微妙なゆるぎがあるのではないでしょうか。

NZ本島とチャタム諸島の間の四五分の時差と、タヒチとマルケサス諸島の間の三〇分の時差。この両者の違いは、実際、ちょっと不合理でもあります。なぜならば、経度での違いは後者のほうがはるかに大きいからなのです。

このことの背景には、おそらくイギリス人流の思考法と、フランス人流の発想法との間の微妙な違いがあるのではないでしょうか。イギリス人は経度の違いを厳密に時間に換算したが、フランス人は便宜的に調整しただけかもしれません。それにイギリス文化では、一二進法とか四分法で物事を考える傾向があるから、一時間では大きすぎるとの理由で四五分（つまりは、スリー・クオーター・アワー）の時差を採用したのでしょうか、というのが、著者の推論です。それにしても奇妙な時差ですね。こうした中途半端な時差についての例は、寡聞にして、ほかには知りません。

チャタム諸島の中心、ワイタンギの町

飛行機の窓から眺めるチャタム諸島は、まるでNZ南島、その南部で見る海岸線が凝縮したみたいです。主島のチャタム島の中央部には、いくつかの大きな潟湖（内湖）が広がり、その外海側には、長い砂州が沈黙したように伸びています。ところどころ、島の東側には、断崖絶壁が切り立ち、あちこちに羊牧地が長閑な風景を醸し出しています。そして島の周囲には、はてしなき荒海が、荒れ放題のまま、どこまでも続くがごときおもむきです。

飛行場に降り立つと、初夏というには、風が冷たすぎ、肌寒さがチクリチクリと皮膚を刺すような感触が伝わります。ときおり突風が髪の毛を逆立てます。実際、南極方面からの南風がいつも吹きつけており、ときに、この地の風神オロが容赦なく寒さを運んでくるようです。

この諸島の気候条件は過酷きわまりない。それゆえに、おそろしく単調で貧弱な樹木相が広がるだけの世界です。だから、不毛さが景観を貫く様子はラパヌイ（イースター島）の冬場と比べても、いっこうに遜色をおぼえないほどです。もちろん、それ以上に荒ぶれた風土なのです。

飛行場から車で三〇分ほど、役所や公民館やよろず屋などがあるチャタム随一の町、ワイタンギまでの道程は、そのあたりだけ、それなりに緑豊かです。外世界から導入された松類の樹木が並木をなし、よく茂っているので、ほっとするほどに、人間の営みの温もりを感じる光景です。通り過ぎゆく潟湖の水面には、たくさんの種類の水鳥が戯れているのか、休息しているのか。それはうれしくもあり、生命

の鼓動が聞こえてくるような光景です。

おまけに競馬場まであり、なんとも嬉しいかぎりです。もちろんラグビー場はないわけがありません。どんな田舎であろうとも、競馬とラグビーを愛するＮＺ人（キウィ）の安らぎの心がここにもあるのだと、心のときめきを覚えずにはおられません。

ちなみに日常的に、ＮＺ国民は「キウィ」、オーストラリア国民は「オージー」と呼ばれますが、両者はよく似た歴史をもつものの、なぜだか、さほど強い友好意識で結ばれている、ようには見えません。いささか饒舌がすぎて騒々しい性癖の人間が少なくないようなオージーに対して、寡黙に傾き物静かな心根の人が多いキウィという構図ですが、共通するのが、ラグビー好きと競馬好きが多いことです。英国流の人間づき合い、動物づき合いの心が浸透しているのです。

この両国、町があるところ、たいていは競馬場があります。それが、小さな村のような町であろうとも、そこで年に一回かそこらか、クリスマスやイースターの祭り日などのとき、日本の村祭りのような雰囲気でカントリー（田舎）競馬が開催されます。もちろん人それぞれ。ホース・ピープルとノン・ホース・ピープル、ラグビー・ピープルとノン・ラグビー・ピープルなどなど、さまざまなタイプのキウィもオージーもいるのは、もちろんのことですが、キウィもオージーも全体としては、どこの国の人たちよりも競馬好きが多く、ラグビー好きの割合が高いのは間違いないところです。

モリオリの人たちは、今やいずこ

空港でやりすごす人間模様もそうだが、ときどき街で見かける人々の顔立ちや体形からも、〈モリオリの人たちはいずこ〉の思いが沸々としてきて、いささかの落胆と寂しさを覚えずにはおられません。行きかう人々のなかに、ポリネシア人に特徴的な顔立ちの人が、ほとんど見当たらないのです。NZの本島にいるのと変わらない感じ、あるいは、それよりも少ない感じなのです。ともかく圧倒的に西欧人然とした顔立ちをした人ばかり、との印象がぬぐえません。

オタゴ大学の解剖学教室に所蔵される古人骨標本から顔立ち・体形を復原できるような昔のモリオリ（チャタム諸島のポリネシア人）の人たち、一五世紀の頃にさかのぼると年代測定されたチャタム島北岸のワイホラ（Waihora）遺跡で発掘された人骨標本で馴染みとなった顔立ちの人たちに、いっこうに出会うことができません。あのモリオリの人たちは、どこに行ってしまったのでしょうか。

あの〈ポリネシア人のなかのポリネシア人〉と言えるほどに、どの島々のポリネシア人よりも、いっそうポリネシア人らしい顔立ちや体形をイメージできるモリオリの人たちは、いったい、どうなったのでしょうか。あの人たちの子孫は、もういないのでしょうか。

もちろん、「ああ、ポリネシア系の人だなあ」と、納得できそうな顔立ちの人たちは今もいます。すくなからずの人の顔立ちには、すこしくらいはポリネシア人を彷彿とさせるような雰囲気が漂っています。でも何代も混血が進行しているのは間違いなさそうです。現在のチャタム諸島に住むポリネシア系の人々の顔立ちについて、おおまかなところ、まちがいなく半分量以上は西欧人の流れを汲む人々のものと考えれば、当たらずとも遠からず。そんなところではないでしょうか。残念ながらもう、〈ポリネシア人のなかのポリネシア人〉と呼べるほどに、モリオリらしき身体特徴を備えた人たちは、いなくなったようです。時代が移りゆき、西欧人が入植するとともに、その人々との混血がどんどんと進んでいったからでしょうか。

冷温帯のさなか、〈吠える四〇度線〉のあたりの気候風土は厳しいが、ここの人々は、なぜだか、温和な表情を湛えています。およそ誰もの顔にも、まるで、〈純朴という二字〉が楷書体で書かれているようでもあります。南極方面から吹き荒ぶ風が睥睨するあまり、住む者も訪れる者も、心の棘とか、したたかにすぎる自我とかは、おごりのようなものとともに、なにもかもが武装解除されるのではないでしょうか。

NZであるが、NZでないがごとし

もちろん、チャタム諸島はニュージーランド（アオ・テア・ロア）の一部です。住民はNZ国民であり、役所などには、NZの国旗がたなびいています。それに今は、首都のウェリントンや南島のクライストチャーチからでないと、あるいは、NZの貨物船ででもないと、ほかの国から直接に旅人が、この諸島に渡る手段はありません。

ところが、しばらく滞在すると、なんとも不思議な気分にさせられます。あたかもNZにいるのでないかのごとき錯覚にとらわれるのです。

不思議なことに、ここに住む人たちはなぜか、NZ本島のことを話すとき、妙に客観的、よそよそしい口ぶりで「ニュージーランド」「ニュージーランド」と単調に発話します。その響きが、吾が内耳（脳ではなく）のどこかに残っているようです。うまく説明できないのですが、北島とか南島とか、ウェリントンとかダニーデンとか、と、具体的な地名で呼ばず、まるで異国のことを話題にするかのごとき調子で、たんにNZと呼ぶわけです。そして島のことは、たんにチャタムと呼ぶのです。まるで、NZはNZ、こちらのほうはNZでない、かのごとき響きなのです。おわかりいただけるでしょうか。

つまりNZならば、ここ以外はどこであれ、たんにNZ。まさしく〈外世界〉なのであり、その言葉の範疇にチャタム諸島は含まれない。そんなニュアンスなのです。誤解をおそれずに申しますと、琉球諸島の人々が、東京とか大阪とか、本州とか九州とかとは呼ばず、「やまと」とか本土などと呼ぶのと似ているような感じです。

こうした物言いの中に、この島にも独得な時間が流れており、今に至るまでも固有の歴史が刻まれていることがわかります。そんな記憶が、小さな蛇のように、とぐろを巻いて、人々の脳のヒダのなかに潜んでいるのかもしれません、まさにチャタム諸島の歴史が秘め事のように息づいているがゆえのことではないでしょうか。NZのどこからも、いや、ポリネシアのどこの島々よりも、辺境に位置づけられ、長らく断絶されてきた島々だからこそ、ここにしかない秘密の抜け道のような歴史が、その存在感を主張するのではないでしょうか。

それぞれの島には、それぞれの島に独得の時間が流れ、固有の貌をした歴史が生まれます。そんな現象を読み解くことは、小さな島の歴史をモデル化するのに恰好の事例を提供してくれるのではないでしょうか。このチャタム諸島という名の島々の歴史は。

モリオリと呼ばれる（呼ばれた）人たちのこと

今となっては、半過去形のような言い方をするほかないのかもしれませんが、ここチャタム諸島には、モリオリと呼ばれる先住民系の人たちが歴史を刻んできました。もちろんポリネシア人のグループなのですから、ポリネシア語の話者たちであり、ＮＺ南島のマオリ方言に非常によく似た固有の方言を使っていたようです。[＊3]

モリオリについては、歴史学や考古学や言語学や人類学などに関係する研究論文があり、聞き取り文書が残っているそうです。なかでも、次の二つの解説書が、もっとも判りやすく、興味深く、読みやすく、かつ抑制の利いた書き方になっていると思います。

ひとつは、ＮＺ史を専門とする非常に著名な歴史学者にしてノンフィクション作家でもあるＭ・キング（King, 1989）。とても興味深い内容であり、しかも、非常に的をえた歴史モノグラフです。もうひとつは、同じくＮＺの著名な人類学者にしてアルピニスト（山岳人）でもあるＰ・ホートン（Houghton,

＊3　もともと「同胞」などを意味するポリネシア語の「マホリ」から、「マオリ」が派生し、それが「モリオリ」になったのではないか、というのが吾が我流の解釈なり。

1980）です。この人は長らく、筆者の古人骨研究の師にして、ポリネシア人研究における戦友がごとき間柄にありました。どちらも、小難しい専門書ではなく一般解説書、学術書というよりも概説書です。また、どちらも名著の中の名著と申してよいほどに素晴らしい読み物なのです。

最良の伝承媒体たる文字がなかったポリネシアの先史時代のことですから、しっかりとした年代などは定かでないのですが、モリオリの祖先がチャタム諸島を植民したのは、すくなくとも五〇〇年以上はさかのぼるようです（放射性炭素年代測定による）。

それ以来、園芸農耕活動がかなわぬ寒々と荒れ果てた島々でのこと、漁撈活動を中心に、海獣や鳥類の狩猟活動、シダ植物の根茎（多量の澱粉を含有）などの採集活動で生計をたて、とんでもなく風変わりな、それこそ〈ピンからキリまで〉の生活資源を〈まるかじり〉利用する生業を営んでいたようです。そもそもポリネシア人は、タロイモやサツマイモなどの根菜類の優れた園芸農耕民だったのですが、おそらくは寒すぎる苛酷すぎる気候風土がゆえに、チャタム諸島ではまるで、それがかなわなかったのです。およそ食えそうなものなら〈ピンからキリ〉までものものを利用し、ことに豊富な海産資源は徹底的に利用するというスタイルの生活が営まれてきたことは想像に難くありません。

南太平洋の亜熱帯や暖温帯の島々を開拓していった頃の高度な園芸農耕民の暮らしから、ここチャタム諸島では、採集狩猟漁撈民の暮らしに先祖がえりするしか他に生き延びる生活方法はなかったわけです。べつに、彼らの生活が退化したわけではなく、不毛な土地と苛酷な生活条件がゆえに、チャタム諸島の生活環境に適合するように、みずからの生活様式をやりくりしていったわけです。

モリオリはどこから来たのか

前述したように、モリオリの人々は独得の方言さえも育んでいたようです。身体特徴の面でも非常に独得な顔立ちと体形を発達させていたようです。

ことに身体特徴の面では、骨組みの頑丈さという点では、現生人類（ホモ・サピエンス）のなかでは際だっています。あえて誤解をまねくような言い方をすれば、何万年もそこらか前の頃にユーラシア大陸の西側にいたネアンデルタール人を彷彿とさせるほどに筋骨隆々たる頑丈な骨組みをしていたようなのです。その理由は謎ですが、厳しすぎる生活条件に適応するように発達したのであることは、論をまたないのです。もちろん、ネアンデルタール人とモリオリの間に、なんの系譜関係もありません。あるはずなどないのです。でも、この謎解きにより、ネアンデルタール人とモリオリのそれぞれに関係する人類学的諸問題、ことに環境適応による人間の身体性の問題を解明する糸口になりうるのです。

モリオリはポリネシア人なのですが、いささか回りくどい言い方をするならば、〈よりポリネシア人的ともいうべき身体特徴〉が目立ちすぎます。彼ら独得の重量感あふれる骨格の頑健さ、各筋肉付着部の強靱さ、寒冷適応形質の発達などの特徴が、さらに顕著なのです。ともかく、非常に特異的なポリネシア人の身体特徴の原因・要因を探る有力なヒントを与えてくれそうです。

モリオリには、一種独特な顔立ちと風貌をしたポリネシア人の身体特徴を強くもつ人たちが少なくなかったようです。そうした彼らのユニークな身体、さらにはユニークな文化の原因がなにに由来するのか。彼らの祖先がポリネシアのどこからやって来たのか。そんなこんなの興味がかき立てられます。こうした問題に断定的な答えを導くべき証拠はありませんが、さほど難しい問題ではないようです。まずはチャタム諸島の地理的状況、それに言語学の知見、さらに考古学の遺跡で発見された人骨で調べられたモリオリの身体特徴に関する知見。それくらいのデータから類推していけば容易に推測できそうです。

結論にジャンプします。まずは、彼らの直接のルーツがNZの南島にあったのはまちがいなさそうです。つまり、NZのポリネシア人であるマオリが源流となり、そこから派生した人々と考える仮説が定説たりうるでしょう。南島のどのあたりなのか、それはわからない。でも、南島のどこかに住んでいたマオリの人たちが、なんとか努力を傾けて八〇〇キロばかりの海を渡ったのか。あるいはカヌーで漂流したのか。そんなところが妥当な推論でしょう。でも、なにしろ〈吠える四〇度線〉の荒海が舞台なのですから。漂流説のほうは、どちらかと言うと、分が悪そうです。

NZ南島からモリオリの人々の祖先がやってきたのは、いつ頃のことなのでしょうか。もちろん断定的な物言いはできませんが、今から五〇〇～六〇〇年前あたりと考えるのが妥当ではないでしょうか。ならば、三〇〇〇年ないし二〇〇〇年前の頃からポリネシアの三角圏に散らばる島々を次々に開拓していったポリネシア人にとって、一五〇〇年前の頃のハワイイ諸島、一二〇〇年前頃のラパヌイ〈イースター島〉、八〇〇年程度前のNZについで、最後に住み着いた島々ということになります。つまり〈ポリネシア世界の最果て〉であり、人間の地球開拓史の歴史において、その掉尾を飾るにふさわしいエピソードになるわけです。だから〈人間世界の最果て〉でもあるわけです。

ところで、チャタム諸島に渡ったNZマオリの一派、つまりモリオリの祖先の人たちは、片道切符しか持たなかった可能性が強そうです。一九世紀になって、西欧人の船に乗ったNZマオリの部族民によってモリオリの人々が襲撃されるまで、両者が接触したことを示す証拠が一切ないからです。つまりは一回ぽっきりの、行ったきりの出来事だった蓋然性のほうが高いだろうと推測できるわけです。

もっとも遠くまで旅したポリネシア人

となるとモリオリは、ポリネシアの辺境に位置するNZを開拓したマオリの末裔筋に当たることになります。つまり、ポリネシアの辺境のさらの更なる辺境にまで、もっとも遠いところまで旅をしたポリネシア人の一派ということになります。

おそらくは、モリオリの祖先となったNZマオリの何人か、あるいは最少人数の人たちが、チャタム諸島に住み着いたのは、わずか数百年前の頃のこと。モリオリとなった人々は、そこで独得の生活技術を編み出し、寒風吹きすさぶ気候風土に見合った独特の文化を育み、平和の掟のようなものまで備えた社会を発展させ、二千人ほどもの人口を擁するまでになったようです。外世界との交流手段などとてなく、みごとなまでに完結した潔い小世界だったのではないでしょうか。

ならばモリオリこそ、南太平洋の大海洋世界に散らばる無数の島々を発見、植民、開拓したポリネシア人版のオデッセイ物語を完結なしとげた人々なのであり、そのポリネシア人の偉業を語るにふさわしい最終登場者たちということになります。

それにしても、モリオリは、悲劇的性格の強すぎる人々でもあります。近代になって、太平洋上を行き来する船が再び多くなった一九世紀になっての、彼らが背負わされた悲しみの負荷は、あまりにも重すぎるのです。

じつのところ、彼らの悲劇を正面から語り綴るには、もはや遅すぎるのかもしれません。すでに彼らは、歴史の舞台から降りてしまいつつあります。ともかく、奇跡の舞台のごときチャタム諸島で数百年の歴史を刻んできたモリオリの人々の血脈を一〇〇パーセント受け継ぐチャタム人は、今から八〇年ほど前の一九三三年に他界したトミー・ソロモン氏を最後に途絶えてしまったのです。

もちろん、モリオリの誇りと血筋を伝える人たちは、チャタム諸島に、NZに、そして世界のどこかにと、少なからずはいるわけですが、この方こそが〈ザ・モリオリ〉なのです、と紹介できる人は、もはやいないのです。もう、なにもかもが深い霧のなかに消えていこうとしているのです。かつてチャタム諸島にあった社会も完璧に西欧化の洗礼を受け、固有の言語も、まさに霧に包まれる寸前か、包まれた状況にあるわけです。よく晴れたときには、大地のことを、潟湖の黒鳥たちのことを、そして、海の恵みを讃えるために唄い踊るモリオリのハカ（唄踊り）が聞こえてくるようです。

モリオリの人たちも、なにかの催し事で人々が集まるとき、祭礼のとき、死者に別れを告げるときなど、たくさんの〈ハカ〉を唄ったはずなのですが、その多くは過去の霧の中に消えていったようです。かつて筆者が聞いたモリオリのハカは、まるで叙事詩のごとき調べを湛えた清冽な唄とダイナミックな踊りで構成されていました。

「宙を飛ぶ鳥、空を行く鳥、中海に遊ぶ鳥たちよ……海の彼方から届く風よ、波よ、海の騒ぎよ……木々の命よ、魚や海老や貝の嬉しさよ、黒い魚の恵みよ……」（意訳）などなどと、島の自然と資源を賛歌する一方で、島の生活のきびしさを奏でるものでした。

チャタムの島々に流れる哀しみのシンフォニー

チャタムの本島で、するどい風と砂が顔を突き刺す砂丘の小高い場所から、潟湖の白鳥や黒鳥などを目で追いかけていると、〈失われたものたちの美しさ〉、〈失われていくものたちの真実のようなもの〉などと、うかつにも感傷的な言葉が口に浮かぶ。そして吾が身が風に吹き飛ばされそうになります。遠い古のことも、ほどほどに昔のことも、つい昨日のことなどもすべて、まぜこぜになって、過去のほうに通り過ぎていくようです。

ともかく、自分たちの祖先が島々を開拓したのだ、と胸を張り、島の土地のうれしさ、土地への愛着、土地との一体感を誇らしげに謳っていた人たちは、もはや遠くのほうにある存在となってしまいました。チャタムの詩と真実、その語り部たちには、もう会えないのです。

ほかにもポリネシアのあちこちに、ここと似たりよったりの状況をむかえた島社会が少なくありません。だがモリオリの場合、よりいっそう悲劇的な思いがつのります。西欧人がもたらした疫病の類、およそ必要もなかった貨幣経済や物質文化、いわれなき差別意識にさらされながら、ごく近しき親戚筋に当たるＮＺマオリによる虐殺や奴隷使役が、モリオリの衰退と絶望とに拍車をかけたからです。

これは、まさにジェノサイド。ここでは、現地の民に対する西欧人による不条理な扱いではなく、西欧人の代理人たる、虎の威を借るがごときNZマオリの一部族の暴虐のかぎりを尽くした狼藉と殺戮が、もはや後戻りできない状況に追いやったからです。

ポリネシアの辺境であるNZでイギリスの植民地支配体制が完結したワイタンギ条約（一八四〇年）のあとのことです。欧米の植民地支配が、まるで玉突きのように波及、いつも霧がたちこめるような超ミクロのこの島にも人知れず暴力が及び、この島の先住者たちの超ミクロ社会を消滅に至らしめ、モリオリの人たちを根こそぎにしてしまうほどの結末をむかえる、最悪の事態となりました。

トミー・ソロモン氏の等身大の彫像

ワイタンギの町があるピーター湾を見下ろす高台には、遠くに水平線が広がる海を眺めるようにして立つトミー・ソロモン氏の巨漢の等身大の彫像があります。彼こそは、最後の〈ザ・モリオリ〉なのです。モリオリの父母から生まれ、モリオリの世界で育ち、生を終えた最後の人物だそうです。いわゆる純血のモリオリ、そう称される最後の人物となった方だそうです。

ただ、この「純血」の用語については、いささかの違和感がぬぐえません。人間のように移動好き、旅好き、性交好きの動物の場合、家畜などの場合と異なり、同系交配のバックグランドしか持たない者などありそうにないと思えるからです。過去の遠近を問わなければ、まちがいなく誰もが、どこかで混血の祖先を持ち、その末裔、さらにその末裔、そして普通は、かなり複雑な末裔なのです。ルーツが云々かんぬん、などとの単純な話ではないからです。

この「最後のモリオリ」と称される大男が他界したのは一九三三年三月一九日のこと、ときに四八歳だったそうです。典型的なモリオリと言っていいほどの長躯、巨漢、威厳があり、ほぼ二〇〇キロの体重だったため、じかに馬の背に乗り降りするのもままならないため、梯子などを使って騎乗していたそうです（King, 1989）。

なかなかに愛嬌のある人物で、ＮＺ議会のメンバーだったりしていて、多くの同胞やＮＺの国民（マオリも含む）に敬愛され、尊敬され、親しまれた晩年だったらしいことは、せめてもの救いだったのではないでしょうか。

写真31　「最後のモリオリ」、トミー・ソロモン氏の立像

ちなみに、この人物について、キングの『モリオリ』に詳細な記述がなされています。また、ＮＺの首都ウェリントンにある国立博物館には、一八世紀から一九世紀にかけての頃のモリオリの人たちや、彼らの暮らしぶり、トミー・ソロモン自身についての多くの写真類が公開されています（現在もそうなのかどうか、定かではありませんが）。

このソロモン氏の等身大の影像の前に跪くと、彼らモリオリたちの慟哭が聞こえてくるようです。なんとも複雑な気分が去来してやみません。まさに彼の死こそが、まさに一九三三年のその日こそが、チャタム諸島という極小の島世界で、かつてあったモリオリの人たちの歴史の続きがたたれてしまい、まるで蝋燭の火が消えてしまうように、途絶えたことを象徴するように思えるからです。

残念ながらもう、モリオリの歴史の現実は、過去形でしか語れないのかもしれません。たとえ生粋のではなくとも、自分がモリオリだと自認する人たちがいるかぎりは、モリオリの人々は、あるいはモリオリの人々の歴史は、いつまでも存在し続けるわけですが、なにか憂いがにじみ、後悔を感じさせ、苦い思いが去来するのです。

とまれ、南太平洋上に星の数ほどもある島じまには皆、それぞれの歴史があります。それぞれの歴史があることの真実は誰も消すことができないのです。

おぞましき言葉、「ジェノサイド」

このモリオリの人たちの悲劇は、まちがいなく「ジェノサイド」という言葉が示す典型例、具体例かもしれません。

モリオリの大勢の人たちは、実際、遠くて近しき係累関係にあるマオリの襲撃により、暴虐により、抹殺され、陵辱され、奴隷化されるなどして、固有の歴史から暴力的に排除されようとしたわけです。現実に、彼らの歴史は完膚なきまでにスポイルされ、排除されそうになりました。かくして、トミー・

ソロモン氏が「最後の純系のモリオリ」と呼ばれるようになったということです。ともかく非常に悲劇性をおびた話なのです。

さて、「ジェノサイド」という言葉は、いうまでもなく、人間を集団ごと抹殺することです。よく耳にしますが、あるいは、もっとも聞きたくない、使いたくもない、おどろおどろしい言葉の一つかもしれません。耳にするたびに、そのつど、不愉快で心が曇る思いがする人もすくなくないでしょう。「人間とは「ジェノサイド」をする動物なり」と喝破した人もいたそうです。まとめて同類同種の人間を殺すのが人間の性質だということですが、いったい人間とは、どういう動物なのか、胸の中がきまずくなります。苦々しくなります。

〈ジェノス〉（ギリシャ語で種族）を〈サイド〉（ラテン語で殺人）することを意味する奇妙な造語らしいのですが、人間の行為がときに、いかにおぞましいかを物語る恰好の言葉かもしれません。

ことに一六世紀の頃から、人間同士のジェノサイドの例には事欠きません。J・ダイアモンド（一九九二）は、ジェノサイドの例として、一四九二〜一九〇〇年に一一例、一九〇〇〜一九五〇年に九例、一九五〇〜一九五九年に一七例を挙げております。

ところで、〈最後の何々人〉という言い方。この言い方は、話すにも聞くにも、十分すぎるほどの注意を要します。〈生粋の何々人〉〈最後の純血何々人〉という言い方も同じです。ときに誤解を招きます。ときに曲解すら生じかねません。何かの出来事で、あるグループが皆殺しにされかけたりして、そのときの犠牲者を言うわけですが、実際には、他の場所に、同じグループの誰かが残っていたり、誘拐されたりしていて、血縁者が存続するのが普通です。たしかに、その人たちの歴史は抹殺されかかるわけですが、その歴史のほた火は、いつまでもくすぶり続けるのが普通です。

オセアニア地方でのジェノサイドの例として、オーストラリア・アボリジニの多くの部族、タスマニアの先住民、チャタム諸島のモリオリ、あるいはラパヌイ（イースター島）の先住ポリネシア人などが犠牲になった事例が、よく人口に膾炙するので紹介します。

すでに本書で幾度か登場した文明史家にして人類学者かつ鳥類学者のJ・ダイアモンドは、『人間はどこまでチンパンジーか？』（一九九三、原題は *The Third Chimpanzee*）で、西欧人が世界制覇の野望をいだいて各地を席巻した時代（一四九二〜一九〇〇年）に起こされたジェノサイドの例として、世界で一一例、うちオセアニアでは、上記のラパヌイ以外の二例をリストアップしています。

ちなみに、この本の原題である「第三のチンパンジー」とは人間のことです。『銃・病原菌・鉄』や、『文明崩壊』や、『歴史は実験できるのか』などの著作等、あるいはテレビの教育番組などで知られるダイアモンド博士の日本で最初に紹介された著書だったのですが、独自の文明観、独得の蘊蓄と含蓄を傾ける洒脱なダイアモンド節が堪能できる面白い本です。

そのほかにもオセアニア地方では、例があるかも知れません。たとえばポリネシアには、「ミステリー・アイランド」と呼ばれる小島が十数例ほど、知られております。西欧人の探検航海者たちが最初に訪れたときには既に、ポリネシア人がすんだ痕跡はあるものの、もぬけの殻だったとされる島々のことです。その中にも、もしかしたら、ジェノサイドの舞台になった島があるやも知れません。

モリオリの悲劇、タスマニア・アボリジニの悲劇

チャタム諸島における無辜《むこ》の民、モリオリにとっての大悲劇は一八三五年一一月に始まりました。おそらくは九〇〇人（男女と子供を合わせて）ものマオリ（タラナキ・マオリ部族）が、ヘアウッド船長のロドニー号を乗っ取り、一一月三〇日にチャタム諸島に向けて、のちにＮＺの首都のウェリントンとなるニコルソン港を出港し、一二月五日にチャタム諸島に到着したようです。その後の出来事の詳細が判明しております。

そもそもからチャタム諸島（当時、ワレカウリと呼ばれた）を乗っ取るという大胆な計画のもと、侵略をめざして船出したのですから、準備万端ととのえてのこと、だったようです。小さな船に乗りきれないほどの大勢が飢えた狼のごとくに上陸して侵略、すぐに三〇〇人ほどのモリオリの人たちを殺害。残りの島民を奴隷にするなどして、恐れ多き計画を実行したそうです。

オーストラリアのタスマニア島の先住民の人たちが犠牲になったのと同じような暴力性の悲劇に見舞われ、まったく同じような残酷きわまる運命に翻弄されたわけです。

そのタスマニアで起こされたジェノサイドも言語を絶しております。もとより筆者には、その成り行きを十分に説明できる筆力も能力もありませんので、たとえば専門書（L. Ryan, 1981）や、あるいはダイアモンド博士による『人間はどこまでチンパンジーか？』などを御参照ください。

ごく簡単にタスマニア人の悲劇についても触れておきます。最初に西欧人が訪れた一六四二年の頃、

アイルランドほどの大きさのタスマニア島に住んでいた五〇〇〇人ほどのタスマニア先住民たちは、その後二〇〇年あまりの間に壊滅。つぎつぎと殺害されていったのです。

そして一八六九年には、「最後のタスマニア人」と呼ばれる三人だけ、トウルガニーニという女性と、もう一人の女性、そして一人の男性だけになってしまっていたそうです。

しかし実際には、西欧人のアザラシ猟師とタスマニア女性との間に何人かの子供が生まれていたようで、いまでも、その後裔が少なからずおられるようです。実は筆者自身も、キャンベラのＡＮＵ（オーストラリア国立大学）を訪問した折に、その一人にお会いしたことがあります。

モリオリが遺したものは――コピの顔彫りと、ヌククの岩絵と

モリオリの人たちが遺してくれたものを探そうとするとき、じつにもの悲しい気分にさせられます。実際、彼らの遺物を探すのは容易なことではありません。はかなく寂しい思いで胸が締めつけられそうになります。生活資源の面でもギリギリの極みに似た境涯だったのです。物質文化の面でも総じてギリギリの極み。つつましさを絵に描いたような現実だったのです。ともかく物も人も足跡も、後に遺されたものが少なすぎます。

現在、チャタム諸島には四つか五つかの集落があり、住民は七〇〇人ばかりです。しかも、その大半は西欧人系かＮＺマオリ系の人々です。わずかでもモリオリの系譜につながるのは、一五〇人いるかいないか、そんなところではないでしょうか。

ともかく西欧人やマオリとの混血が、どんどんどんどんと、進んでいますから、はたしてモリオリ系なのかどうか、はた目には区別つかない人が大半です。かつて存在した独得の面影を残す人たちを探すのは困難きわまりないのです。「わたしはモリオリです」などと自己申告されてはじめて、それと知る程度なのです。だから一五世紀頃の遺跡で見つかったモリオリの古人骨に見るがごとく、ほれぼれするほどに逞しい顔立ちと骨組みの人たちのことは、今や過去の話となりにけり、となりました。

主島であるチャタム島の北東部、大きな潟湖と外海で狭まった陸地のあたり、ハププ（Hapupu）という国立公園があります。ここには、西欧人やマオリの入植後、伐採に次ぐ伐採、あるいは野焼きに次ぐ野焼きの結果、たいへん珍しくなったが、今もなおチャタム本来の自然林が残っています。

そのなかに、なにやらハートの形か三角形か、そんな風にデフォルメした顔を強調する人物模様が刻まれた樹木が混じっています。その数は八〇本あまりです。

コピと呼ばれる樹木に彫りこまれた人物像は、モリオリの言葉でカラプナと呼ばれます。精霊を意味するのだそうです。いずれも二〇〇年近く前に彫られたと推定されています。じつは一種の墓碑銘なのだそうです。その昔、モリオリの人が一人ふたりと亡くなるたびに、ひとつ二つと刻まれてきたのだそうです。もう線刻が幽かにしか残らず、輪郭がおぼつかないものもあります。

やがてコピの樹は老木となり、枯れていくわけです。そうなるとモリオリたちの精霊も、ひとつ減り二つ減りしていき、しだいに消えていくことになります。奇跡のようにして住み着き、数奇な運命をたどりながら、七〇〇年かそこらか続いたモリオリの民族としての記憶が薄れていくのです。ハププの森

写真32　モリオリの人たちはいずこ。コピの樹に刻印された「カラプナ」

に遺されたカラプナの彫刻像、それはモリオリの人々が遺した挽歌のようでもあります。

さらに潟湖に沿って車を走らせ、立ち枯れた木々が白骨のように立ち並ぶ林が蕭々と続く道をいくと、岩肌が大きく露出した場所があります。そこには大きな岩小屋があり、その入り口に「ヌククのペトログリフ（岩絵）」なるものが描かれています。

ヌククとは、約五〇〇年前に存在した伝説の首長の名前だそうです。この場所に各家系の長たちを集めて、チャタム社会の安寧を期するために、いっさいの諍い争いをやめること、あらゆる武器類を放棄することを誓わせたのだそうです。そして、いわば平和の掟のようなもの〈チャタム憲法〉を宣言したのだそうです。そのときに刻まれたと伝わるのが当の岩絵です。

たくさんの複雑な紋様か、図形のようなものか、が刻まれていたのでしょうが、だいぶ風化しており、その多くは判読がおぼつかない状態となり果てています。

アザラシの一群のような絵もあるし、ラパヌイのロンゴロンゴ文字を彷彿とさせるような紋様もあります。ロンゴロンゴ文字などのように、なにかを物語るストーリーボード（記憶の伝承に使われたという南太平洋の島嶼世界に広く知られる絵語り板（Story Board））のようなものなのかもしれません。いずれにせよ無文字社会では、この手の謎めいたものが少なくありません。いわば〈文字以前の文字もどき〉。先の時代の記憶を子孫にメッセージとして託する手段となったのではないでしょうか。

西欧人とともに文字が伝来。あるいは、その文字に虐げられるようにして、絵文字の存在が、そこに託された意味が、とくに、そこに刻まれていた記憶が薄められていったのかもしれません。西欧人などによる植民地化、キリスト教化、文字使用、混血などによる影響は、〈絵語り板〉などによる記憶を忘却の淵に沈め、長らく続いてきた伝統を忘れさせたようです（中原、編著、二〇〇一）。

荒海の恵みの幸

小さな隔絶される島嶼ですから、天然資源に恵まれているわけがありません。むしろ貧弱きわまりない、と言う表現が、正鵠を射て、ピッタリ。ともかく寒々と荒涼としただけの景観のなかでは、かつて一〇〇〇人も二〇〇〇人もの人口を擁していたと想像するのは、なかなか容易なことではありません。それでも海産資源だけは、すこぶる豊か。あまりにも苛酷な生活環境を強いることに対する神々からの贖罪のようなものなのかもしれません。現在もなお、モリオリの系譜につながる人たちの中には漁業で生計をたてる人が多いそうです。ことにイセエビ類、ウニ、アワビ、大型回遊魚の類は、それこそこの世のこととは思えないほど、無尽蔵に捕れるのです。ときに、クジラやイルカや海獣類も南極の方面から押し寄せて来ます。まさに海の神マウイの恵みです。海の幸、さまざまなのです。

もしもモリオリ系の家族に夕食を呼ばれ、チャタム諸島の〈海の幸のアラカルト〉を目の前にする機会があらば、東洋の某島国から来た人間ならずとも、最高級の中華料理やフランス料理に出合うよりも興奮するのではないでしょうか。イセエビの料理各種、アワビのステーキ、ホタテのソティ、ムール貝のワイン蒸し、焼き魚などが、これでもか、これでもか、とばかりに並んでいるのを見ると、泣いて喜ぶのではないでしょうか。さらに、生ウニなどが満載されていたら、どれから手をつけたらよいか、一瞬、錯乱してしまうことでしょう。イセエビの大きいのは、じつに六キロほどもあるそうで、一匹だけで即、満腹一丁あがり、となるのは請け合いです。

アワビや巨大ウニなどは、岩だらけの海岸にゴロゴロの状態。現地の家族が、ほんの一時間ばかりの岩礁漁りで何日分かの糧をえることができるほどです。イセエビなどはNZ経由で中国や日本などにも輸出されており、チャタム産のウニは特産品、NZの各地へブランド物産品として出荷されるそうです。アワビの殻はマオリの伝統的な装飾品に加工されて、土産物屋に並びます。ともかく、チャタムの〈荒海の幸〉は想像の範囲を超えています。

昔からクジラ食が一般的だったのではないか、と推測されております。考古学の遺跡から小型クジラの骨が多く出土するから、食のレパートリーに組みこまれていた証拠たりうるわけです。モリオリの言葉で〈黒い魚〉、それがクジラのことです。

もちろん、元気なクジラを捕獲する捕鯨などはできなかったでしょうが、ときにより、季節により、あるいはシャチに追いこまれたりして、湾などに打ち上げられるクジラ類、いわゆる〈寄せ鯨〉は、けっして少なくはなかったはずです。まさに神々の恵み、たっぷりとした肉の塊が漂着するようなものだったことでしょう。

飛べない鳥、ウェカ

八百万の神から贈られた天の恵みのごとき海産物とともに、小さな陸地に似合わず豊富な鳥類相もまた、この島々の特徴です。珍鳥や固有種の類が少なくありません。もちろん渡り鳥も多種にわたり、赤道をはるかに越えた地球の反対側から集まってきます。

鳥のなかで珍品、食して絶品という点では、ウェカにまさるものはないでしょう。飛べない鳥です。ちょうどキウィ鳥を黒くした大きさで、おそらくはチャタム諸島の固有種です。

野山や草原、羊牧地、海辺など、そこかしこで、足早に歩きまわっております。すばしこいので捕獲は困難を極めます。写真を撮るのさえ、けっこうな難題です。夜になると、ペンギンに似た声で泣きますので、ときに話がややこしくなります。あれに泣くのはペンギンかウェカか、などと、よく議論となり、話がもつれることになるからです。チャタム諸島には、ペンギンの仲間も棲息しており、どちらも同じような調子で、クウェクウェクウェ……と鳴くからです。ちなみに現在はさすがに、ペンギン種は食していないようですが、考古学の遺跡では、その証拠があるそうです。

ウェカ鳥はじつに美味であり、捕獲が難しいこともあるのでしょうが、モリオリ系の人たちは、ウェカの丸焼きを最高級のごちそうとします。この鳥の焼き肉は、大きなパーティのときなどに欠かせません。まっさきに参加者たちの腹の中に消えてしまいます。あるいは、NZ南島マオリにとってのオオミズナギドリ（北アジアからの渡り鳥、英語ではマトン・バード＝羊肉鳥、ポリネシア語マオリ方言では、チチ）のごとく、神聖にして贅沢なる食べ物なのかもしれません。

ウェカの肉の味は、ちょうどカモとヤマドリとをミックスしたような珍味。なんとも言えない乙な味です。でも味見を体験する前に、この鳥の習性を知るのは、かならずしも賢明なことではないでしょう。今のチャタムは牧羊がさかん。羊の数は一〇〇万頭、ともいわれるほどです。とにかく羊だらけですから、さまざまな理由で野垂れ死にする羊が少なくありません。羊が死ぬと、すぐさま大勢の肉食鳥が集まりますが、そのなかには間違いなくウェカもいます。

実はこの鳥、死肉あさりが専門のスカベンジャーなのです。朽ち果てたような羊の遺骸をむさぼるウェカの姿は、見るからにおぞましいものです。かくのごとき食えない習性だが、味は美味。鳴き声はまあまあ。愛嬌ある姿は可愛くもあるが、やや不気味そう。それに習性は、なんともおそろしげ。そんな鳥なのです、ウェカは。

捕鯨基地のあった一九世紀

チャタム諸島でモリオリの人々が二〇〇〇人近くもの人口を維持できたのは、まさに〈荒海の幸〉、ウェカをはじめとする豊富な鳥類のおかげ、ときおり天の恵みのように訪れるクジラ、イルカ、海獣類などのたまものだったはずです。

クジラやイルカの類も大切な食糧資源だったのです。だが、チャタムの民が捕鯨活動をできたわけではありません。所詮、石器時代の人間が狩猟の対象とするには巨大すぎて、手に余り、接近するのも容易ならざる動物だったのです。いわゆる〈寄せ鯨〉を利用したのです。回遊の途次、あるいはシャチなどに追われて、弱りきり瀕死の状態になり、湾や入れ江に打ち上げられたミンククジラなどは、まさに神からのプレゼント、天からの恵みものだったに相違ありません。

どこのポリネシア人にも、クジラ類は魚類と認識されていたようで、「黒い魚」あるいは「大きな魚」と呼ばれていた地域が多いのですが、すでに記したように、チャタム諸島では前者のほう、「黒い魚」であったようです。

ちなみに一九世紀のなかばを過ぎた頃のこと、チャタムの周辺の海からクジラ類は絶滅に近い状態に激減したようです。もちろんのこと、あちこちの海の舞台でくり広げられた鯨油を採るための捕鯨産業の犠牲になったわけです。クジラの仲間にとっては、ただ鯨油を採られるだけのための、おそろしい受難。それこそ虐殺されつづけていったのです。一七世紀の大西洋、一九世紀の太平洋、二〇世紀のインド洋と順次、取り尽くされていき、世界の海からクジラが激減していくことになりました。

ポリネシアの隔絶した小さな島々では、外海に面した海岸で、しばしば「龍ぜん香」なるものの塊りが見つかります。そもそもは、マッコウクジラの腸内にできた結石であり、高い値段で取引される香料なのですが、これこそはクジラ類の受難の時代のなごりなのです。ヘミングウェーの『白鯨』で使われていたような銛でとどめをさし、鯨油だけが集められ、ほかは、ほとんどすべて、捨てられていたのです。

ことほどさように、チャタム諸島の周辺にまで、アメリカやオーストラリアなどから多くの捕鯨船が訪れました。この島の周辺でも、ただ鯨油をとるためだけのためにクジラが殺戮され続けました。各国の捕鯨船が給水するための基地もあったようです。モリオリの人たちからは、神の使いと崇められ、「黒い魚」として尊重され、その身をピンからキリまでも最大限に利用しつくされていたクジラ類（現地語でトホラ）のことは、クジラ資源をめぐり荒れまくる現代の国際情勢のことを考えると、なんとも、複雑な思いにさせられます。

モリオリの人々への挽歌「世界の陽の出はチャタム諸島から」

くりかえします。人間世界の辺境の、そのまた辺境に位置するチャタム諸島ですが、かつてここは、非常にユニークな顔立ちと体形とを誇るモリオリと呼ばれる人々が、ひっそりと住み続けてきた隠れ里でした。これまた、つつましくも風変わりな文化と社会と生活技術を育みつつ、固有の歴史を数百年にわたり存続してきました。

その島々の荒ぶれた苛酷な自然環境に慣れ親しみ、どちらかと言えば、素朴なだけの生活資源を大切に無駄なく使いつつ、なによりも島社会の緊張や軋轢を回避するべく知恵をかたむける独得の生活システムを維持してきたのです。そんな奇特な人々が存在していたことの事実、彼らの真実の姿、そして、彼らが育んできた文化や社会や歴史の中味は、どこかに置き忘れられてしまったようです。

もはや、モリオリのモリオリによるモリオリのための歴史は遠くになりにけり。人間全体の大きな歴史のどこかの片隅に置き忘れられてしまい、沈黙の淵に沈みこんでしまったかのようです。たしかにチャタム諸島での人間の歴史は小さなものだったのですが、潮風がこびりつく空気のなか、その歴史の残り香は、ひっそりと今でも漂っているかのようです。

チャタム本島の東側、オウウェンダという集落からしばし急ぐと、それからさき、人間が東の海に出ることを拒むようにして断崖絶壁がそびえています。その頂上に立つと、はるかなる彼方の南極方面から吹きつけてくる疾風が唸り、〈吠える四〇度線〉の荒ぶる怒濤が響き寄せます。ついにはポリネシア世界の最果て、いや、人間世界の最果てにまでたどりついたモリオリの人たちの挽歌が聞こえてくるようです。今日もまた〈哀愁の島〉チャタム諸島には、千年一日のごとくかわらず、霧が降るのです。

その断崖絶壁をこえるように、朝日が昇ります。実は、ここで見る昇日の荒々しさは格別ですが、その気で拝めば感動ものです。実は地球に最初の夜明けをもたらす太陽なのです。つまり地球の上では、まさに、ここから一日が始まるのです。

太平洋には日付変更線が南北に走ります。それが地球を、そして人間世界を、東半球と西半球とに区分けします。かつて、きまぐれな西欧人の植民地経営者たちが自分勝手に取り決めただけの架空の線でしかありません。海の上には、そんな線などはないのです。そんな余計な線など、もちろんモリオリには必要ありませんでした。そんな線をみだりに設けて、伸ばしたり曲げたりとする必然性など、彼らにはまったくなかったはずです。

だが今は厳然と当然のごとく、まるで最初からあったかのごとく、日付変更線があります。チャタム諸島の東側を接するように走りますが、かつては西側を走っていたのです。それがＮＺ側となるように、便宜的に折り曲げられた次第です。それで、その東に西半球の最も西の海を見る、東半球の最も東の陸地、新年の夜明けを最初に迎える場所の一つとなったようなわけです。

かくしてチャタム諸島は、新しい時代を迎えるときには、いつも最初の場所となるわけです。つまり一日を、一年を、新世紀も、新千年紀すらも、いちばん最初に迎える島なのです。

参考文献

アレンズ、W.（折原正司 訳）（一九八二）『人食いの神話—人類学とカニバリズム』 岩波書店
印東道子（二〇〇七）「大海原への植民—考古学からみたオセアニア文化」 国立民族学博物館（編）『オセアニア』三六—四〇頁 昭和堂
印東道子（二〇一七）『島に住む人類—オセアニアの楽園創世記』 臨川書店
片山一道（一九九一）『ポリネシア人—石器時代の遠洋航海者たち』 同朋舎出版
片山一道（一九九七）『ポリネシア—海と空のはざまで』 東京大学出版会
片山一道（一九九九）『考える足—人はどこから来て、どこへ行くのか』 日本経済新聞社
片山一道（二〇〇二）『海のモンゴロイド—ポリネシア人の祖先を求めて』 歴史文化ライブラリー139 吉川弘文館
片山一道（二〇〇七）「小さな島々の巨人たち」 国立民族学博物館（編）『オセアニア』五三—五七頁 昭和堂
片山一道（二〇一〇）「第1章 オセアニアという世界」 熊谷圭知・片山一道（編）『オセアニア』 朝倉世界地理講座—大地と人間の物語15 三—六頁 朝倉書店
片山一道（二〇一五）『骨が語る日本人の歴史』 ちくま新書1126 筑摩書房
片山一道（二〇一六）『身体が語る人間の歴史』 ちくまプリマー新書265 筑摩書房
片山一道・土肥直美（二〇〇八）「オーストロネシアンの拡散に関する出台湾（Out of Taiwan）仮説を検証するための試論—墾丁寮人骨の予備調査」 *Anthropological Science*, 116 (2), pp.149–153
菊澤律子（二〇〇七）「オーストロネシア語族の拡がり—言語学からみたオセアニア文化」 国立民族学博物館（編）『オセアニア』四一—四五頁 昭和堂
木村重信（一九八六）『巨人石像を追って—南太平洋調査の旅』 NHKブックスC33 日本放送出版協会

キルハム、K.（衣川瑞水 訳）（一九九八）『カヴァー楽園に眠る自然薬』 フレグランスジャーナル社
クック、J.（原田範行 訳）（二〇〇六）『南太平洋周航記（上・下）』 シリーズ世界周航記3 岩波書店
篠遠喜彦・荒俣宏（二〇〇〇）『楽園考古学』 平凡社ライブラリー316 平凡社
スウィフト、O.（原民喜 訳）（二〇〇五）『ガリバー旅行記』 フロンティア文庫5 フロンティアニセン
ダイアモンド、J.（長谷川真理子・長谷川寿一 訳）（一九九三）『人間はどこまでチンパンジーか?』 新曜社（原版 Diamond, J. *The Third ChimpanZee*. John Brockman Associates, Inc., New York, 1991）
ダイアモンド、J.（倉骨彰 訳）（二〇〇〇）『銃・病原菌・鉄（上・下）』 草思社（原版 Diamond, J. *Guns, Germs, and Steel*. W.W. Nortons Co. & Company,Inc., New York, 1997）
ダイアモンド、J.（楡井浩一 訳）（二〇〇五）『文明崩壊（上・下）』 草思社（原版 Diamond, J. *Collapse: How Societies Choose to Fall or Succeed*. Viking Penguins, A Member of Penguins Group［U.S.A.］Inc., New York, 2005
ダイアモンド、J. および、ロビンソン、A.J.（編）（小阪恵理 訳）（二〇一八）『歴史は実験できるのか』 慶応義塾大学出版会（原版 Diamond, J. and Robinson, A.J.［Ed.］*Natural experiments of History*. President and Fellows of Harvard College, 2010）
ビーグルホール、J.C.（佐藤告三 訳）（一九九八）『キャプテン ジェームス・クックの生涯』 成山堂書店
ホートン、P.（片山一道 訳）（二〇〇〇）『南太平洋の人類誌―クック船長の見た人々』 平凡社（原版 Houghton, Philip, *People of the Great Ocean：Aspects of Human Biology of the Early Pacific*. Cambridge Univ. Press, Cambridge, 1996）
太平洋学会（編）（一九八九）『太平洋諸島百科事典』 原書房
中原佑介（編著）（二〇〇一）「第11章 ヒトはいつから絵を描いたか 対談⑧片山一道」『ヒトはなぜ絵を描くのか』一五一―一六五頁 フィルムアート社
メルヴィル、H.（坂下昇 訳）（一九八七）『タイピー―Typee ポリネシヤ綺譚』 福武文庫 福武書店

吉岡政徳（監修）、遠藤央ほか（編）（二〇〇九）『オセアニア学』 京都大学学術出版会

Barn, P. and Flenley, J.（1992） *Easter Island, Earth Island*. Thames and Dudson, London.

Crowley, T.（2006） Austronesian languages： Overview. In； K. Brown （ed.）, *Encyclopedia of Language and Linguistics* （2d Edition）. pp.600–609, Elsevier, Oxford.

Day, A.G.（1987） *Mad about Islands*. Mutual Publishing Co., Honolulu.

Diamond, J.（1988） Express train to Polynesia. *Nature* 336, pp.307–308.

Green, R.（1987） Near and remote Oceania： disestablishing "Melanesia" in cultural history. In； A. Pawley, （ed.）, *Man and A Half： Essays in Pacific Anthropology and Ethnology in Honour of Ralf Bumer*. pp.491–502, The Polynesian Society, Auckland.

Houghton, P.（1980） *The First New Zealanders*. Hodder & Stoughton, Auckland.

Houghton, P. and Kean, M.R.（1987） Polynesian head： A biological model for *Homo sapiens. J. of the Polynesian Society* 96, pp.223–242.

King, M.（1989） *MORIORI： A People Rediscovered*. Viking, Penguin Books, Auckland.

Lebot, V., Merlin, M. and Lindstrom, L.（1987） *Kava： The Pacific Drug*. Yale Univ. Press, New Haven and London.

Neel, J. V.（1962） Diabetes mellitus： a thrifty genotype rendered detrimental by progress? *American J. Human Genetics* 14, pp.353–362.

Oppenheimer, S.（1999） *Eden in the East*. Phoenix, London.

Ryan, L.（1981） *The Aboriginal Tasmanians*. St. Lucia, Sydney

Suggs, R.C.（1960） *The Island Civilizations of Polynesia*. The New American Library.

Van Tilburg, J.A. （1994） *Easter Island： Archaeology, Ecology and Culture*. British Museum Press. London.

写真33　ポリネシアの夕陽は最高。夕日が水平線に落ちると、すぐに夜の闇

あとがき　――ポリネシアの〈不思議〉を再訪、再考する旅――

〈歳月、人を待たず、ウイスキーを肥やす〉と申します。ならば、吾がやつがれの記憶の多くは、モルト・ウイスキーになぞらえるならば、もうたいへんな年代物となりにけり、というところでしょうか。でも残念ながら、味も、〈こく〉も、ましてや美徳のようなものも、いささかも濃くなったようには思えません。むしろ、しだいに薄れゆく、それが正直なところです。

ことほどさように、歳月は人間の都合などは、いっさい、お構いなし。人間を待ってくれるほど、お人好しではありません。人間の記憶ははかなく、せつなく、頼りなきものよ、と、あらためて実感する今日この頃です。いずれにせよ現実は、その影法師たる歳月は、人間の事情に与することなどはなく、こっそりと通りすぎ、なにもかもを置き去りにしてゆきます。

くりかえします。スコッチ・ウイスキーは、歳月とともに「美徳」「風格」「酒品のようなもの」が足し算されてゆきます。しかし、人間の記憶のほうは怪しいものです。〈熟成したまろやかな状態〉のまで止まるはずがなく、露が滴るように、ひそやかに、こぼれ落ちてゆくのです。個々の記憶への距離は遠ざかり、遠くなるほどにはかなくなります。歳月とともに引き算されていくわけなのです。

吾が人類学の流儀は〈身体の人類学〉、または〈からだの人類学〉。あるいは形質人類学とも呼ばれます。〈文化の人類学〉でも〈社会の人類学〉でもなく、ましてや〈こころの人類学〉などの高尚な風味はありません。人々の顔立ちや体形、肉づきや体格、足や手の大きさなど、人間の身体面での個性、集団性、民族性などにつき、記載、記述、記録するのです。たとえば本書の主題たるポリネシア人の身体を定性的・定量的に記載します。彼らの身体特徴を他の民族のそれと比較しながら記述します。もって、彼らの身体に流れる時間の経過を解き明かす資料として記録します。

而して、ポリネシア人の身体の時代性と地域性に関する法則性を導き出すべく試みます。考古学や先史学が解き明かす時代の変化、民族学が明かす文化や言語などの変容との絡みで、その成果を解釈します。過去から現在に至る人間の身体現象を歴史的に鳥瞰しようとめざすわけです。やつがれは、そうした自分の学問的営為を「身体史観」などと格好づけて呼んできました。

東洋の中の〈西欧もどきの国〉、そこに住む人たちに、ポリネシアの島々と国々と人々のことを、すこしでも多く知ってもらいたいと願っています。それが本書のきっかけです。そのために〈不思議〉などという、自分でも不思議に思うような言葉をキイワードにしてみました。

一九世紀の世紀末の大画家、P・ゴーギャンが描こうとしたポリネシア人の面影に見る〈不思議〉な光と影のこと。身体性のこと、心根のこと。あるいは巨石文化のことなど。それらこそが彼らの「詩と真実」を知ってもらう近道かもしれないと、まあ、そんな思惑です。まさに〈不思議〉たちこそ、ポリネシアの人たちが育んできた歴史遺産ではないだろうか。それらを点検することで、やつがれの昔の感傷を再び味わえまいか。未来の自分には会えないから、せめて過去の自分に再び会えないだろうか。そんな気分になれないものだろうか。そんな下心も本書の執筆を後押ししました。

もはや「名乗れよ歳月」の年頃になった吾がやつがれは、執筆中、自分の乗る舟が過去の記憶にある〈不思議〉な波の上をさまよい、〈不思議〉な闇の中をさまようようがごとき気分を味わいました。

本書の内容は、吾がライフワークの一部です。あるいは、そのエッセンスのようなものかもしれません。さらには、吾が昔の夢の続きのなかなのかもしれません。たくさんの仕事の旅をしました。あるいは観光で旅行をしました。観光旅行の多くは、〈夢か現か幻か〉の夢か現かのごとくですが、仕事の旅は、むしろ〈不思議〉な世界を訪ねる幻かのようでした。なにかが見えたようではあるが、なにも見なかったようでもある。なんとも〈不思議〉な記憶が蘇ってきます。それもこれも歳月の移り気がからんでのことなのでしょうか。

本書に関係するポリネシアの〈不思議〉をめぐる現地調査で、旅は道連れとばかりに、トンボのような小型飛行機、映画「怒りの葡萄」に出てくるようなオンボロ自動車、いつもエンストをしている小型ボートなどで、一蓮托生の思いを共にしてくれた方々に、つつしんで御礼を申し上げたいと思います。あわせて、本書の出版に当たり、お世話になった方にも御礼申し上げます。ここでは、日本の方がたを挙げるだけにさせていただきます。このほかにも、たくさんの方々に御厚情を賜ったことはいうまでもありません。

フィールドワークの関係では、順不同ですが、南川雅男さん、関雄二さん、畑中幸子さん、柴田紀男さん、新田栄治さん、口倉幸雄さん、須田一弘さん、小田寛貴さん、高木敏弘さん、（故）又吉直子アフェアキさんなどのかたがた。

あこがれの表紙写真を提供していただいた飯田裕子さん。出版をアレンジしていただいた印東道子さん。編集作業を担当していただいた西之原一貴さん、などなど。ともかくは、つつしんで御礼を申し上げる次第です。

二〇一九年（令和元年）五月一日、鈍弧庵にて

片山一道

片山一道（かたやま・かずみち）

1945年広島県生まれ。自然人類学、骨考古学、オセアニア学。

京都大学名誉教授。京都大学大学院修士課程修了。京都大学霊長類研究所教授、京都大学大学院理学研究科教授などを歴任。理学博士。

著書『身体が語る人間の歴史』（ちくまプリマー新書、2016年）、『骨が語る日本人の歴史』（ちくま新書、2015年）、『古人骨は生きている』（角川選書、2002年）、『海のモンゴロイド』（吉川弘文館、2002年）、『古人骨は語る』（角川ソフィア文庫、1999年）、『考える足』（日本経済新聞社、1999年）、『ポリネシア』（東京大学出版会、1997年）、『ポリネシア人　石器時代の遠洋航海者たち』（同朋舎、1991年）など。

ポリネシア海道記
不思議をめぐる人類学の旅

二〇一九年七月三一日　初版発行

著者　片山一道
発行者　片岡敦
印刷製本　亜細亜印刷株式会社

606-8204　京都市左京区田中下柳町八番地
発行所　株式会社　臨川書店
電話（〇七五）七二一―七一一一
郵便振替　〇一〇七〇―二―八〇〇

落丁本・乱丁本はお取替えいたします
定価はカバーに表示してあります

ISBN 978-4-653-04386-7　C0020

印東道子・白川千尋・関 雄二 編

フィールドワーク選書

全20巻完結！

四六判ソフトカバー／平均 200頁／各巻 本体 2,000円+税　臨川書店 刊

1 ドリアン王国探訪記　マレーシア先住民の生きる世界　信田敏宏 著
2 微笑みの国の工場　タイで働くということ　平井京之介 著
3 クジラとともに生きる　アラスカ先住民の現在　岸上伸啓 著
4 南太平洋のサンゴ島を掘る　女性考古学者の謎解き　印東道子 著
5 人間にとってスイカとは何か　カラハリ狩猟民と考える　池谷和信 著
6 アンデスの文化遺産を活かす　考古学者と盗掘者の対話　関 雄二 著
7 タイワンイノシシを追う　民族学と考古学の出会い　野林厚志 著
8 身をもって知る技法　マダガスカルの漁師に学ぶ　飯田 卓 著
9 人類学者は草原に育つ　変貌するモンゴルとともに　小長谷有紀 著
10 西アフリカの王国を掘る　文化人類学から考古学へ　竹沢尚一郎 著
11 音楽からインド社会を知る　弟子と調査者のはざま　寺田吉孝 著
12 インド染織の現場　つくり手たちに学ぶ　上羽陽子 著
13 シベリアで生命の暖かさを感じる　佐々木史郎 著
14 スリランカで運命論者になる　仏教とカーストが生きる島　杉本良男 著
15 言葉から文化を読む　アラビアンナイトの言語世界　西尾哲夫 著
16 城壁内からみるイタリア　ジェンダーを問い直す　宇田川妙子 著
17 コリアン社会の変貌と越境　朝倉敏夫 著
18 大地の民に学ぶ　激動する故郷、中国　韓 敏 著
19 仮面の世界をさぐる　アフリカとミュージアムの往還　吉田憲司 著
20 南太平洋の伝統医療とむきあう　マラリア対策の現場から　白川千尋 著